유아 창의 · 인성교육

김형재 · 김형숙 · 구성수 · 박지현 · 강현미 · 박진희

KNOWLEDGE COMMUNITY 공동체

머리말

현대사회에 있어서 창의 · 인성교육은 21세기 융합형 인재교육 양성에 발맞추어 이제 '선택'이 아니라 '필수' 조건이 되고 있다. 창의 · 인성을 언급하는 기사나 보도가 급증하고 있고 교육계뿐만 아니라 다양한 분야에서도 창의 · 인성 계발을 위한 다양한 노력들이 시도되고 있다. 특히 창의 · 인성교육은 이 시대를 살아갈 유아들뿐만 아니라 학부모, 교사 모두에게 행복과 전인발달을 위해 갖추어야 할 핵심역량이자 유아교육현장에서 반드시 적용되어야 할 교육방법으로 자리 잡아 가고 있다.

이에 저자들은 일반적인 창의 · 인성교육에 대한 이론에서 벗어나 다양한 분야에서 유아 창의 · 인성교육의 이론과 실제 활동을 개발하여 구체화시키려 했으며, 유아교사로서 유아의 창의 · 인성 함양을 위해 어떻게 교육해야 하는지를 보여주고자 본 서를 집필하였다.

본 서는 총 13장으로 구성되어 있으며, 유아 창의 · 인성교육의 기초이론, 동화 기반 언어활동을 통한 유아 창의 · 인성교육, 창작동시 짓기 활동을 통한 유아 창의 · 인성교육, 사진 기반 이야기 꾸미기 활동을 통한 유아 창의 · 인성교육, 창의적 미술표현을 통한 유아 창의 · 인성교육, 명화 기반 미술감상활동을 통한 유아 창의 · 인성교육, 창의적 신체표현을 통한 유아 창의 · 인성교육, 창의적 발명악보활동을 통한 유아 창의 · 인성교육, 창의적 과학활동을 통한 유아 창의 · 인성교육, 창의적 요리활동을 통한 유아 창의 · 인성교육, 스토리텔링 기반 수학활동을 통한 유아 창의 · 인성교육, 광고 만들기 활동을 통한 유아 창의 · 인성교육, 애니메이션 기반 활동을 통한 유아 창의 · 인성교육으로 구성되어 있다.

구체적으로 1장에서는 유아 창의 · 인성교육의 기초이론으로 유아기 창의 · 인성교육의 필요성, 유아 창의 · 인성교육의 개념, 창의 · 인성교육의 구성요소를 다루고 있고, 2장에서는 동화 기반 언어활동을 통한 유아 창의 · 인성교육으로 유아문학교육과 창의 · 인성교육, 동화 기반 언어활동을 통한 유아 창의 · 인성교육의 이론과 실제를 중심으로 다루고 있다.

3장에서는 창작동시 짓기 활동을 통한 유아 창의 · 인성교육으로 동시를 활용한 유아 창의 · 인성교육, 창작동시 짓기 활동을 통한 유아 창의 · 인성교육의 이론과 실제를 중심으로 다루고 있고, 4장에서는 사진 기반 이야기 꾸미기 활동을 통한 유아 창의 · 인성교육으로 이야기 꾸미기 활동과 창의 · 인성교육, 사진 기반 이야기 꾸미기 활동을 통한 유아 창의 · 인성교육의 이론과 실제를 중심으로 다루고 있으며, 5장에서는 창의적 미술표현을 통한 유아 창의 · 인성교육으로 유아미술교육과 창의 · 인성교육, 창의적 미술표현을 통한 유아 창의 · 인성교육의 이론과 실제를 중심으로 다루고 있다.

6장에서는 명화 기반 미술감상활동을 통한 유아 창의 · 인성교육으로 유아 미술감상교육과 창의 · 인성교육, 명화 기반 미술감상활동을 통한 유아 창의 · 인성교육의 이론과 실제를 중심으로 다루고 있고, 7장에서는 창의적 신체표현을 통한 유아 창의 · 인성교육으로 유아동작교육과 창의 · 인성교육, 창의적 신체표현을 통한 유아 창의 · 인성교육의 이론과 실제를 중심으로 다루고 있으며, 8장에서는 창의적 발명악보활동을 통한 유아 창의 · 인성교육으로 유아음악교육과 창의 · 인성교육, 창의적 발명악보활동을 통한 유아 창의 · 인성교육의 이론과 실제를 중심으로 다루고 있다.

9장에서는 창의적 과학활동을 통한 유아 창의 · 인성교육으로 유아과학교육과 창의 · 인성교육, 창의적 과학활동을 통한 유아 창의 · 인성교육의 이론과 실제를 중심으로 다루고 있고, 10장에서는 창의적 요리활동을 통한 유아 창의 · 인성교육으로 유아요리활동과 창의 · 인성교육, 창의적 요리활동을 통한 유아 창의 · 인성교육의 이론과 실제를 중심으로 다루고 있으며, 11장에서는 스토리텔링 기반 수학활동을 통한 유아 창의 · 인성교육으로 유아수학교육과 창의 · 인성교육, 스토리텔링 기반 수학활동을 통한 유아 창의 · 인성교육의 이론과 실제를 중심으로 다루고 있다.

12장에서는 광고 만들기 활동을 통한 유아 창의 · 인성교육으로 광고와 창의 · 인성교육, 광고 만들기 활동을 통한 유아 창의 · 인성교육의 이론과 실제를 중심으로 다루고 있으며, 13장에서는 애니메이션 기반 활동을 통한 유아 창의 · 인성교육으로 영상매체와 창의 · 인성교육, 애니메이션 기반 활동을 통한 유아 창의 · 인성교육의 이론과 실제를 중심으로 다루고 있다.

본 서에서 제시된 다양한 유아 창의 · 인성교육 이론과 실제 활동은 예비유아교사와 현장유아교사의 유아 창의 · 인성교육에 대한 이해와 실제 창의 · 인성교육을 실천함에 있어서 유용한 자료로 활용될 수 있을 것이다. 또한 본 서에서는 실제 창의 · 인성 활동에 대한 교수–학습 계획안을 포함하여 활동지와 현장 적용 시 결과물들을 함께 수록하였으므로 유아 창의 · 인성교육에 접근하는 데 용이할 것이다.

본 서에서 제시한 창의 · 인성교육 활동은 예비유아교사와 현직유아교사들에게 도덕적 딜레마 경험과 문제해결 경험을 제공할 것이고, 그들의 도덕적 예민성, 도덕적 판단력 증진과 함께 올바른 가치관과 확고한 자아정체감을 형성한 바람직한 인성을 갖춘 창의적인 교사로 성장해 나갈 수 있는 데 도움을 제공할 것이다.

저자들은 예비유아교사와 현직유아교사들이 본 서를 통해 유아들의 창의 · 인성교육에 무한한 관심과 책임감을 갖기를 바라며, 창의 · 인성교육을 보다 쉽고 즐겁게 접근하기를 희망한다.

양서를 만들고자 한 초심에 비해 다소 부족한 결과물임에도 불구하고 출판을 시도하게 된 것은 유아교사양성기관을 비롯하여 유아교육현장에 적용 가능한 구체적인 창의 · 인성교육을 위한 교수–학습 방법이나 구체화된 프로그램 및 실제 활동들이 부족하여 창의 · 인성교육을 실천하기에 어렵다고에 판단되었기 때문이다. 저자들은 창의 · 인성교육의 이론적인 바탕을 두고 최대한 실제로 구체화시키려고 노력하였다. 따라서 본 서는 최종 결과물이 아니라 계속해서 수정 · 보완의 과정에 있으므로 양서로 거듭나는 매 과정에 있어서 독자들의 진심 어린 충고와 조언을 얻고자 한다.

끝으로 본 서의 출간을 적극적으로 지지해 주신 공동체 김원희 상무님과 바쁜 일정 속에서 편집을 위해 노력하신 공동체 편집부를 비롯한 직원 여러분께도 진심으로 감사의 말씀을 드린다.

2016년 3월

저자 일동

차례

P R E F A C E

CHAPTER 04 사진 기반 이야기 꾸미기 활동을 통한 유아 창의 · 인성교육

CHAPTER 05 창의적 미술표현을 통한 유아 창의 · 인성교육

CHAPTER 06 명화 기반 미술감상활동을 통한 유아 창의 · 인성교육

CHAPTER 07 창의적 신체표현을 통한 유아 창의 · 인성교육

CHAPTER 08 창의적 발명악보활동을 통한 유아 창의 · 인성교육

CHAPTER 09 창의적 과학활동을 통한 유아 창의 · 인성교육

P R E F A C E

CHAPTER 12 광고 만들기 활동을 통한 유아 창의 · 인성교육

CHAPTER 13 애니메이션 기반 활동을 통한 유아 창의 · 인성교육

유아 창의 · 인성교육의 기초이론

Ⅰ. 유아기 창의 · 인성교육의 필요성

Ⅱ. 유아 창의 · 인성교육이란?

Ⅲ. 창의 · 인성교육의 구성요소

CHAPTER

01 유아 창의 · 인성교육의 기초이론

Ⅰ. 유아기 창의 · 인성교육의 필요성

창의성과 인성은 21세기 미래 교육에 있어서 매우 중요한 핵심역량으로 강조되고 있으며, 이로 인해 최근에는 교육부의 기본 교육방향에 부합하는 창의 · 인성교육의 실행 및 관련 연구들이 지속적으로 증가하고 있다. 그 노력의 일환으로 2013년 '3~5세 연령별 누리과정'에서는 창의 · 인성을 각 활동에서 다루고자 하였으며, 유아의 창의 · 인성 함양을 위한 영상매체 활용 프로그램(교육과학기술부, 2010) 등을 개발하였다.

그럼에도 불구하고 유아교육현장에서는 창의 · 인성교육의 개념 정립, 적절한 교수-학습 방법 및 교수매체의 부재 등으로 창의 · 인성교육을 주저하고 있다(박정현 · 김성희, 2012). 유아교사들이 창의 · 인성교육의 중요성을 제대로 인식하고 있다고 하더라도 그들이 창의 · 인성교육에 대한 올바른 취지를 잘 이해하지 못할 경우 유아교육현장에서의 적용은 부정적인 인식을 가질 수밖에 없다(홍혜정, 2012). 이는 창의 · 인성교육이 현장에 적용되어야 함을 안다고 하더라도 이러한 교육에 대한 실천의지가 뒷받침되지 않으면 제대로 실행되기 어렵다는 것이다. 따라서 유아교육현장에 실천 가능한 창의 · 인성 함양을 위한 교수매체의 개발이나 교사교육 및 연수 등을 통해 유아 창의 · 인성교육을 실천할 수 있는 교수-학습 방법의 개발이 요구된다.

2010년 교육과학기술부는 창의 · 인성교육의 기본 방안을 수립 · 발표하였으며, 2011년 창의 · 인성교육의 확산을 최우선 중점과제로 추진하였다. 2012년 교육과학기술부에서는 공교육의 경쟁력을 강화하기 위해 창의 · 인성교육을 확산시키고자 유 · 초 · 중 · 고등 교육을 위한 예산을 증액하였다. 이로 인해 유아 무상보육의 확대와 창의 · 인성교육 중심 내실화 지원이 증가하게 되었으며, 창의 · 인성과 핵심역량이 조화된 교육과정을 운영하기 위한 지원이 확대되었다(교육과학기술부, 2012).

최근 맞벌이가정의 증가로 인해 유아는 가정에서보다는 유아교육기관에서 더 많은 시간을 보내게 되는데, 이로 인해 유아교육기관에서의 인성교육이 더욱 중요시되고 있다. 이러한 교육과정의 개정방향은 문용린 외(2010)에서 강조하였듯이 '올바른 인성의 틀 안에서 창의성이 온전히 발휘될 때 바람직한 글로벌 인재로 성장할 수 있다'는 것을 전제로 하고 있다.

스티브 잡스(steve Jobs)가 뛰어난 천재임에도 불구하고, 그의 아이디어를 현실화시켜 준 수많은 기술자와 프로그래머, 그리고 디자이너들의 배려, 책임과 협력 등이 없었다면 세상을 바꾼 아이폰 등의 창의적인 산출물은 탄생하지 못했을지도 모른다. 우리가 창의적인 성공을 하기 위해서는 사견만을 주장하지 않고 다른 사람의 생각을 존중하고 경청하며, 상황에 따라 기꺼이 자신의 생각을 수정하거나 협력할 수 있는 인성덕목이 필수적이라는 것이다(김영옥, 2013).

II. 유아 창의 · 인성교육이란?

창의 · 인성교육이란 창의성과 인성을 증진시키기 위해 창의성교육과 인성교육의 독자적인 기능 및 역할을 강조하면서, 동시에 이 두 교육의 유기적인 결합을 통해 창의성의 발현과 배양을 촉진하는 인성과 사회 · 문화적 가치와 풍토를 조성하고, 바람직한 인성과 도덕적 판단력을 겸비한 창의적 인재를 육성하는 교육철학이자 교육전략이다(문용린 · 최인수, 2010). 따라서 현대사회에서는 이러한 창의 · 인성교육을 통한 글로벌 창의적 인재를 육성하기 위한 교육철학, 교수전략, 교수-학습 방법 및 교수매체의 개발이 필요하다.

1. 창의 · 인성의 기본 개념

창의성과 인성을 함께 교육하는 것은 창의 · 인성의 정의를 내리는데 창의성과 인성의 각각의 개념을 정의하는 것만큼이나 어렵다. 이는 창의성과 인성이 양자택일의 문제이지, 공존할 수 있는 것이 아니라는 반론도 있기 때문이다. 즉, 창의성과 인성의 두 개념은 양립하기 어렵다는 것으로 창의성은 기존 사회나 문화의 규범을 타파하고 변혁하는 성향이 강한 반면, 인성이 우수하다는 것은 기존 사회에 바람직한 성향을 지니고 있다는 의미이다.

교육과학기술부에 제시된 '창의 · 인성교육 총론'에서는 창의성을 독창적이면서 유용한 산출물을 생산할 수 있는 사람의 특성으로 정의하고 있으며, 인성을 신뢰성이 있고 협동적인 인간관계를 형성하면서 만족스럽고 행복한 삶을 영위하는 생활태도와 품성으로 정의하고 있다. 또한 김균욱(2012)은 창의성을 '새롭고 가치로운 것을 생산해 낼 수 있는 역량'으로 보고, 인성은 '사회 속에서 창의성을 의미 있게 발현시킬 수 있는 역량'으로 보았다.

이 책에서는 창의 · 인성을 완전히 독립된 개념이 아니라 창의성을 좀 더 역동적인 인성개념으로 전환시켜서 독립적인 것들이 아닌 유기적으로 결합된 것으로 보고자 한다. 예를 들어, 창의성의 한 속성인 독창성과 인성의 속성인 배려의 경우 둘은 상당히 독립적인 개념으로 서로 공존할 수 없을 것으로 여겨진다. 그러나 독창성을 개인의 사고과정의 창의적 산출물이라고 보고 배려를 조직 내 구성원을 존중하는 분위기라고 한다면, 교육이라는 틀 안에서 독창성과 배려가 함께 계발될 수 있을 것이다. 즉, 창의성을 문제, 고민, 갈등 등의 적극적으로 해결하는 능력이나 특성으로 본다면, 이러한 맥락에서 창의성과 인성을 자연스럽게 결합시킬 수 있을 것이다.

2. 창의 · 인성교육의 개념

미래 교육은 '집어넣는 교육'이 아닌 '끄집어 내는 교육'이 중심이 되어야 하고 학습자들의 잠재력과 바람직한 가치관을 '찾아 키워주는' 교육의 핵심 부분에 '창의성'과 '인성'이 존재한다(교육과학기술부, 2009).

1) 창의 · 인성교육의 정의

교육과학기술부가 제시한 '창의 · 인성교육 기본 방안'에서 창의 · 인성교육이란 '새로운 가치를 창출하고 동시에 더불어 살아갈 줄 아는 인재'를 양성하는 미래 교육의 본질이자 궁극적인 목표를 가진 교육을 의미한다(교육과학기술부, 2009).

최준환 외(2009)에서 창의 · 인성교육은 '모든 교과수업과 창의적인 체험활동을 통해 미래사회의 글로벌 인재나 세계 시민으로서 갖추어야 할 수준 높은 창의성과 인성을 함양하기 위한 교육'이라고 하였다.

이재훈(2010)은 창의 · 인성교육을 통해 양성하고 있는 인재는 '자신이 하는 일에 대한 열정과 창의적인 마인드뿐만 아니라 타인을 배려하는 따뜻한 마음'까지 갖춘 사람이라고 하였다.

따라서 창의 · 인성교육은 기존의 창의성교육과 인성교육이 단순히 결합된 것이 아니라 보다 포괄적 · 종합적 · 미래지향적이며 동시성을 가지면서 '새로운 가치 창출과 동시에 더불어 살 줄 아는 인성을 갖춘 인재'를 양성하기 위한 미래지향적 교육인 것이다.

정광순 · 홍영기 · 강충열(2012)에서 창의성교육과 인성교육의 관련성 정도를 개별형, 결합형, 융합형 등 세 가지 기준으로 나눈 것을 살펴보면 다음과 같다.

- '개별형'은 창의성교육과 인성교육을 서로 독립적 · 개별적인 것으로 보는 관점이다. 창의성이란 전통적으로 억압되지 않은 자유로운 환경에서 생성될 수 있다고 보는 견해로, 예의범절이나 도덕적 가치를 강조하는 인성교육과는 서로 공통적 요소가 없는 것이다. 즉, 이 유형은 창의성과 인성을 별개로 지도하는 형태이다.
- '결합형'은 창의성교육과 인성교육의 공통된 요소를 부분적으로 인정하면서 연관성을 찾아가는 상태를 보여주는 관점이다. 이는 창의성교육을 통해 학습자를 지도하는 것이 불충분하다는 생각에서 창의성교육과 인성교육의 기초수준에서 통합이 시작되어 창의성교육과 인성교육을 접목한 형태이다.
- '융합형'은 창의성교육과 인성교육의 공통된 요소가 최고수준에서 서로 통합되어 융합된 상태를 말한다. 이는 창의성교육과 인성교육의 각 고유영역을 존재하면서 서로 보완하는 것이다. 즉, 창의성교육이 가진 특성을 인성교육

이 보완하여 창의성교육의 효과를 극대화시키며, 인성교육 역시 인성교육이 가진 고유한 특성에 창의성교육의 성향적 요소를 통합하여 융합시킨 형태이다(김한나, 2012). 즉, 이 유형은 창의 · 인성교육의 가장 바람직한 상태로, 이 책에서는 융합형의 관점에 초점을 맞추고자 한다.

2) 창의 · 인성교육의 기본 개념

곽재희 · 김광태 · 김현진 · 윤영식(2012)에서는 창의 · 인성교육의 기본 개념을 포괄성, 종합성, 미래지향성, 동시성으로 보았다. 이를 살펴보면 다음과 같다.

- '포괄성'은 교육대상이 영재 등의 특정 학습자를 위한 한정된 교육이 아닌 일반 모든 학습자를 대상으로 이루어지는 것을 의미한다. 교육내용은 자신의 이해에서부터 시작하여 다른 사람에 대한 관심과 배려, 환경 등 전 세계적인 문제를 다루는 창의적인 해결까지 모두 포괄한다.
- '종합성'은 일부 교과영역이나 활동에서만 이루어지는 것이 아니라 교과영역과 창의적인 체험활동, 방과 후 학습, 가정교육 등을 통해 유아기에서부터 종합적으로 함양해야 하는 자질교육을 의미한다. 창의 · 인성교육은 교육기관 안팎의 다양한 인적 · 물적 자원과 교수–학습 방법을 활용하여 적극적으로 개발해야 하는 교육인 것이다.
- '미래지향성'은 부정적 이미지의 관행적 교육이 아닌 '즐거운, 스스로' 등 긍정적 이미지의 미래형 교육을 의미한다. 이러한 미래지향성의 개념적 특징은 공교육을 정상화하고 국가경쟁력을 높이는 교육을 지향한다. 즉, 창의 · 인성교육은 학점을 올리는 방법을 가르치는 기존 교육의 존재 기반을 근원적으로 제거하며, 미래지향적인 교육을 정상화하고 경쟁력을 높이는 교육인 것이다.
- '동시성'은 창의 · 인성교육이 창의성과 인성을 동시에 함양하는 교육이라는

것을 의미하며, 이는 상호 동반효과가 큰 쌍둥이 자질을 가진다. '개방성'과 같이 창의성 구성요소와 인성 구성요소 자체가 같거나 협력과 같은 구성요소의 인성 계발이 곧 창의성 계발로 이어진다면 이를 동시에 교육할 때 교육적 효과가 커질 것이다.

III. 창의 · 인성교육의 구성요소

1. 창의성교육의 구성요소

1) 광의의 창의성교육 구성요소

3~5세 연령별 누리과정에서 강조하는 창의성교육은 인지적 요소, 성향적 요소, 동기적 요소를 골고루 발달시켜 창의적인 글로벌 인재를 양성하고자 한다. 이러한 창의성교육의 구성요소와 하위내용을 구체적으로 살펴보면 〈표 1-1〉과 같다.

〈표 1-1〉 창의성교육의 구성요소 및 하위내용

구성요소	하위내용	세부내용
인지적 요소	사고의 확장	확산적 사고
		상상력/ 시각화 능력
		유추 · 은유적 사고
	사고의 수렴	논리 · 분석적 사고
		비판적 사고
	문제해결력	문제발견
		문제해결
성향적 요소	개방성	다양성
		복합적 성격
		애매모호함에 대한 참을성
		감수성
	독립성	용기
		자율성
		독창성
동기적 요소	호기심 · 흥미	
	몰입	

출처 : 교육과학기술부(2009).

창의성교육의 구성요소 중 인지적 구성요소는 '사고의 확장', '사고의 수렴', '문제해결력'로 나눌 수 있으며, 먼저 '사고의 확장' 하위요소를 구체적으로 살펴보면 **[그림 1-1]**과 같다.

확산적 사고

• 다양한 관점에서 새로운 가능성이나 아이디어를 다양하게 생성해 내는 사고능력

상상력/ 시각화 능력

• 이미지나 생각을 정신적으로 조작하고 마음의 눈으로 사물을 그릴 수 있는 사고능력

유추 · 은유적 사고

• 사물이나 현상들 중에서 기능적으로 유사하거나 일치하는 내적 가능성을 알아내는 사고능력

[그림 1-1] '사고의 확장'의 하위요소

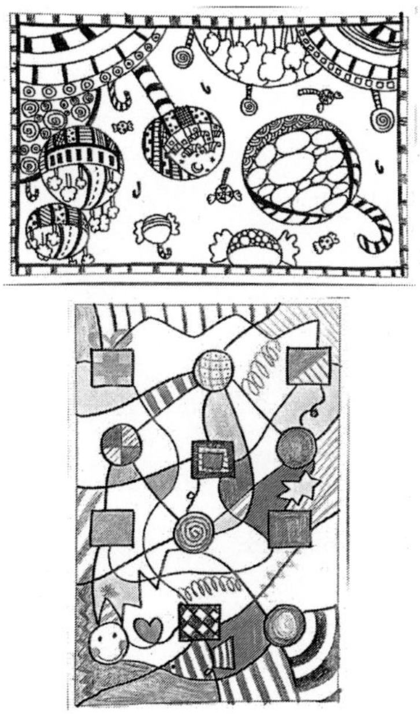

'상상의 세계'에 대한 조형적 표상활동

눈물의 요리

이나영

비가 오는 어느 날
커다란 그릇에
내 마음을 담아 섞는다.

슬픔 한 줌 넣고
외로움 한 줌 넣고
쓸쓸함을 두 숟갈 넣어
섞는다.

비가 오는 어느 날
커다란 그릇에
내 마음을 담아 섞는다.

'동시 짓기' 언어적 표상활동

[그림 1-2] '사고의 확장' 함양을 위한 활동사례

'사고의 수렴'의 하위요소를 구체적으로 살펴보면 **[그림 1-3]**과 같다.

논리 · 분석적 사고

• 부적절한 것에서 적절한 것을 분리해 내고 합리적인 결론을 끌어내는 사고능력

비판적 사고

• 편견, 불일치, 다른 사람의 견해 등을 인식할 수 있는 능력

[그림 1-3] '사고의 수렴'의 하위요소

'문제해결력'의 하위요소를 구체적으로 살펴보면 **[그림 1-4]**와 같다.

문제발견

• 새로운 문제를 찾고 형성하고 창조하는 것

문제해결

• 문제를 인식하고 현재 상태에서 목표 상태에 도달하기 위해 진행되는 일련의 복잡한 사고활동

[그림 1-4] '문제해결력'의 하위요소

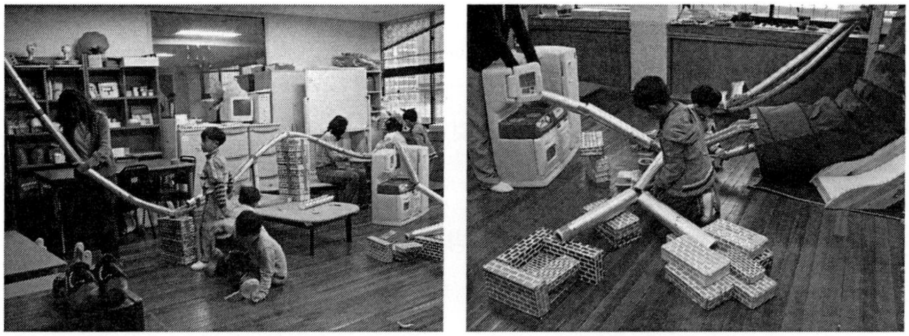

구슬이 가장 빨리 내려오는 '롤러코스터 길 만들기' 과학활동

[그림 1-5] '문제해결력' 함양을 위한 활동사례

창의성교육의 구성요소 중 성향적 구성요소는 '개방성', '독립성'으로 나눌 수 있다.

'개방성'의 하위요소를 구체적으로 살펴보면 **[그림 1-6]**과 같다.

다양성

- 다양한 아이디어나 입장을 수용하는 열린 마음

복합적 성격

- 서로 모순되는 정반대의 성격을 동시에 가지고 있는 것

애매모호함에 대한 참을성

- 불확실함과 모호함을 잘 견딤으로써 새로운 방향으로 문제해결을 이끄는 성향

감수성

미세하고 미묘한 뉘앙스를 잘 느끼고 감지하는 것

[그림 1-6] '개방성'의 하위요소

'독립성'의 하위요소를 구체적으로 살펴보면 **[그림 1-7]**과 같다.

용기

- 모험심, 위험감수, 개척자 정신, 도전정신

자율성

- 타인의 말에 쉽게 흔들리지 않고 스스로 선택하고 행동하는 성향

독창성

- 자기만의 방식으로 현상을 판단하고 유행을 따르지 않는 성향

[그림 1-7] '독립성'의 하위요소

창의성교육의 구성요소 중 동기적 구성요소는 '호기심 · 흥미', '몰입'으로 나눌 수 있다. 이를 구체적으로 살펴보면 **[그림 1-8]**와 같다.

호기심 · 흥미

• 주변 현상과 문제들을 매사 경이롭게 생각하고 끊임없는 질문과 깊은 흥미를 보이는 성향

몰입

• 어떤 활동에 깊게 빠져들어 시간의 흐름이나 공간, 자신에 대한 생각까지도 잊게 되는 심리적 상태

[그림 1-8] 동기적 구성요소

2) 협의의 창의성교육 구성요소

협의의 창의성 구성요소는 '유창성', '정교성', '독창성', '융통성', '민감성'으로 나눌 수 있다. 이를 구체적으로 살펴보면 **[그림 1-9]**와 같다.

유창성

• 특정한 문제상황에서 가능한 많은 아이디어나 반응을 생각해 내는 능력(아이디어의 양이 중요)

정교성

• 고정적인 사고방식이나 관점을 변화시켜 다양한 해결책을 찾아내는 능력

독창성

• 기존의 것에서 벗어나서 새롭고 독특한 아이디어를 새로운 차원에서 창출하는 능력

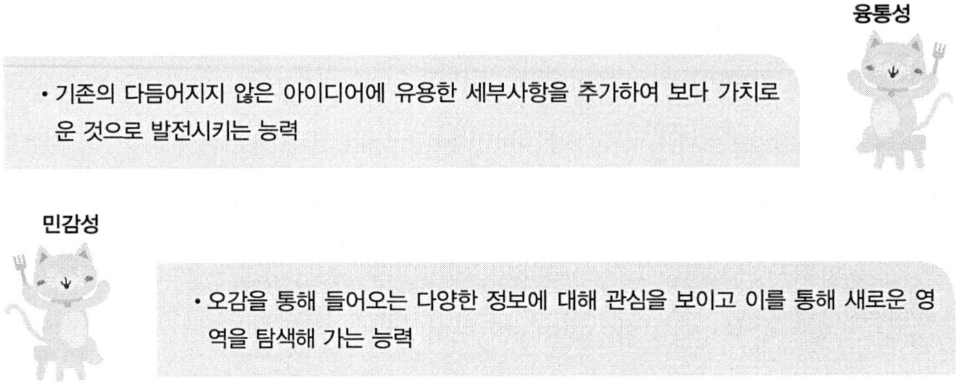

[그림 1-9] 협의의 창의성 구성요소의 개념

2. 인성교육의 구성요소

인성교육진흥법이 시행령과 함께 7월 21일부터 시행되었다. 인성교육진흥법은 유치원에서부터 초 · 중 · 고등학교에 이르기까지 학교에서 인성교육을 진흥하자는 법안으로, 이는 '인간으로서의 존엄과 가치를 보장'하며, '올바른 국민 육성'을 통한 '국가사회의 발전'을 목적으로 인성을 함양한 학습자들을 길러내겠다는 취지이다.

인성교육진흥법에 제시된 인성교육의 목적은 '자신의 내면을 바르고 건전하게 가꾸고 타인 · 공동체 · 자연과 더불어 살아가는 데 필요한 인간다운 성품과 역량을 기르는 것'이다. 인성교육의 핵심가치 덕목은 예, 효, 정직, 책임, 존중, 배려, 소통, 협동 등의 마음가짐이나 사람됨과 관련된 핵심적인 가치 또는 덕목이며, 핵심역량은 핵심덕목을 실천하는 데 필요한 지식, 공감, 의사소통능력, 갈등해결능력을 통합한 능력으로 정의하고 있다.

이에 핵심가치 덕목 여덟 가지를 기준으로 인성교육 주제를 구체화시키면 **[그림 1-10]**과 같다.

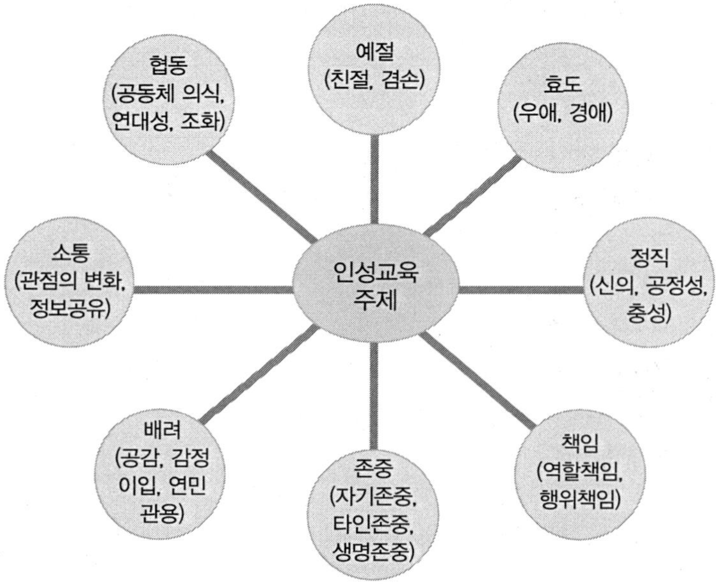

[그림 1-10] 인성교육진흥법의 인성교육 주제

인성교육의 개념구조를 살펴보면, 3차원 6역량으로 나눌 수 있다.

3차원은 사회성, 도덕성, 감성 차원으로 구성된다. 6역량은 사회성 차원에 사회적 인식능력, 대인관계능력으로, 도덕성 차원은 핵심가치 인식능력, 책임 있는 의사결정능력으로, 감성 차원은 자기인식능력과 자기관리능력으로 구성되어 있다.

이러한 인성의 세 가지 차원 및 각 차원을 구성하는 핵심역량은 서로 배타적인 것이 아니라, 상호 유기적으로 관련되어 있다.

교육부에서는 미래 인재에게 요구되는 친사회적 인성을 정직, 책임, 존중, 배려, 공감, 소통, 협동 등 7대 덕목을 선정하였다. 이를 학습자가 7대 핵심덕목들을 학교 학급별, 학년 수준에 맞게 체계적으로 갖출 수 있도록 종합적 인성교육을 추진하고 있다(교육부, 2013).

DeSeCo 프로젝트 핵심역량과 교육부 7대 인성교육 핵심덕목을 비교하면 **〈표 1-2〉**와 같다.

〈표 1-2〉 DeSeCo 프로젝트 핵심역량과 교육부 7대 인성교육 핵심덕목 비교

DeSeCo 프로젝트		VS	교육부 인성교육 7대 덕목	
범 주	역 량		영 역	덕 목
자율적 행동능력	1. 전체적 조망 속에서 행동하는 능력 2. 생애계획을 수립하고 실천하는 능력 3. 권리, 이익, 한계, 요구를 주장하는 능력	개인 내 역량	나 (나–나)	정직, 책임
사회적 상호작용 능력	1. 타인과 원만한 관계 맺기 능력 2. 협력하는 능력 3. 갈등 관리 및 해결 능력	대인 관계 역량	우리 (나–타인) (나–나)	존중, 배려, 공감
지적 도구 활용능력	1. 상호 교감하며 언어, 상징, 텍스트를 사용하는 능력 2. 상호 교감하며 지식과 정보를 사용하는 능력 3. 상호 교감하며 기술을 사용하는 능력	사회적 관계 역량	사회 (나–세계) (나–타인)	소통, 협동

출처 : 교육부(2013).

누리과정에서 제시하고 있는 인성교육의 덕목을 살펴보면 배려, 존중, 협력, 나눔, 질서, 효의 여섯 가지로 나누어져 있다(교육과학기술부, 2009).

인성덕목의 개념을 구체적으로 살펴보면 **[그림 1-11]**과 같다.

배려

• 다른 사람들의 필요와 요구에 민감하게 반응하고, 공감하는 것

존중

• 사람이나 사물은 기본적으로 그들의 존재만으로 존중할 가치가 있음을 인식하고, 그 가치에 대하여 소중히 여기는 것

협력

- 두 명 이상의 구성원이 공동의 목표를 설정하고, 이를 달성하기 위해 개인의 책임을 다하고 서로 조언 및 조력을 주고받는 것

나눔

- 자기 스스로 우러난 마음에서 남을 돕기 위해서 하는 일로 대가를 바라지 않고 지속적으로 도와주는 것

질서

- 민주주의 사회에서 책임감 있는 민주시민으로서 살아가기 위해 필요한 사회규범을 지키는 것

효

- 자식으로서 인간된 도리를 충실히 하는 것

[그림 1-11] 인성덕목의 개념

인성덕목의 하위내용을 구체적으로 살펴보면 **〈표 1-3〉**과 같다.

〈표 1-3〉 인성덕목의 하위내용

요 소	하위내용
배 려	친구에 대한 배려
	가족에 대한 배려
	이웃에 대한 배려
	동식물에 대한 배려

존 중	자신과 전통문화에 대한 존중
	다른 사람들과 다른 문화에 대한 존중
	생명과 환경에 대한 존중
협 력	긍정적인 상호의존성 (도움 주고받기, 의견 · 정보 · 자료 공유하기, 친밀감 형성하기)
	개인적 책임감(내 역할 인식하기, 역할 완수하기, 책임감 갖기)
	집단협력(공동의 노력과정 평가하기)
나 눔	나눔의 의미 알기
	나눔을 실천하기
	나눔에 참여하기
질 서	기초질서(자기의 순서나 차례를 지켜야 하는 질서)
	법질서(교통질서와 같이 국가의 법률이나 규칙을 지켜야 하는 질서)
	사회질서(사회의 여러 요소와 집단이 조화롭게 균형을 이루는 질서)
효	부모에 대한 효
	조부모에 대한 효
	지역사회 어른에 대한 효

출처 : 교육과학기술부(2009).

3. 누리과정에서의 창의 · 인성 관련요소

현재 우리나라에서 시행되고 있는 '3~5세 연령별 누리과정(2013)'은 최근 이슈가 되고 있는 질서와 배려, 협력과 같은 창의성과 인성 부문을 강화하였다. '3~5세 연령별 누리과정'의 목적은 유아의 심신의 건강과 조화로운 발달을 도와 민주시민으로서 기본 소양을 형성하는 것으로, 기본생활습관과 바른 인성을 기르는 데 중점을 두고 있다. 또한 누리과정은 최근 사회이슈가 되고 있는 학교폭력이 유아기 때 겪은 사소한 따돌림에서부터 시작될 수 있다고 우려하여 유아기 인성교육을 전폭적으로 강화하였다.

3~5세 연령별 누리과정(2013)의 목표에서도 '기본운동능력과 건강하고 안전한 생활습관을 기른다', '일상생활에서 필요한 의사소통능력과 바른 언어사용습관을 기른다', '자신을 존중하고 다른 사람과 더불어 생활하는 능력과 태도를 기른다', '아름다움에 관심을 가지고 예술경험을 즐기며, 창의적으로 표현하는 능력을 기른다', '호기심을 가지고 주변 세계를 탐구하며, 일상생활에서 수학적 · 과학적으로 생각하는 능력과 태도를 기른다'와 같이 창의 · 인성교육에 대한 목표가 잘 드러나 있다.

3~5세 연령별 누리과정(2013)의 구성방향 역시 '질서, 배려, 협력 등 기본생활습관과 바른 인성을 기르는 데 중점을 두어 구성한다. 자율성과 창의성을 기르는 데 중점을 두고, 전인발달을 이루도록 구성한다. 사람과 자연을 존중하고, 우리 문화를 이해하는 데 중점을 두어 구성한다'라는 창의 · 인성교육을 실천하고자 하는 방향이 잘 드러나 있다.

3~5세 연령별 누리과정(2013) 영역별 목표에서 창의 · 인성과 관련된 목표를 살펴보면 다음과 같다(백명자, 2013 재인용).

- '신체운동 · 건강 영역'의 목표에서 감각능력을 기르고, 자신의 신체를 긍정적으로 인식한다거나, 신체활동에 즐겁게 참여함으로써 자아존중감을 높이게 되는 인성교육이 포함되어 있다.
- '의사소통 영역'에서는 다른 사람의 말을 주의 깊게 듣는 태도와 이해하는 능력을 기르거나 자신의 생각과 느낌을 말하는 능력을 기르고 말과 글의 관계를 알고 자신의 생각, 느낌, 경험을 글로 표현하는 데 관심을 가진다는 목표에서 창의 · 인성교육 내용을 찾아볼 수 있다.

- '사회관계 영역'은 특히 인성교육과 밀접한 관계가 있다. 자신을 존중하고 다른 사람과 더불어 생활하는 능력과 태도를 기른다는 영역목표를 위해 자신을 소중히 여기며 자율성을 기른다. 자신과 타인의 감정을 알고, 자신의 감정을 적절하게 표현하고 조절한다. 가족과 화목하게 지내며 서로 협력한다. 친구, 공동체 구성원들과 서로 돕고, 예의 · 규칙 등 사회적 가치를 알고 지킨다. 우리 동네, 우리나라, 다른 나라에 관심을 가진다는 영역의 목표 모두에서 찾아볼 수 있다.
- '예술경험 영역'에서는 아름다움에 관심을 가지고 예술경험을 즐기며, 창의적으로 표현하는 능력을 기른다고 되어 있다. 자신의 생각과 느낌을 음악, 움직임과 춤, 미술, 극놀이를 통해 창의적으로 표현하는 것을 즐기고 다른 사람의 표현을 감상함으로써 창의 · 인성교육을 실천할 수 있게 된다.
- '자연탐구 영역'에서는 주변의 사물과 자연세계에 대해 알고자 하는 호기심을 가지고 탐구하는 태도를 기름으로써 창의성을 기를 수 있다.

참고문헌

곽재희 · 김광태 · 김현진 · 윤영식(2012). **창의 · 인성교육을 위한 전략 연구 : 초등사회과교육**. 경기 : 한국학술정보.

교육과학기술부(2009). 창의 · 인성교육 기본 방안. 서울 : 교육과학기술부.

___________(2010). 창의와 배려의 조화를 통한 인재육성. 서울 : 교육과학기술부.

___________(2012). 「3~4세 누리과정」 도입계획 보도자료. 서울 : 교육과학기술부.

교육부(2013). 「배려」와 「나눔」으로 모두가 행복한 인성교육 강화 기본계획(안). 서울 : 교육부.

김균욱(2012). 창의 · 인성교육에 미치는 문인화의 영향에 관한 연구. 고려대학교 일반대학원 석사학위논문.

김영옥(2013). 3-5세 연령별 누리과정 지원을 위한 유치원 관리자 원장 · 원감 연수. 한국교원대학교 유아교육원 유아 창의 · 인성교육과 누리과정, 110-113.

김한나(2012). 창의 · 인성교육에 대한 초등교사의 인식 및 운영실태. 이화여자대학교 일반대학원 석사학위논문.

문용린 · 최인수(2010). 창의 · 인성교육의 총론. 인하대학교 교육연구소, 10, 21-29.

박창현 · 김성희(2012). 유치원 교사의 창의 · 인성교육에 대한 관심과 실행. **한국교육문제연구, 30**(2), 127-143.

배공민(2014). 육색사고모기법을 활용한 이야기 나누기 활동이 유아의 창의성 및 언어표현력에 미치는 영향. 부경대학교 교육대학원 석사학위논문.

백명자(2014). 유아기 창의 · 인성교육에 대한 어린이집 교사의 관심 및 실행. 배재대학교 대학원 석사학위논문.

이재훈(2010). 창의 · 인성교육을 통한 인천교육의 발전방향과 과제. 2010 인천교육 심포지움 자료집.

정광순 · 홍영기 · 강충열(2012). (2009 개정 교육과정에 따른) **초등학교 통합교과 교육론**. 서울 : 학지사.

최준환 · 박춘성 · 연경남 · 민영경 · 이은아 · 정원선 · 서지연 · 차대길 · 허준영 · 임청

묵(2009). 인성교육의 문제점 및 창의 · 인성교육의 이론적 고찰. **창의력교육연구**, 9(2), 89-112.

홍혜정(2012). 과학교과에 적용되는 창의 · 인성교육과 평가방법에 대한 교사들의 인식. 이화여자대학교 교육대학원 석사학위논문.

동화 기반 언어활동을 통한 유아 창의 · 인성교육

Ⅰ. 유아문학교육과 창의 · 인성교육

Ⅱ. 동화 기반 언어활동을 통한 유아 창의 · 인성교육

Ⅲ. 동화 기반 언어활동을 통한 유아 창의 · 인성 활동의 실제

CHAPTER

02 동화 기반 언어활동을 통한 유아 창의 · 인성교육

상상력과 자기표현의 욕구가 왕성한 유아를 대상으로 유아교육현장에서 문학교육을 실천하는 것은 매우 중요하다. 유아문학은 유아를 대상으로 인간의 삶을 문학성 있는 언어를 매개로 표현한 예술로서(권경화, 2004), 출생부터 8세까지의 유아를 대상으로 유아의 발달적 특성을 고려한 내용과 형식을 갖춘 문학이다(이상금 · 장영희, 2001). 즉, 유아문학교육은 유아들로 하여금 문학작품을 통해 문학적 능력을 기르게 하고, 문학의 아름다움을 느끼고 감상하게 한다. 유아교사는 문학교육의 이러한 특성을 잘 반영하여 유아와 문학작품을 이어주는 매개자로서의 역할을 하고(Zeece, 2003), 유아가 적극적으로 문학작품과 교류할 수 있도록 도움을 주는 등 유아문학교육의 목표성취 여부에 결정적인 역할을 한다(남 규 · 김정원, 2012). 따라서 유아교육현장에서 유아교사가 유아문학교육을 통한 창의 · 인성교육을 실천하는 것은 매우 중요하다.

I. 유아문학교육과 창의 · 인성교육

1. 유아문학교육과 창의성

유치원 교육과정 중 유아의 창의성과 상상력 함양을 위해 강조되는 분야 중 하나가 바로 유아문학이다(강문희 · 이혜상, 2008). 유아는 자신의 경험을 토대로 이해하거나 해석한 대로 이야기를 창조할 수 있기 때문에 문학은 유아의 창의성을 증진시키는 데 효과적이다.

특히 문학적 경험은 유아의 상상력 발달을 돕는다. 문학 속의 환상과 마술적인 요소는 유아가 상상의 세계에 흥미를 느끼고 몰입하게 함으로써 환상의 세계와 공상의 세계로 동화(同化)되는 상상력을 발달시킨다(노운서 · 노명희 · 김명화 · 백미열, 2015). 또한 유아기의 문학적 경험은 상상 또는 환상의 세계를 넘나듦으로써 유아의 창의성 향상에 도움을 준다. 즉, 문학작품에서의 신비로운 세계를 묘사하는 단어 또는 문장, 그림으로 아름답게 표현된 배경을 통해 유아는 지면에 나타난 것 이상을 상상할 수 있다(공인숙 · 김영주 · 최나야 · 한유진, 2013). 예를 들어, 문학작품을 감상한 후 작가에게 편지쓰기, 주인공에게 편지쓰기, 중간 이야기 꾸미기, 뒷이야기 짓기, 패러디 동시 짓기, 단어카드 만들기 등 다양한 문학활동은 유아들의 창의성을 기르는 데 효과적이다.

다음은 동화활동을 통한 유아의 창의성을 계발시킬 수 있는 교사의 발문예시이다.

유창성

- 주인공을 도와줄 수 있는 다양한 방법에는 어떤 것이 있을까?
- 동물이 주인공인 동화는 무엇이 있을까?

융통성

- 내가 주인공이라면 어떻게 문제를 해결할까?
- 동화 속 등장인물들을 바꾼다면 어떻게 바꿀 수 있을까?

독창성

- 동화의 결말을 새롭게 지어보자.
- 동화의 제목을 재미있게 지어보자.

정교성

- 동화 속 주인공을 상세하게 그려보자.
- 동화 속 인물의 모습을 흉내 내보자.

민감성

- 동화 속에서 본 것들을 이야기해 보자.
- 주인공의 성격과 닮은 다른 동화 속 인물들을 이야기해 보자.

2. 유아문학교육과 인성

최근 인성교육 활동에 효과적인 교수–학습 방법으로 문학작품이 활용되고 있다. 이러한 문학작품의 활용으로 대표적인 것이 동화나 그림책을 들 수 있다. 유아들은 동화를 통해 풍부한 간접경험을 하게 되고 다른 사람의 경험과 느낌을 공감하여 도덕적 판단기준을 확립할 수 있게 된다. 또한 유아들에게 인상적이고 감명 깊은 이야기를 들려줌으로써 유아들로 하여금 자연스럽게 인성덕목에 관한 이해나 사고력을 심화시키고 감동을 주어 그들의 행동실천력을 높일 수 있다(교육과학기술부, 2012).

동화를 활용한 인성교육 활동은 동화에 내포된 인성의 요소에 대해 교사 및 또래와 이야기를 나누고 음률, 토의, 미술 등 다양한 활동으로 경험하게 하여, 인성교육의 내용을 유아가 자연스럽게 접하면서 바람직한 인성을 형성할 수 있도록 돕는다(김현정 · 김숙자 · 윤나리, 2013).

김미정(2011)은 인성교육을 계획할 때 인간의 여러 가지 삶의 모습을 간접적으로 경험하게 하여 유아가 겪을 수 있는 다양한 상황에 대한 갈등상황에 대한 이해를 도울 수 있고, 유아 스스로 문제의 해결책을 찾는 등 통찰력을 기를 수 있는 그림책을 활용하여 활동을 구성하는 것이 바람직하다고 했다.

최근 한국국학진흥원에서 '아름다운 이야기 할머니'를 유아교육기관에 파견하여 스토리텔링(story-telling)을 통한 이야기를 유아들에게 들려주고 있다. 이는 교훈적이고 감명 깊은 선현들의 미담을 통해 인성덕목에 관한 유아들의 이해나 사고력을 심화시키고, 감동과 도덕적 교훈을 주어 유아들에게 무릎교육을 실천하는 인성교육을 하고 있다.

[그림 2-1] 선현들의 미담을 듣고 있는 유아들

다음은 동화를 통한 유아의 인성을 함양시킬 수 있는 교사의 발문예시이다.

배려

• 친구들은 어떤 동화제목을 만들었을까?
• 동화 속 주인공이 되어 마음을 느껴보자.

존중

• 친구가 만든 동화 중 어떤 부분이 가장 마음에 들었나요?
• 동화에서 가장 마음에 드는 내용은 무엇인가요?

협력

• 친구들과 함께 동화제목을 지어보자.
• 친구들과 도와가며 동화를 만들어 보자.

나눔

• 친구들과 다양한 생각을 나누어 보자.
• 동화에서 등장인물들이 서로 나눔을 보여주는 장면을 이야기해 보자.

질서

• 동화를 듣고 동화의 내용 순서대로 다시 떠올려 보자.
• 동화를 듣고 특징, 좋은 점을 이야기해 보자.

효

• 동화 속에서 어른을 공경했던 장면을 이야기해 보자.
• 부모님과 함께 재미있는 동화를 읽어보자.

II. 동화 기반 언어활동을 통한 유아 창의 · 인성교육

동화는 유아기 초기부터 경험하는 교육매체이며, 다양한 창의적인 활동들과 연계해 활동을 해나갈 수 있으며, 유아는 동화를 통해 즐거움과 흥미를 느끼고 이것을 기초로 창의적인 상상을 통해 새로운 세계, 만들고 싶은 세계를 그려낼 수 있다(강문희 외, 2008). 또한 로빈슨과 슈와르츠(Robinson & Schwartz, 1982)는 동화는 유아들에게 상상력과 사고력 및 창의력을 길러주고, 경험을 확장시키고 풍부하게 해줄 뿐만 아니라 유아가 세상을 잘 이해하며 즐겁게 살 수 있도록 도와준다고 했다. 또한 자기를 잘 표현할 수 있고 독서에 대한 올바른 태도와 언어능력, 심미적 감상력 등을 기를 수 있게 해준다고 했다(이선영, 2005).

유아는 발달 특성상 자신이 본 것, 느낀 것을 오감을 통해 다양한 방법으로 표현하며, 유아의 표현을 촉진해 주는 동화를 통해 상상의 나래를 펴고 꿈을 키우며 자신과 등장인물을 동일시하며 상상의 세계에 몰입한다(하혜경, 2005).

동화가 창의성 신장에 기여하는 가치를 세 가지로 나누어 볼 수 있다(김민성, 2009).

- 동화는 창의성을 길러주는 데 효과가 있다. 동화를 통해 얻는 자유로운 상상력은 끝없는 연상작용을 일으키고 경이로운 생각을 창출하게 한다. 과거나 현재뿐이 아닌 미래에 대한 무한한 희망과 이상은 모든 행동의 원동력이 되며 이러한 상상을 통하여 창의성이 계발된다.
- 동화는 정보와 지식 전달매체로서 교육적 가치가 있다. 배우고자 하는 유아의 학습동기 유발 및 호기심을 자극하는 동화는 유아에게 다양한 삶의 모습을 제시하여 간접 체험함으로써 올바른 가치관 형성과 참다운 지식을 쌓도록 해준다.

• 동화는 사고력 신장에 도움을 준다. 유아의 사고의 발달은 단계적으로 진행되는데, 동화는 발달과정 속에서 가치판단능력과 사고력을 신장시키는 데 중요한 역할을 수행한다.

이상금 · 장영희(2001)에 의하면, 동화는 유아가 쉽게 접근하고 친근해질 수 있는 매체이다. 동화책을 읽거나 듣는 과정에서 동화책 내용에 대하여 깊이 생각해 보고 재구성하거나 이야기를 꾸며보는 것은 유아의 언어능력을 향상시킨다는 점에서 주목받고 있다. 또한 유아는 문학작품 속의 주인공에 동화되고 판단에 가치를 느끼면서 삶을 배우고 경험을 확대해 나가며 창의력, 상상력, 언어능력 및 심미적 감상력 등을 기를 수 있다.

동화는 다른 사람들의 어려움을 이해하고 다른 삶의 모험을 체험하게 하거나 윤리적 가치를 알게 하여 올바른 인격의 기초를 마련하는 데 긍정적인 영향을 준다(Russell, 1961).

남명희(2007)는 동화 읽어주기를 통하여 이야기에 따라 자유롭게 상상하고 해석하며 이야기를 꾸며보고 발표함으로써 어휘력과 언어표현력이 향상되었고, 유아들이 자신의 생각이나 느낌을 통해 이야기를 꾸미고 등장인물이나 사건의 시공을 넘나들며 변화시켜 봄으로써 유창성, 융통성, 독창성, 정교성 등을 신장시킬 수 있다고 했다.

동화가 유아에게 있어서는 마음의 양식과도 같아서 동화를 듣는 즐거움을 통해 유아들은 지적, 정신적, 도덕적으로 성숙되고, 선악에 대한 바른 가치를 기를 수 있게 되어 바람직한 인격을 형성할 수 있게 된다고 한다(신연식, 1994). 또한 유아는 동화책을 통해 미지의 세계로 나아갈 수 있으며, 동화책을 통해 삶에 대한 기초적인 태도를 형성할 수 있고 유아가 살고 있는 사회에서 요구하는 가치와 문화를 습득하게 된다(김주희, 1998).

이영숙(2004)은 동화를 흥미롭게 줄거리만 생각하며 듣기보다는 문제의식을 가지고 '나라면 어떻게 해결할 것인가?' 생각해 보는 과정이 있을 때에 기존의 것에서 탈피하여 참신하고 독특한 아이디어를 산출하는 능력도 생긴다고 하였다. 이에 교사는 유아가 자신의 생각에 다른 다양한 해결방법을 찾을 수 있도록 하기 위해 '새로운 방법은 없을까?', '재미있는 방법은 없을까?' 등 확산적인 사고를 할 수 있도록 발문해야 한다고 하였다.

동화 활용 교육은 유아의 창의성을 계발하는 데 유용한 자료이며 자유로운 상상력, 학습동기 유발과 가치판단능력, 사고력 신장 효과, 확산적 사고를 할 수 있고, 주변의 세계를 경험하게 되며 자연스러운 성장과 발달에 기여해 유아의 창의성을 증진시킬 수 있음을 알 수 있다.

이춘희(1997)는 동화를 들려준 후 하는 확산적 질문은 유아의 창의성을 증진시킬 수 있음을 밝혔으며, 유아에게 동화를 들려주기와 함께 개방식 질문과 상상력을 자극하는 확산적 질문을 함으로써 유아들의 생각을 재구성하고 새로운 창조를 할 수 있게끔 함으로써 창의성을 증진시킬 수 있다고 했다.

신영진(1992)은 유아에게 상상력을 높이는 동화를 들려주고 확장형 질문을 한 후 그림을 그리게 하였을 때 그림표현이 보다 창의적이며, 질적으로 유의미한 발달적 변화를 보였다고 한다.

김은미(1996)는 동화 만들기 활동 경험이 유아의 창의성을 증진시킬 수 있음을 나타냈다. 유아들에게 동화 속의 문제를 이어서 짓기, 주인공 바꾸어 이야기 짓기, 회상하기, 상상하여 짓기 등 창의적인 방법으로 해결해 보고 새롭게 생각하여 동화를 만들어 봄으로써 창의적 성향을 갖게 된다고 했다.

한정희(2000)는 동화를 활용한 교육적 개입인 동화 듣고 제목 바꾸어 보기, 줄거리 이어서 꾸미기, 주인공 바꾸어서 이야기 재구성하기, 이야기 내용 기억하기, 만약에 놀이, 그림으로 이야기 만들기, 등장인물 또는 작가에게 편지쓰기 등이 유아의 창의성을 증진시키는 데 효과를 나타냈다고 했다.

1. 전래동화를 활용한 유아 창의 · 인성교육

옛날부터 전해오는 동화를 전래동화라고 하는데, 동심을 바탕으로 꾸며진 일정한 구조를 가진 이야기다. 전래동화에 해당하는 서구어로는 영어의 포크테일(folktale)과 독일어의 메르헨(marchen)이 있다. 'Folktale'은 전래동화 및 신화, 전설, 민담과 같은 서사양식이 모두 포함되어 있으므로 설화에 가깝다.

전래동화는 옛날부터 구전되어 온 신화, 전설, 설화 등으로 그 민족의 고유한 전통과 사상의 뿌리를 갖는 작품이다. 이러한 이야기가 유아를 대상으로 변화하고 단순해지며 교육적 요소가 강조되었다. 따라서 상징적 모습으로 포착된 인간의 진리가 내포되어 있다는 점에서 전래성, 보편성의 요소가 강조된다(이상금 · 장영희, 1986).

이상금 · 장영희(1986)가 제시한 전래동화의 공통적인 특징은 다음과 같다.

- 이야기가 짧고 구성이 간단하다. 극적인 요소와 주제가 명확하다.
- 시간적 관념의 자유를 들 수 있다. 서두와 결말의 독특한 표현, 이야기 속의 시간이 자유자재로 확대, 축소가 가능한 점 등을 들 수 있다.
- 장소가 불분명하며, 모호하고 추상적인 표현이 사용된다.
- 신기한 일이 일어난다.
- 동일한 사건의 반복이 일어난다.
- 직접 화법이 많이 사용되며 시간이 빠르게 진행된다.

전래동화는 구성의 틀을 갖추고 있어 기승전결의 흐름이 분명하고 예측 가능한 결말을 맺고 있어 유아가 쉽게 기억하고 이해할 수 있는 특성을 갖추고 있다. 그 내용에 있어서도 착하고 어진 사람들이 복을 받게 된다는 권선징악이 주류를 이루고 있다(이경우 · 장영희 · 이차숙 · 노영희 · 연은자, 1997). 또한 유아들은 전래동화의 환상적인 사건을 통하여 상상력을 키우고 따스한 인정을 느끼며 웃음과 지혜를 배우게 된다(구인환, 1975).

전래동화는 문제해결에 관한 이야기가 많다. 전래동화의 전형적인 구성은 서두에 문제가 제시되고 주인공이 문제를 해결하기 위해 여러 가지 방법을 적용하여 행동함으로써 문제가 해결되면서 이야기의 끝을 맺는다. 또 오랜 세월 구전으로 전해 내려오면서 사회생활 모습, 민족성, 정서, 문화 등을 반영한다. 이러한 전래동화는 유아의 심리상태에서 출발하는 것이기 때문에(Bettelheim, 1976) 한 시대를 뛰어넘어 오늘날 유아의 심리적 · 발달적 위기를 겪어낼 힘을 얻을 수 있게 된다.

전래동화를 활용한 창의성교육이 강조되는 이유는 동화 속에 포함되어 있는 문제에 대해 간접경험을 함으로써 유아들이 확산적 사고를 하며 다양한 놀이활동에 물입하고 도전적 과제를 적극적으로 시도하도록 내적 동기를 자극해 주기 때문이다.

전래동화는 느낌을 탐색하고 확장시킬 수 있는 기회를 충분히 제공해 주므로, 상상력을 발휘하고 확장시키기 위한 이상적인 매체로 사용할 수 있다(Betttel-heim, 1976). 전래동화를 통하여 새로운 것을 생각하고, 독특한 것을 만들어 내고, 다르게 생각해 보는 창의성의 여러 요소들을 만날 수 있다. 전래동화를 통한 문학경험은 유아의 상상력과 창의성을 자극하여 유아들이 주인공의 사고방식이나 감정에 공감하고, 때로는 비판하는 과정에서 문제상황을 이해할 수 있게 되어 새로운 해결방법을 탐색하는 경험을 갖게 된다.

그림책을 활용한 인성교육은 그림책의 주인공이 처해 있는 다양한 상황과 또래관계 속에서 감정과 예의, 대화의 경험을 통해 또래관계 및 타인의 정서를 자연스럽게 인식하며 스스로 긍정적인 태도를 형성할 수 있도록 한다. 즉, 이야기 나누기, 역할극, 게임, 조형활동, 동극 등의 활동을 통해 주인공의 느낌에 대해 생각해 보고, 타인의 생각과 감정에 대해 생각하는 기회를 갖게 하며, 다양한 활동으로의 확장을 통해 유아의 적극적인 참여를 유도하게 된다(최연우, 2013).

〈표 2-1〉 인성덕목에 따른 전래동화

인성덕목	동 화	글 · 그림 저자, 출판사	내 용
배 려		반쪽이 이미애 글 이억배 그림 보림, 2008	자식이 없던 아주머니가 기도 끝에 아들 셋을 낳았다. 아들 둘은 멀쩡한데, 눈, 귀, 팔, 다리도 하나씩인 반쪽이가 착하고 지혜롭게 살아가는 이야기
존 중		장갑 우크라이나 민화 글 에우게니 M. 라쵸프 그림 이영준 옮김 한림출판사, 2015	눈 내린 숲 속 토끼, 다람쥐, 여우, 멧돼지, 늑대 등이 차례차례 장갑 속으로 들어간다. 할아버지가 장갑을 찾으러 되돌아오자 동물들이 달아나 버리는 이야기
협 력		커다란 순무 알릭세이 톨스토이 글 헬린 옥스버리 그림 박주향 옮김 시공주니어, 1997	커다랗고 높다랗게 자란 순무를 할아버지, 할머니, 손녀, 강아지, 고양이, 쥐 모두 순무를 뽑기 위해 안간힘을 쓰는 이야기
나 눔		팥죽 할멈과 호랑이 서정오 글 박경진 그림 보리, 2011	호랑이에게 죽게 된 할머니가 밤과 맷돌, 쇠똥, 멍석, 지게에게 팥죽 한 그릇을 주고 이들의 도움으로 호랑이를 물리쳤다는 옛이야기
질 서		사윗감 찾아 나선 두더지 김향금 글 이영원 그림 보림, 2009	두더지 부부가 예쁜 딸을 시집보내려고 세상에서 가장 힘이 센 사윗감을 찾기 위해 길을 떠난다. 해, 구름, 바람, 돌미륵을 찾아가지만, 가장 훌륭한 사윗감은 바로 두더지였다는 사실을 알게 되는 이야기
효		심청전 유은실 글 홍선주 그림 비룡소, 2010	심청의 아름다운 마음과 고난을 이겨내는 우직함을 그대로 담아 효를 포함해서 사람이 살면서 느끼는 기쁨과 노여움, 슬픔과 즐거움을 표현한 이야기

2. 패러디 동화를 활용한 유아 창의 · 인성교육

유아문학에서의 패러디란 작가의 스타일을 모방하여 유머러스하게 또는 풍자적으로 개작한 글을 의미한다(곽향림, 1997). 패러디 동화는 '창작동화 속의 개작동화'로 익숙하게 알려져 있는 이야기나 유명한 인물을 이용하여 독자에게 재미와 웃음을 주기 위해 이야기를 개작한 것이다(이지원, 2007). 즉, 흥미를 끌기 위해 패러디 기법을 이용하여 쓰여진 동화가 아니라 작가가 의식을 가지고 새로운 동화를 창작하는 것이다. 패러디는 표절과는 달리 기존의 작품을 사용하면서도 그 속에서 새로운 의미를 찾아낼 때 패러디의 본질적 의미를 찾게 된다(김남희, 2009).

패러디 동화의 특성을 살펴보면 다음과 같다.

- 패러디 동화는 지금까지 지녀왔던 믿음과 가치에 완전히 상반되는 상황을 제시함으로써 사회의 고정관념에 대항한다(곽향림, 1997). 패러디 동화는 문학적 관습에 대해 완전히 반대되는 상황을 제시함으로써 유아들에게 즐거움과 흥미를 주고 새로운 관점으로 바라볼 수 있는 기회를 준다.
- 패러디 동화는 '열린 결말'이다. 열린 결말은 각각의 독자가 새로운 이야기를 다양하게 만들어 낼 수 있는 또 한 명의 작가가 됨으로써 유아가 가지고 있는 사고력과 상상력을 자유롭게 펼칠 수 있는 기회가 될 수 있다(안상희, 2004).
- 패러디 동화는 상호텍스트성을 가지고 있다. 패러디 동화에서 텍스트는 이전에 존재해 있던 텍스트들을 재결합하여 구성하는 특성을 가지고 있다. 이런 상호텍스트성이 지니고 있는 기본적인 토대는 모든 작가는 텍스트의 창작가가 되기 이전에 다른 작가의 작품에 대한 독자라는 점이다(안상희, 2004). 따라서 동화에 아이러니, 패러디, 은유, 이전 텍스트들과의 유사성 등의 특징들이 상호텍스트성의 결과로서 함축되어 있다.
- 패러디 동화에서는 현실과 허구의 경계가 허물어져 있다(현은자, 1999). 패러디 동화는 환상의 세계에 존재하는 등장인물들이 현실 세계의 독자에게 말

을 걸어 이야기 속으로 끌어들임으로써 현실과 환상의 세계의 경계가 모호하게 되는 것이다.

- 패러디 동화는 기대하지 않았던 방향으로 이야기를 몰고 감으로써 유아들에게 신선한 재미를 준다. 이러한 특성은 패러디 동화가 가지고 있는 가벼움과 유희적인 성격이라고 할 수 있다(현은자, 1999).
- 패러디 동화는 일반적으로 원작에서 비난받는 역할들의 입장을 옹호하고 대변한다(곽향림, 1997). 패러디 동화에서 선과 악은 또렷하게 구별되지 않으며, 원작에서 다른 등장인물로부터 비난받는 역할을 했던 부정적 가치의 주인공을 긍정적 가치의 주인공으로 변신시킨다.

패러디된 옛이야기는 원작이 널리 알려져 있는 관계로 이러한 역전의 효과를 더 확실히 볼 수 있는 장점이 있다. 이러한 즐거움 때문에 유아들은 계속해서 책을 읽게 되며, 유아가 유머를 지각하는 것은 유아의 상상력과 지적 발달에 관련이 있다.

따라서 패러디된 옛이야기를 활용하는 것은 유아에게 무한한 상상이 가능하도록 함으로써 상상의 기쁨을 느끼고, 환상적인 경험을 하게 한다.

'개구리 왕자, 그 뒷이야기'에서는 공주의 입맞춤으로 사람이 된 개구리 왕자가 예전 습관 버리지 못하자, 공주는 왕자가 못마땅해 잔소리를 하는 상황이 연출된다. 왕자는 개구리였을 때가 더 행복했다고 생각하고 다시 개구리로 만들어 줄 마녀를 찾아다니게 된다. '백설공주'의 마녀는 독이 든 사과를 먹이려고 했고, '신데렐라'의 마녀는 왕자를 개구리 모양의 마차로 만들었다. 그 밖에 여러 마녀들을 찾아가는 왕자의 모습과 전혀 다른 옛이야기에 등장하는 인물들이 만나게 되는 새로운 상상은 독자에게 신선함을 선사한다. 유아들이 익히 알고 있는 이야기이고 또 옛이야기의 특성상 비슷한 인물들이 등장하기 때문에 완전히 다른 이야기에 등장하는 인물을 엮어 상상할 수 있었던 것이다(방희조 · 이인자 · 장정윤, 2011).

'아기돼지 삼형제'를 기본 텍스트로 한 패러디 동화 '늑대가 들려주는 아기돼지 삼형제'를 문학적인 요소인 주제, 인물, 플롯에 따라 내용을 분석하면 다음과 같다(김미진 · 이지현 외, 2007).

〈표 2-2〉 아기돼지 삼형제와 늑대가 들려주는 아기돼지 삼형제

그림책		패러디 그림책	
	아기돼지 삼형제 제이콥스 원작 송재찬 글 일홍 그림 지경사, 2005		늑대가 들려주는 아기돼지 삼형제 이야기 존 세스카 글 레인스미스 그림 황의방 옮김 보림, 2006

1) 주 제

기본 텍스트인 '아기돼지 삼형제'에서는 나쁜 늑대는 벌을 받고, 지혜롭고 착한 돼지들은 늑대를 이기고 행복하게 산다는 것으로 결말을 맺음으로써 전형적인 전래동화의 특징인 권선징악적 주제를 담고 있다. '늑대가 들려주는 아기돼지 삼형제 이야기'는 한번쯤은 다른 사람의 입장에서 생각해 보면 다르게 보일 수도 있다는 주제를 가지고 있다. '아기돼지 삼형제'의 이야기를 늑대의 입장에서 들어봄으로써 '늑대는 악하다'는 고정관념의 틀을 깨버릴 수 있는 기회를 가지게 될 것이다. 유아들은 패러디 동화를 통해 다른 사람의 입장에서 사물을 대하고 생각하는 자세를 가질 수 있고, 또 다른 입장이나 관점을 제공함으로써 도덕적 추론능력을 길러주는 기회를 가지게 하는 데 의의가 있다. 이 동화는 인물변화형 패러디 동화 유형으로 관점만 달리한다면 긍정적 인물이 부정적인 인물로, 부정적인 인물이 긍정적인 인물이 될 수도 있고, 우리가 주어진 관점으로만 보기 때문에 사물을 잘못 판단하고 있을 수 있다는 것을 일깨워 준다(김미진 외, 2007).

2) 인 물

등장인물의 성격이 바뀌는 경우에 해당하는 패러디 동화로 원작에서 비난받았던 늑대가 억울했던 자신의 처지를 호소하고 독자로부터 동정을 받기 위해 자신의 입장을 해명한다. 늑대는 감기가 걸린 상태에서도 할머니께 드릴 생일케이크를 만드는 효성이 지극한 인물로, 돼지들은 몰인정하며 무례하고 어리석은 동물들로 비춰진다.

패러디 동화의 인물들은 기본 텍스트에 나오는 인물들의 전형성을 깨뜨려 돼지는 착하고 늑대는 커다랗고 고약하다는 이미지를 벗고, 고정관념을 깬 인물에 대한 새로운 진실을 찾을 수 있는 기회를 만들어 준다.

등장인물의 성격이 달라져서 이야기가 어떻게 달라졌는지에 초점을 맞추어 지도한다면 이야기 결말의 다양성을 유도할 수 있게 된다. 따라서 유아는 고정된 인물상이 아닌 다양한 모습의 인물상을 전개해 나갈 수 있다(김미진 외, 2007).

3) 플 롯

패러디 동화에서 늑대는 '아기돼지 삼형제'에 나오는 자신의 이미지는 잘못된 것이라며 자신의 이야기를 시작한다. "사실은 아직 아무도 진짜 이야기는 몰라. 왜냐하면 늑대 입장에서 하는 이야기는 아무도 들은 적이 없거든"이라고 말하며 시작되는 첫 페이지는 독자들에게 늑대의 이야기에 대해 궁금증을 유발하고 이야기로의 몰입을 가져오는 역할을 한다. '늑대가 들려주는 아기돼지 삼형제 이야기'는 사건을 순행적인 시간순서에 의하지 않고 현재와 과거를 오가는 현재-과거-현재의 순으로 이야기를 진행시키고 있다. 기본 텍스트의 결말 부분에서는 늑대가 죽고 아기돼지들은 사이좋게 오랫동안 행복하게 산다는 이야기로 끝난다. 이야기의 뒷부분에 대한 상상의 날개를 펼치기보다는 책 읽기를 끝냄으로써 그동안 문학적 관습이 그래왔던 것처럼 악한 동물과 선한 동물을 한 번 더 확인하는 기회로 더 이상 이야기에 대한 다른 상상을 하지 않는다. 하지만 패러디 동화에서는 감옥에 갇힌 늑대가 컵을 내밀며 "하지만 너희는 나한테 설탕 한 컵을 꾸어줄 수 있겠지?"라고 질문을 던진다. 작가는 열린 결말을 선택함으로써 유아들에게 '늑대가 설탕을 달라고 부탁을 한다면 기꺼이 줄 수 있을까?', '감옥에 갇힌 늑대는 어떻게 될까?', '아직도 다른 사람들은 늑대가 잘못한 것이라고 생각하고 있는 걸까?' 하는 생각을 하게 된다. 이러한 열린 결말은 작품 속에 한 가지 이상의 의미를 부여하면서 책을 읽는 독자로 하여금 다양한 결론을 예상하도록 격려한다. 이러한 열린 태도가 패러디 동화에서 명백히 드러나고 있으며 열린 결말은 유아들에게 새로운 질문을 끌어내고 스스로 결론을 이끌어 내도록 한다(안상희, 2004).

〈표 2-3〉 '아기돼지 삼형제'와 '늑대가 들려주는 아기돼지 삼형제 이야기' 비교

	아기돼지 삼형제	늑대가 들려주는 아기돼지 삼형제 이야기
주 제	권선징악	역지사지
인 물	선악의 구별 뚜렷	선악의 고정관념 해체
플 롯	순서적인 진행 3인칭 관찰자 시점 늑대와 돼지들 간의 갈등 완성된 결말	현재-과거-현재 진행 1인칭 주인공 시점 늑대와 돼지 및 사회와의 갈등 열린 결말

출처 : 김미진 · 이지현(2007).

4) 패러디 동화를 활용한 이야기 짓기 활동

패러디 동화를 활용한 이야기 짓기 활동은 패러디 동화 속에서 아이디어를 찾고 사건의 인과관계를 추리하면서 시 · 공간으로 순서를 나열할 수 있는 활동이라고 할 수 있다. 이야기 짓기 활동이 보다 활발해지도록 유아가 자발적인 분위

기에서 자유롭고 창조적인 언어로 이야기를 꾸며볼 수 있도록 적절한 환경을 마련해 주어야 한다. 이두현(1998)에 의하면, 이야기 짓기 활동 시에 유아의 창의적이고 자유로운 언어표현을 위해 소집단이나 개별적으로 활동하는 것이 바람직하다고 하였다. 즉, 대집단 이야기 꾸미기 활동 시에 교사 중심 형태가 되기 쉽고, 유아들이 다른 유아의 표현을 먼저 듣게 됨에 따라 창의적인 표현을 못하게 되는 경우가 많기 때문이다.

박은희(2014)가 제시한 바람직한 패러디 동화를 활용한 이야기 짓기 활동이 되기 위한 교사의 역할을 살펴보면 다음과 같다.

첫째, 유아가 자유롭게 말하는 이야기를 허용해 주고 적절히 반응해 주어 이야기를 짓는 것에 자신감을 가질 수 있도록 한다(이두현, 1998).

둘째, 유아 각자의 생각이나 느낌을 마음껏 표현할 수 있는 분위기를 조성해 주어야 한다. 즉, 활동과정에서 유아 중심적인 활동의 형태로 유도해야 한다. 유아는 이야기를 짓는 활동에 적극적으로 참여하여 즐거움과 자신감을 갖게 되고 다양한 표현을 하게 된다.

셋째, 이야기 짓기 활동에서 주의할 점은 결과보다 과정에 의의를 두어야 한다. 즉, 유아들이 만들어 내는 이야기들을 있는 그대로 인정하고 수용하여 자유롭게 이야기를 해볼 수 있는 기회를 제공하여 유아가 활동 그 자체를 즐길 수 있도록 해야 한다.

넷째, 교사는 허용적이고 개방적인 분위기를 조성하며 유아의 표현을 인정하도록 해야 한다. 즉, 언어를 창조할 수 있는 능력을 존중하고, 독특하고 다양한 방법으로 표현하도록 개방적 · 확산적인 질문을 많이 하는 환경을 구성해 주어야 한다.

이때 교사의 질문들 중에서 유아들이 적극적으로 응답하도록 유도할 수 있는 질문이 효과적인 질문이라고 할 수 있는데, 심미적 질문은 추론적 사고수준에 해당하는 것으로, 동화 읽기 활동 후 인간의 내면에 잠재해 있는 깊은 심성을 자극해 주거나 글의 함축된 의미를 파악하고 이를 유아 자신의 경험과 연결지어 보도록 한다. 또한 책의 내용을 기초로 추론하기, 가정해 보기, 느낌, 감정 등에 대한 인지적 반응을 유도해 내는 데 목적을 둔다(Rosenblatt, 1983).

로젠블렛(Rosenblatt, 1983)이 제시한 두 가지 질문유형에 따른 구체적 질문범주는 **〈표 2-4〉**와 같다.

〈표 2-4〉 로젠블렛(Rosenblatt)의 질문유형

질문유형	질문범주	질문의 예
심미적 질문 (aesthetic question)	가정	만약 네가 ~이었다면 어떻게 하겠니?
	경험회상	전에 혹시 ~과 비슷한 일이 있었니?
	추론	~는 왜 그렇게 하였을까?
	감정이입	~의 심정은 어떠하였을까?
	느낌	동화를 듣고 난 느낌을 이야기해 주겠니?
정보회상적 질문 (efferent question)	인물	~가 나왔니?
	배경	~는 어디서 살았니?
	사건	~는 어디로 가고 있는 중이었니?
	순서	동화를 순서대로 이야기해 주겠니?
	결론	그래서 결국 어떻게 되었니?

출처 : Rosenblatt(1983).

메니와 와이즈먼(Many & Wiseman, 1992)도 심미적 감상 자세를 자극하여 주는 질문을 활용하면서 동화에 대해 이야기를 나눈다고 했다. 심미적 질문의 예로서 '만약 네가 동화 속에 나오는 어떤 사람(동물)이 될 수 있다면, 누가 되고 싶니?', '이야기에서 무엇이 가장 재미있었니?', '이야기 속의 너는?', '이야기에서 가장 기억에 남는 말은 무엇이라고 생각하니?', '이야기를 다르게 만들어 볼 수 있을까? 이야기해 줄 수 있겠니?', '이야기 속에서 네가 가장 오랫동안 생각하고

싶은 것은 무엇이니?' 등을 들 수 있다.

한편 로젠블렛(Rosenblatt, 1989)은 동화책을 읽어준 후의 성인의 의도적인 노력이 유아의 문학감상 자세에 큰 영향을 줄 수 있음을 시사하였다. 콕스와 메니(Cox & Many, 1992)도 유아들에게 동화를 들려주고 난 다음 이야기를 나누는 것이 바람직하며, 이러한 과정을 통해 심미적 감상 자세를 격려하는 것이 중요하다고 강조하고 교사가 이러한 역할을 수행하도록 제안하였다. 첫째 단계는 동화에 대한 환기를 불러일으킬 수 있는 기회를 제공하는 것이다. 즉, 동화를 들은 유아가 그 내용을 자신이나 다른 사람의 삶의 경험과 연결시킨다는 것이다. 이는 교사가 동화를 반복적으로 들려주면서 유아가 동화 속의 삶과 자신의 삶 또는 경험을 연결시켜 보도록 추구하는 것이다. 둘째 단계는 유아로 하여금 환기된 내용에 관해 대화를 나눌 수 있는 기회를 제공하는 것이다. 즉, 유아에게 동화책을 읽어주고 나서 동화내용에 대한 사실적인 정보를 주는 감상 자세보다는 동화에 대한 감상 및 태도에 중점을 두는 심미적 감상 자세가 유아에게 더 효과적이다(최은선, 2004).

다음은 '제가 잡아먹어도 될까요?'를 활용한 이야기 짓기 활동이다. 먼저 '늑대와 일곱 마리 아기염소'를 들려준 뒤 이야기를 나누고, '제가 잡아먹어도 될까요?'를 들려주고 원작과 비교해 본 뒤 열린 결말로 끝나는 패러디 동화의 뒷부분을 상상하여 새롭게 이야기를 지어본다.

〈표 2-5〉 늑대와 일곱 마리 아기염소와 제가 잡아먹어도 될까요?

그림책	글 · 그림 저자, 출판사	그림책	글 · 그림 저자, 출판사
	늑대와 일곱 마리 아기 염소 그림형제 글 펠릭스 호프만 그림 김재혁 옮김 비룡소, 2000		제가 잡아먹어도 될까요? 조프루아 드 페나르 글 · 그림 이정주 옮김 베틀북, 2002

「제가 잡아먹어도 될까요?」를 활용한 이야기 짓기 활동

〈1차 시 교수 - 학습 과정안〉

<table>
<tr><th colspan="2">원작 그림책 제목</th><td rowspan="2">늑대와 일곱 마리 아기염소</td><th>활동일시</th><td>2013. 10. 28. ~ 2013. 11. 1.</td></tr>
<tr><th colspan="2"></th><th>대 상</th><td>만 5세</td></tr>
<tr><th colspan="2">활동목표</th><td colspan="3">• 그림책을 듣고 그 내용을 이해한다.
• 자신의 생각과 느낌을 자유롭게 말해본다.</td></tr>
<tr><th colspan="2">활동자료</th><td colspan="3">『늑대와 일곱 마리 아기염소』 그림책</td></tr>
<tr><th colspan="2">활동절차</th><th colspan="3">활동내용</th></tr>
<tr><td rowspan="2">1
차
시</td><td>동기
유발하기</td><td colspan="3">1. 유아들의 동기와 흥미를 유발시킬 수 있는 도입으로 유아들을 집중시킨다.
– (손인형을 보여주며) 메에!
애들아, 나 좀 도와줘. 늑대가 우리를 잡아먹으려고 해.
2. 『늑대와 일곱 마리 아기염소』 그림책의 표지와 제목, 작가에 대해 이야기를 나누고 어떤 내용의 책인지 이야기한다.
– 이 책은 그림형제의 늑대와 일곱 마리 아기염소예요.
책 표지에 어떤 그림이 그려져 있나요?
– 어떤 내용이 들어 있을까요?</td></tr>
<tr><td>원작
그림책
읽어주기 및
내용
이야기
나누기</td><td colspan="3">1. 『늑대와 일곱 마리 아기염소』 그림책을 읽어준다.
2. 『늑대와 일곱 마리 아기염소』 그림책을 읽고 난 후 느낌에 대해 이야기를 나눈다.
– 어떤 느낌이 드나요?
3. 그림책의 내용을 회상할 수 있는 질문을 한다.
– 늑대가 아기염소들을 어떻게 했지요?
4. 그림책을 언어영역에 제시해 두고 활동을 마무리한다.
– 이 책은 책꽂이에 놓아둘 테니, 또 읽어보고 싶은 친구는 자유선택시간에 보도록 하자.</td></tr>
</table>

〈2차 시 교수 - 학습 과정안〉

<table>
<tr><th colspan="2">패러디 그림책 제목</th><td>제가 잡아먹어도 될까요?</td><th>활동일시</th><td>2013. 11. 4. ~ 2013. 11. 8.</td></tr>
<tr><th colspan="2">이야기 짓기</th><td>그림책의 뒷이야기 짓기</td><th>대 상</th><td>만 5세</td></tr>
<tr><th colspan="2">활동목표</th><td colspan="3">• 패러디 그림책과 원작 그림책을 비교해 본다.
• 열린 결말로 끝나는 패러디 그림책의 뒷부분을 상상하여 새롭게 이야기를 지어본다.</td></tr>
<tr><th colspan="2">활동자료</th><td colspan="3">『제가 잡아먹어도 될까요?』 그림책, 여러 가지 쓰기 및 그리기 도구, 복사유인물</td></tr>
<tr><th colspan="2">활동절차</th><th colspan="3">활동내용</th></tr>
<tr><td rowspan="3">2
차
시</td><td>동기
유발하기</td><td colspan="3">1. 유아들의 동기와 흥미를 유발시킬 수 있는 손율동으로 유아들을 집중시킨다.
2. 『제가 잡아먹어도 될까요?』 그림책의 표지와 제목, 작가에 대해 이야기를 나누고, 어떤 내용의 책인지 이야기한다.
– 책에 어떤 내용이 들어 있을까요?</td></tr>
<tr><td>패러디
그림책
읽어주기
및
내용
이야기
나누기</td><td colspan="3">1. 패러디 그림책을 읽어주고 난 후 느낌에 대해 이야기 나눈다.
2. 패러디 그림책의 내용을 회상할 수 있는 질문을 한다.
– 주인공은 누구였나요?
– 어떤 일이 일어났지요?
3. 패러디 그림책과 원작 그림책의 등장인물, 사건, 배경 등에 대해 비교해 본다.
– 『늑대와 일곱 마리 아기염소』 그림책과 어떤 점이 다르나요?
– 늑대는 동화 속의 주인공들을 잡아먹지 않고 어떻게 했나요?
4. 이야기 짓기 활동이 전개될 수 있도록 단서와 발문을 제시한다.
– 먹을 수 있는 것들이 써진 종이에 × 표시를 하고 사람 잡아먹는 거인을 크게 쓰면서 끝났는데 그 뒤에는 어떤 일이 생길까요?</td></tr>
<tr><td>내용
구성하기</td><td colspan="3">1. 여러 가지 이야기가 줄거리로 전개될 수 있도록 유아의 경험과 상상력을 자극하여 이야기를 만든다.
– 앞으로 루카스가 어떻게 될지 상상해서 이야기를 지어보아요.
배가 고픈 루카스는 어떻게 할까요?
– 또 다른 생각은 없나요?
2. 유아들끼리 상호작용할 기회를 준다.
3. 재미있다고 생각한 것들을 연결하여 이야기를 만든다.
– 누구의 이야기가 재미있나요?</td></tr>
</table>

	– 그럼 브레멘 음악대는 어떻게 만나는 거예요? – 그런 다음에는 어떻게 되었나요? **4. 유아들끼리 어떤 이야기를 넣을 것인지 서로 협의하여 내용을 적고, 그림을 그려본다.** – 지금 한 이야기를 적고 그림으로 그려보자. 누가 그림을 그려볼까요? – 그래, ○○가 그려주도록 해요. 글씨는 누가 써볼까요?
제목 정하기 및 지은이 적기	**1. 이야기 짓기 내용에 맞는 제목을 유아들이 정해본다.** – 너희들이 지은 이야기에 제목을 무엇이라고 하면 좋겠니? **2. 여러 가지 제목 중에서 유아들이 가장 어울린다고 협의한 것을 정한다.** – 지은 이야기 내용을 잘 생각해 보고 협의해서 정해보자. **3. 이야기의 앞표지에 유아들의 이름을 적고 그림을 그려 꾸민 후 언어영역에 제시한다.**

〈표 2-6〉 유아 이야기 짓기 활동작품

친구를 도와 준 늑대		
유아 작품 1		루카스가 다시 길을 떠났어요. “살려주세요!” 그때 그물에 걸린 룰루를 구해주었어요.
		둘은 친구가 되었어요. 착한 늑대들은 어려운 동물을 구하는 영웅이 되었어요.
		루카스와 룰루와 톰은 행복하게 살았습니다.

유아 작품 2		루카스의 도움으로 집에 돌아간 엄지동자와 여섯 형제들은 맛있는 음식을 선물해 주었어요.

3. 환상동화를 활용한 유아 창의 · 인성교육

환상동화는 문학적인 요소인 인물, 설정, 플롯, 주제, 배경 등에 따라 현실에서는 일어날 수 없는 이야기로서 유아가 실제 경험할 수 없는 내용, 즉 초자연적인 소재나 대상 혹은 사건처럼 비실제적인 것을 다룬다. 이러한 환상동화는 유아에게 기쁨을 주며, 상상력을 발달시키고, 등장인물의 시공간 초월로 인해 현재 사회의 관습과 제약을 벗어나기도 하는데 이러한 점이 유아에게 대리경험을 제공하여 삶을 풍요롭게 한다(김세희, 2010).

1) 환상동화를 활용한 유아 창의 · 인성교육

환상동화에서는 초현실적인 존재나 의인화된 동식물과 장난감이 등장하지만 작가가 주인공의 성격을 입체적이고 다면적인 인물로 매우 섬세하게 묘사한다(김현희 · 박상희, 2003). 특히 그림책에서의 장면은 글보다는 그림을 통해 더욱 풍부하게 묘사되기도 한다(Russell, 1991).

환상동화의 특징을 살펴보면 다음과 같다.

- 환상동화는 구성이 다양하다. 환상동화의 구성에서 독특한 점은 전형적인 갈등상황이 초자연적인 힘에 의해 일어나며 환상이나 마술적인 힘에 의해 해결되는 것이다(김현희 · 홍순정, 1993).
- 환상동화는 주제도 다양하게 다루어진다. 환상동화의 주제는 인간성의 광범위한 관심 및 배려가 주로 다루어지며, 특히 인간의 선과 악 같은 궁극적인 갈등이 보편화되고 객관화되는 것이 매우 효과적으로 다루어지고 있다(김현희 · 박상희, 2001).

환상동화는 유아에게 불가사의하고 흥분되면서 만족감을 주는 색다른 세계인 꿈의 세계, 환상의 세계로 안내하며 유아는 환상동화를 통해서 자유로운 상상을 하고 창의적이고 자발적인 사고를 하는 동시에 실제성을 경험하게 된다(Sutherland & Arbuthnot, 1991). 그러므로 환상은 어느 면에서는 매우 진실된 것이다. 그러므로 유아들이 환상동화에 대한 매력에 빠지게 되어 지속적으로 즐기고 선호하게 되는 것이다.

환상동화의 가치를 살펴보면 다음과 같다(한국어린이문학교육연구, 1999).

- 환상동화는 유아에게 기쁨을 준다. 글을 읽지 못하는 유아도 환상동화에서 기쁨과 즐거움을 발견한다.
- 환상동화는 유아의 상상력을 발달시킨다. 유아로 하여금 자연, 사람, 사회를 새로운 방법으로 생각해 보게 함으로써 이전과는 다른 다양한 관심을 갖게 한다.
- 좋은 환상동화는 등장인물이 비록 현재의 시공을 자주 초월하여 사회의 관습과 제약으로부터 자유롭게 나타나지만 독자들에게 대리경험을 제공하여 삶을 풍요롭게 한다.
- 환상동화는 인간의 행동과 문제에 대한 통찰력을 제공한다. 어떤 환상동화는 인간 내면의 보편적인 문제들을 통찰력을 가지고 다룸으로써 삶의 의미

와 인간과 자연, 인간과 인간과의 관계 등을 이해하도록 도와준다. 그러한 의미는 그 동화책을 읽는 당시에 유아에게 전달될 수도 있지만 유아가 성장함에 따라 새롭게 다가올 수도 있다.

환상동화는 주제, 구성, 주인공의 성격 면에서 유아의 사고방식과 가장 적합한 특성을 가지므로(Bettelheim, 1976), 유아로 하여금 환상동화의 재미와 즐거움에 쉽게 빠지게 하고(Hillman, 1995) 몰입할 수 있도록 한다. 따라서 환상동화가 사실동화에 비해 더 많은 언어반응을 보였다고 보고한 최상은(2007)의 연구에서와 같이 환상동화는 유아의 언어반응, 상상력 및 정서적 풍부함을 경험시키는 유용한 매체로서 유아의 창의성을 증진시킨다.

환상동화는 무한한 꿈의 실현과 상상력의 자유를 확대시켜 현실에 긍정적 변화를 주고, 신비하고 경이로운 세계에 대한 간접체험을 통해 감동과 삶의 활력소를 제공해 주기도 한다. 또한 경험하지 못한 경이의 세계는 유아를 감동시키며 현실에서 경험하는 것보다 상상의 세계, 공상의 세계에서 훨씬 더 즐겁게 느낄 수 있다(하혜경, 2005). 그래서 환상동화는 인간의 도덕적 · 정신적 성장에 없어서는 안 될 힘을 제공한다(Cullunan& Galda, 1994; 한국 어린이 문학 교육연구회, 1999).

다음은 인성덕목과 관련된 환상동화이다.

〈표 2-7〉 인성덕목과 관련된 환상동화

인성덕목	동 화	글 · 그림 저자, 출판사	내 용
배 려		돼지책 앤서니 브라운 글 · 그림 허은미 옮김 웅진주니어, 2009	피곳 씨와 두 아들은 집안일을 도와주지 않았고, 힘들어하던 엄마가 결국 집을 나가자 피곳 씨와 아이들은 조금씩 이상하게 변하기 시작하는 이야기
존 중		강아지똥 권정생 글 정승각 그림 길벗어린이, 1996	쓸모없는 것처럼 여겨지는 강아지똥이 민들레꽃을 피워내는 소중한 거름이 된다는 생명과 자연의 가치를 가르쳐 주는 이야기
협 력		으뜸 헤엄이 레오 리오니 글 · 그림 이명희 옮김 마루벌, 2008	으뜸 헤엄이는 커다랗고 무서운 물고기를 만나게 되자 친구들과 협력해서 지혜와 용기로 고난을 극복해 가는 이야기
나 눔		손 큰 할머니의 만두 만들기 채인선 글 이억배 그림 재미마주, 2001	무엇이든지 크게 하는 손 큰 할머니가 동물들과 함께 새해에 먹을 만두를 만든다. 며칠 밤을 새우며 동물들과 만두를 빚는데 양이 줄어들지 않자 동물들이 불평을 하는 이야기
질 서		검피 아저씨의 뱃놀이 존 버닝햄 글 · 그림 이주령 옮김 시공주니어, 1996	검피 아저씨와 아이들과 동물들이 함께 뱃놀이를 떠나는 이야기
효		우리 할아버지 존 버닝햄 글 · 그림 박상희 옮김 비룡소, 1995	할아버지와 손녀가 봄, 여름, 가을, 겨울을 함께 보내면서 겪은 체험을 정감 있게 표현한 가슴 따뜻한 이야기

2) 환상동화를 활용한 극놀이 활동

유아는 놀이를 통해 자아개념을 발전시키고 사회적으로 협동할 수 있는 능력을 기르며 동시에 학습과 발달에도 커다란 영향을 미친다. 특히 동화를 활용한 극놀이는 유아가 동화 속의 다양한 인물이 되어 여러 상황 속에서 의사전달, 느낌과 생각의 수용 및 상상력과 표현력을 기르는 데 유용하며, 다양한 경험을 접할 수 있다. 그러므로 극놀이는 유아들로 하여금 새로운 행동을 직접 경험하면서 융통성과 긍정적인 자아를 형성하도록 도와준다. 또한 유아들은 또래집단과 교사와의 상호작용을 통해서 언어적 표현의 다양성과 집단 간의 의사소통기술을 발달시키며, 유아 자신의 감정을 솔직하게 드러내고 감정을 조절할 수 있는 능력을 키우는 데 큰 몫을 하고 있다(김혜성, 2011).

동화를 동작으로 표현하는 극놀이는 유아들의 창의성과 상상력을 개발시킬 뿐만 아니라 단어나 문장의 사용을 통해 극화함으로써 언어발달에도 긍정적인 효과를 가져오고 역할에 따른 다양한 방법으로 협력과 배려, 나눔을 표현할 수 있다.

읽을거리

세계적인 동화작가 '레오 리오니'의 최초의 그림책 탄생 비화

출처 : 오픈키드 웹진.

1959년 어느 날 40대 후반의 레오 리오니는 3살과 5살짜리 손주들을 데리고 기차여행을 하는 중이었다. 그는 그때 이미 세계적인 화가이자 그래픽 디자이너로 이름을 떨치고 있었다. 이리저리 뛰어다니는 아이들 때문에 진땀을 흘리고 있던 그는 평소 들고 다니던 가방에서 잡지를 꺼내 펼쳤는데, 파랑, 노랑, 초록 색깔로 디자인된 한 페이지를 보는 순간 머릿속에 문득 번개처럼 영감이 스쳤다. 그는 파랑, 노랑, 초록 종이들을 동그랗게 혹은 길쭉하게 찢었다. 그리고 종이조각들을 가방 위에서 이리저리 움직이며 손주들에게 즉석에서 이야기를 들려주었다. 아이들은 홀 린 듯 할아버지의 손을 지켜보며 이야기에 귀를 기울였다. 그것이 바로 레오 리오니의 최초의 그림책(『파랑이와 노랑이』)이 탄생하게 된 계기이다.

〈출처 : 오픈키드 웹진 2002년 2월 제14호 김서정이 쓴 '우리가 사랑하는 작가 –레오 리오니' 중에서〉

『우리는 하나다! 힘을 합쳐요』 교육계획안

<table>
<tr><td>생활 주제</td><td>유치원과 친구</td><td>주 제</td><td>유치원에서의 친구</td><td>소주제</td><td>내 마음, 친구 마음 알기</td><td>활동 일시</td><td>2015. ○. ○</td></tr>
<tr><td>활동명</td><td>우리는 하나다! 힘을 합쳐요.</td><td>활동 형태</td><td>소집단</td><td>유형 (영역)</td><td>신체</td><td>연 령</td><td>만 5세</td></tr>
<tr><td>활동 목표</td><td colspan="7">• 『으뜸 헤엄이』 동화를 통해 어려운 일을 해결하는 경험을 한다.
• 동화 속의 다양한 상황에 맞는 동작을 창의적으로 표현한다.
• 친구들과 동극에 적극적으로 참여한다.</td></tr>
<tr><td>누리 과정 관련 요소</td><td colspan="7">• 신체운동 · 건강 : 신체활동에 참여하기 – 자발적으로 신체활동에 참여하기
• 의사소통 : 듣기 – 동요, 동시, 동화 듣고 이해하기
• 사회관계 : 다른 사람과 더불어 생활하기 – 공동체에서 화목하게 지내기
• 예술경험 : 예술적 표현하기 – 극놀이로 표현하기</td></tr>
<tr><td>창의 · 인성 관련</td><td colspan="7">• 창의성 : 인지적 요소 – 사고의 확장, 문제해결력
• 인성 : 협력, 나눔</td></tr>
<tr><td>활동 자료</td><td colspan="7">• 동극머리띠, 동극소품
• 음악</td></tr>
<tr><td>활동 방법</td><td colspan="5">활동내용</td><td colspan="2">자료 및 유의점</td></tr>
<tr><td>도 입</td><td colspan="5">1. '물고기' 손유희로 주의집중을 한다.

물고기 한 마리/ 물고기 두 마리/ 물고기 세 마리가 올라갑니다./
물고기 한 마리 낚싯줄에/ 두 마리 낚싯줄에/ 세 마리 낚싯줄에/ 올라갑니다./
물고기 한 마리 어항에 넣고/ 두 마리 어항에 넣고/ 세 마리 어항에 넣고/ 올라갑니다.

– 친구들, 모두 자리에 앉았나요?
2. 동화를 회상하며 이야기를 나눈다.
– 지난 시간에 들은 동화 『으뜸 헤엄이』에 동화에서 어떤 장면이 가장 기억에 남았나요?</td><td colspan="2"></td></tr>
</table>

	– 이야기 속에 어떤 등장인물들이 나왔나요? – 으뜸 헤엄이가 왜 혼자가 되었나요? – 으뜸 헤엄이가 어떻게 큰 물고기를 물리쳤나요? – 으뜸 헤엄이의 감정은 어땠을까요? – 내가 으뜸 헤엄이라면? **• 궁금이 상자를 이용하여 '동극소품'에 대한 흥미를 유발한다.** – 친구들! 궁금이 상자 속에 무엇이 들어 있을까요? – ○○이가 나와서 만져보고 친구들에게 설명해 줄까요? – 지난 시간에 친구들이 함께 만든 소품이 무엇이었나요? **3. 활동을 소개한다.** – 오늘은 선생님과 함께 『으뜸 헤엄이』 동극을 해볼 거예요.	
전 개	**1. 활동자료를 소개한다.** – 이 동화를 동극으로 표현하려면 어떻게 하면 될까요? – 어떤 역할을 해보고 싶어요? **2. 동극을 하기 전에 대본을 연습해 본다.** **• 등장인물의 목소리 표현에 대해 알려준다.** – '으뜸 헤엄이'는 어떤 목소리가 좋을까요? **• 등장인물의 동작표현에 대해 알려준다.** – ○○ 장면에서 어떤 동작을 하면 좋을까요? – 큰 물고기를 만드는 장면은 어떻게 표현하면 좋을까요? – 바다친구들이 위험한 장면은 어떻게 표현하면 좋을까요? – 역할에 맞는 대사를 할 때는 친구들에게 잘 전달될 수 있도록 표현해야 해요. **3. 동극에 함께 참여하는 방법과 배역을 정한다.** – 바닷속 배경친구들도 필요해요. 어떤 배경친구들이 있나요? – '나는 이 역할을 하면 잘 할 수 있어요' 하는 친구 있어요? **4. 동극을 할 때 지켜야 할 규칙을 정한다.** – 동극하기 전에 친구들이 주의해야 할 점이 있어요! 어떤 게 있을지 친구들이 말해볼까요? – 맞아요! 친구들이 말한 것처럼 즐겁고 신나게 표현해 보아요. **5. 동극을 한다.** **• 동극 시작 전에 유아는 자신이 맡은 역할을 소개하고 인사한다.** **• 선생님도 함께 유아들과 참여한다.**	**동극이 진행되는 동안 교사는 해설자의 역할을 하며 유아가 대사를 기억하지 못할 때 조금씩 도움을 준다.** **동극을 할 때 공간을 넓게 해서 자유스럽게 표현을 크게 할 수 있도록 해주어야 한다.** **대사 없이 이루어지는 동작을 격려한다.**

<table>
<tr><td>마무리</td><td>1. 동극을 정리하고 활동을 평가한다.
– 동극을 해보니 어떤 부분이 좋았니?
– 무엇이 재미있었니?
– 어떤 부분을 바꾸면 동극이 더 재미있을까?
– 친구의 잘한 점을 칭찬해 주자.
2. 차시를 예고한다.
– 다음 시간에는 '으뜸 헤엄이'에게 편지쓰기를 해볼 거예요.</td><td></td></tr>
<tr><td>활동
평가</td><td>• 동극에 적극적으로 참여하였는가?
• 대사와 행동을 자유롭게 표현하였는가?
• 공간을 어느 정도 활용하는가?</td><td></td></tr>
<tr><td>확장
활동</td><td>• 감명 깊었던 동극 장면을 그림으로 그리기</td><td></td></tr>
</table>

Ⅲ. 동화 기반 언어활동을 통한 유아 창의 · 인성 활동의 실제

1. 전래동화를 활용한 유아 창의 · 인성 증진 활동

활동 1

극놀이 활동

바리대기 동화의 이야기를 나열해서 극놀이로 표현하기

❖ 준비물 : 『바리대기』 그림책

❖ 활동방법

1. 바리대기 동화 한 문장씩을 가지고 서로 읽으면서 이야기의 줄거리를 완성하기
2. 소그룹으로 1막에서 4막까지를 그룹별로 역할극으로 표현하기

옛날에 오구대왕과 길대부인이 살았어요. 둘은 결혼하여 여섯 공주를 낳았지요.
"제발 아들이어야 하는데……."
"또 공주로구나! 버려라! 던져라! 열두 바다 천길만길에 버려라."
오구대왕은 화가 났어요. 일곱째 공주를 옥함에 넣어 강물에 띄워 버렸어요.
공주는 할아버지와 할머니에게 발견되어 키워졌지요.
"이 아이를 바리데기라고 불러야겠어."
세월이 흘러 오구대왕이 병에 걸렸지요.
"좋은 약을 써도 낫지 않으니 어쩌지……."
"대왕님! 이 병에는 서천서역국 동대산에서 솟아나는 약물이 최고입니다."
길대부인이 딸들에게 물었지만 못 간다고 하자, 바리데기를 찾았어요.
"바리데기야, 아버지의 약을 구해 올 수 있겠느냐?"
바리데기는 죽은 사람만이 갈 수 있다는 서천서역국으로 갔지요.
온갖 죽은 귀신을 만나 여러 가지 시련을 겪었지요.
바리데기는 생명수와 죽은 사람의 숨을 살리는 혼살이꽃을 들고 돌아왔어요.
그러나 오구대왕과 길대부인은 죽었지 뭐예요.
바리데기는 꽃들을 배 위에 올려놓았지요.
바리데기가 가져온 약물을 먹은 오구대왕과 길대부인은 병도 씻은 듯이 나았지요.
"공주야, 옛날에 버렸던 것을 용서해다오."
바리데기 공주는 죽은 후에 죽은 이들을 인도하는 '오구신'이 되었답니다.

창의성 증진을 위한 발문하기

Tip 창의성

1. 융통성 : 역할극으로 표현할 때 쉽고 자유롭게 표현할 수 있는 부분은 어디일까요?
2. 정교성 : 재미있고 자세하게 표현하고 싶은 장면은 어디인가요? 그 이유를 말해보세요.
3. 독창성 : 극놀이를 할 때 새롭게 나타낸 부분은 어디인가요?

인성 함양을 위한 발문하기

Tip 인성

1. 공감 : 친구들이 발표한 역할극을 보니 어떤 느낌이 들었나요?
2. 존중 : 친구들이 재미있게 역할극을 했는데 어떤 부분이 마음에 들었나요?
3. 소통 : 친구들이 꾸민 역할극을 보면서 궁금한 점이 있으면 질문해 볼까요?

2. 패러디 동화를 활용한 유아 창의 · 인성 증진 활동

활동 1

같은 듯 달라요.

신데렐라와 신데룰라 그림책을 읽고 서로 다른 점과 닮은 점을 찾아보세요.

❖ 준비물 : 『신데렐라』, 『신데룰라』 동화책, 연필

❖ 활동방법

1. 교사는 두 권의 동화책을 읽어준다.
2. 동화책을 읽은 후 유아들과 신데렐라와 신데룰라가 가진 다른 점과 공통점을 찾아 이야기해 본다.
3. 두 주인공 중에 자신은 어떤 주인공이 마음에 들고 이유에 대하여 이야기 나누어 본다.

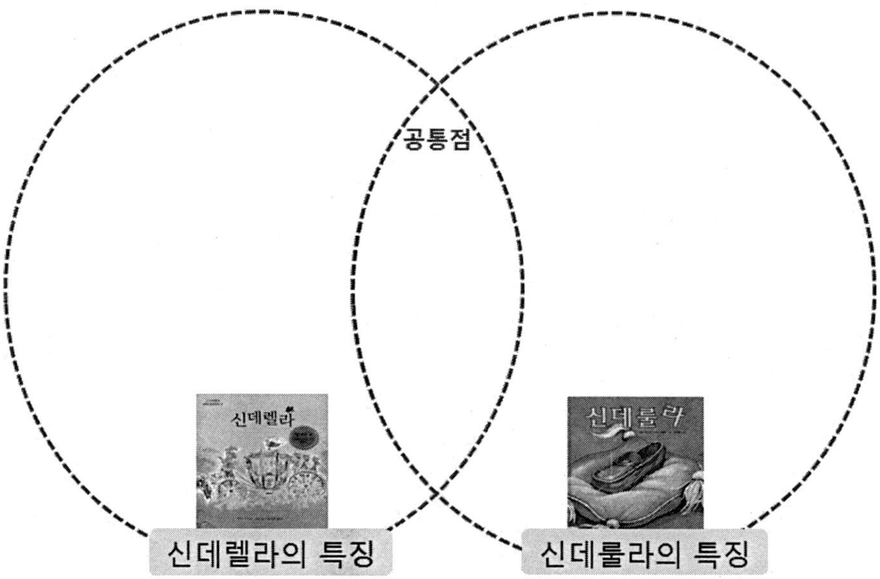

창의성 증진을 위한 발문하기

Tip 창의성

1. 유창성 : 내가 신데렐라라면 신데룰라에게 하고 싶은 말은 무엇인가요?
2. 민감성 : 신데렐라와 신데룰라의 공통점과 차이점은 무엇인가요?
3. 정교성 : 마음에 다는 주인공에 대해 이야기를 해볼까요?

인성 함양을 위한 발문하기

Tip 인성

1. 존중 : 친구들의 이야기 중에 어떤 부분이 마음에 드나요?
2. 소통 : 친구들의 이야기를 듣고 나와 같은 생각인 부분은 어디인가요?

3. 창작동화를 활용한 유아 창의 · 인성 증진 활동

활동 1

내가 만든 동화 한쪽

『쿠키 한 입의 인생 수업』을 읽고 다른 상황을 만들어 내용 짓기

❖ 준비물 : 『쿠키 한 입의 인생 수업』 동화책, 연필 또는 색연필

❖ 활동방법

1. 교사는 동화책을 끝까지 읽어준다.
2. 우리 일상생활에서의 사건(상황)을 하나 생각하여 쿠키를 이용하여 그 상황을 생각해 본다.
3. 자신이 생각한 상황을 그림과 글로 표현한다.
4. 친구들에게 자신이 만든 동화내용을 들려준다.

창의성 증진을 위한 발문하기

Tip 창의성

1. 유창성 : 어떤 상황으로 쿠키를 만들고 싶나요?
2. 상상력 : 상황을 상상하는 대로 자유롭게 이야기해 볼까요?
3. 융통성 : 인상 깊은 단어로 짧은 글을 지어보아요.

인성 함양을 위한 발문하기

Tip 인성

1. 배려 : 친구를 위해 내가 배려한 것은 무엇인가요?
2. 책임 : 책임감 있는 활동을 위해 내가 한 일은 무엇인가요?
3. 효 : 내가 할머니를 기쁘게 해드리기 위해 할 수 있는 일은 무엇인가요?

참고문헌

강문희 · 이혜상(2008). **아동문학교육**. 서울 : 학지사.

공인숙 · 김영주 · 최나야 · 한유진(2013). **아동문학**. 경기 : 양서원.

곽향림(1997). 아동문학에서의 패러디(Parody)의 교육적 활용. **유아교육논문집**, 1(2), 71-90.

교육과학기술부(2012). 유치원 기본과정 내실화를 위한 인성교육 프로그램. 서울 : 교육과학기술부.

구인환(1975). **아동문학**. 서울 : 서울대학교출판부.

권경화(2004). 문학중심의 통합적 수업이 유아의 창의성에 미치는 영향. 인천대학교 교육대학원 석사학위논문.

김남희(2009). 패러디 동화를 활용한 문학수업이 이야기 구성력 신장에 미치는 영향. 대구교육대학교 교육대학원 석사학위논문.

김미정(2011). 그림책을 활용한 인성교육 활동이 유아의 친사회성 행동 및 정서지능에 미치는 영향. 배재대학교 일반대학원 석사학위논문.

김미진 · 이지현(2007). 아기돼지 삼형제의 패러디 동화 분석 : 문학적 요소를 중심으로. **영유아보육연구**, 13.

김민성(2009). 동화를 활용한 창의적 통합활동이 유아의 창의성에 미치는 영향. 숭실대학교 교육대학원 석사학위논문.

김세희(2010). **유아교사를 위한 유아문학교육**. 경기 : 양서원.

김은미(1996). 동화 만들기 활동 경험이 유아의 언어표현력 및 창의성에 미치는 영향. 중앙대학교 대학원 석사학위논문.

김주희(1998). 유아용 그림책에 나타난 성역할 고정관념. 이화여자대학교 대학원 석사학위논문.

김현정 · 김숙자 · 윤나리(2013). 동화를 활용한 인성교육 활동이 유아의 자아개념과 친사회적 행동에 미치는 효과. **유아교육학논집**, 17(3), 31-53.

김현희 · 박상희(2001). **유아문학교육**. 서울 : 학지사.

_____________(2003). **유아문학교육**. 서울 : 학지사.
김현희 · 홍순정(1993). **아동문학**. 서울 : 한국방송통신대학출판부.
김혜성(2011). 다문화 그림책을 활용한 동극활동이 유아의 친사회적 행동에 미치는 영향. 충북대학교 교육대학원 석사학위논문.
남 규 · 김정원(2012). 그림책 중심 아동문학 수업과정에서 도출된 예비유아교사의 문학교육에 대한 인식변화. **어린이문학교육연구**, 13(3), 69-98.
남명희(2007). 그림동화 읽어주기를 통한 창의성 신장 방안 연구. 대구대학교 교육대학원 석사학위논문.
노운서 · 노명희 · 김명화 · 백미열(2015). **아동문학**. 경기 : 양서원.
박은희(2014). 패러디 그림책을 활용한 이야기 짓기 활동이 유아의 창의성과 이야기 구성력에 미치는 영향. 한국교원대학교 교육대학원 석사학위논문.
방희조 · 이인자 · 장정윤(2011). 옛이야기 패러디 동화가 어린이 독서교육에 미치는 효과. **독서교육연구**, 17, 51-72.
신연식(1994). **유아교육개론**. 서울 : 형설출판사.
신영진(1992). 동화내용에 대한 질문유형이 유아의 그리기 표현에 미치는 영향. 숙명여자대학교 교육대학원 석사학위논문.
안상희(2004). 패러디 동화 읽기를 통한 이야기 바꿔쓰기 지도방안 연구. 한국교원대학교 교육대학원 석사학위논문.
이경우 · 장영희 · 이차숙 · 노영희 · 현은자(1997). **유아에게 적절한 그림책**. 서울 : 양서원.
이두현(1998). 동화에 대한 교사의 질문 유형이 유아의 이야기 꾸미기에 미치는 영향. 이화여자대학교 대학원 석사학위논문.
이상금 · 장영희(1986). **유아문학론**. 서울 : 교문사.
_____________(2001). **유아문학론**. 서울: 교문사.
이선영(2005). 동화를 활용한 동극활동이 유아의 창의성 증진에 미치는 영향. 중부대학교 교육대학원 석사학위논문.
이영숙(2004). 동화를 활용한 문제해결 활동경험이 유아의 창의성과 대인문제 해결사고 및 언어 창의성에 미치는 영향. 인천대학교 교육대학원 석사학위논문.
이지원(2007). 옛이야기의 패러디 동화 분석. 진주교육대학교 대학원 석사학위논문.
이춘희(1997). 동화제시 및 질문유형이 유아의 창의성과 동화구조 이해에 미치는 영향.

건국대학교 대학원 석사학위논문.

최연우(2013). 그림책을 활용한 인성교육활동이 유아 또래 상호작용과 타인정서 인식에 미치는 효과. 동국대학교 대학원 석사학위논문.

최은선(2004). 심미적 질문에 따른 노랫말 짓기 활동이 유아의 언어능력에 미치는 영향. 성신여자대학교 교육대학원 석사학위논문.

하혜경(2005). 환상동화를 활용한 그리기 활동에 나타난 유아의 언어표현의 의미. 경남대학교 교육대학원 석사학위논문.

한국어린이문학교육연구회(1999). **환상 그림책으로의 여행**. 서울 : 다음세대.

한정희(2000). 동화를 활용한 교육적 개입이 유아의 창의성 증진에 미치는 효과 연구. 서울여자대학교 대학원 석사학위논문.

현은자(1999). **그림책의 이해**. 서울 : 사계절.

Bettelheim, B.(1976). *The use of enhancement : The meaning and importance of fairy–tales*. New York : Knopf.

Cox, C., & Many, J. E.(1992). Toward an understanding of the aesthetic response to literature. *Language Arts, 69*, 28–33.

Cullinan, B. E.(1989). *Literature and the child*. San Diego : Harcourt Brace Jovanovich.

Cullunan, B. E., & Galda, L.(1994). *Literature and the child Ford Worth*. TX : Harcount Brace College.

Hillman, J.(1995). *Discovering children's literature*. Englewood Cliffs, NJ : Prentice Hall.

Many, J. E., & Wiseman, D. L.(1992). The effect of teaching approach on third–grade students' response to literature. *Journal of Reading Behavior, 24*(3), 265–287.

Matterson, E. M.(1975). *Play with purpose for Under–sevens*. Great Britain, NJ : Penguin.

McGhee, P. E.(1979). *Humor its origin and development*. San Francisco : Freeaman.

Rosenblatt, L. M.(1983). The literacy transaction : Evocation and response. *The–*

ory into practice, 21(4), 268–277.

________________(1989). *The transactional theory of the literacy work : Implications for research*. In C. R. Cooper(ed.). In Researching Response to Literature and the Teaching of Literature. Norwood, NJ : Ablex, 33–53.

Russell, D. H.(1961). *Children Learn to read*. Boston, MA : Ginn and Company.

____________(1991). *Literature for children : a short introduction*. NY : Longman.

Stott, J. C.(1990). Will the real dragon please stand up?. Convention and parody in children's stories. *Children's Literrature in Education. 21*(4), 219–228.

Sutherland, Z., & Atbuthnot, M. H.(1991). *Children and books*. Harper Collins Publishers, Inc.

Zeece(2003). The personal value of literature : Finding books children love. *Early Children Education Journal, 3*(2), 133–138.

창작동시 짓기 활동을 통한 유아 창의 · 인성교육

Ⅰ. 동시를 활용한 유아 창의 · 인성교육

Ⅱ. 창작동시 짓기 활동을 통한 유아 창의 · 인성교육

Ⅲ. 창작동시 짓기 활동을 통한 유아 창의 · 인성 활동의 실제

CHAPTER 03

창작동시 짓기 활동을 통한 유아 창의 · 인성교육

동시는 동(童)과 시(詩)의 결합으로 동요와 함께 서정시로부터 발전한 운문문학의 한 형태로서 소리 또는 운율에 따른 음악성이 있다. 유아의 사고와 정서에 맞게 지은 동시는 유아 수준에서 이해하고 받아들일 수 있는 상상력과 언어로 표현한 문학이다. 시(詩)는 유아의 상상력을 여러 방법으로 확장시켜 주면서 내면적으로는 새로운 희망을 주며 또한 단순한 시어의 반복, 운율, 리듬은 시를 가깝게 함으로써 언어의 아름다움에 대한 감사와 더불어 시의 분위기, 정서, 장면 등의 아름다움 등을 구체적으로 느끼게 해준다(Sutherland & Atbuthnot, 1972). 시는 창의적 표현을 위한 자연스러운 매체이기 때문에 동시를 소개하는 것은 유아의 민감성, 상상력, 독창성, 언어적 감수성 등을 개발할 수 있다(심성경 · 이선경 · 김경의 · 이효숙 · 김나림 · 허은주, 2013). 따라서 유아교육현장에서 유아교사가 동시를 활용한 창의 · 인성교육을 실천하는 것은 매우 중요하다.

I. 동시를 활용한 유아 창의 · 인성교육

1. 문학교육에서의 동시 짓기

동시 짓기는 새로운 시각으로 보기, 다른 매체로 의사소통하기, 일상생활에서의 새로운 아름다움 추구, 연관성 찾기, 특별한 것들의 결합, 사물의 고유한 특성 찾기, 상상하기나 꾸미기로 이루어진다(전윤희, 2002).

이러한 동시 짓기를 통해 유아는 생활 속에서 자신의 경험과 감정을 자유롭게 표현할 수 있다(교육과학기술부, 2012). 동시 짓기에 필요한 것은 유아가 느낄 수 있고 그 감흥을 표현할 수 있는 유연한 마음가짐과 동시에 대한 언어적 감각을 갖추는 것이다(심성경 외, 2002).

동시 짓기에서 시적 표현이란 동시창작의 내용과 형식 양면을 포함하는 것이다. 내용적 측면이란 아이디어의 참신성 여부, 비유법, 의성어, 의태어 사용 등 주제와 어휘, 수사법과 관련한 부분들이며, 형식적 측면은 운율, 행과 연 등 동시가 지녀야 할 기본 요소인 리듬을 고려한 것이다(이송은 · 박찬옥, 2002).

동시 재구성 활동은 원작품을 충분히 감상하여 원작에 대한 이해가 충분히 이루어진 후 진행되는데, 동시의 특정 부분을 다른 단어나 구(phrase)로 대치하면서 반복하므로 유아들이 흥미를 잃지 않고 반복할 수 있으며 반복하는 과정에서 구문을 학습하게 된다(Huttenlocher et al., 2004).

2. 동시 짓기와 창의성

창의성 향상에 있어서 유아는 경험하고 생각한 것을 바탕으로 자유로운 발상을 하고 또래와 서로 이야기를 나누고 동시를 바탕으로 자신의 생각을 표현하는 활동을 통하여 창의성을 기를 수 있다.

동시 관련 활동은 유아교육현장에서 많이 활용되고 있는 방법이며, 동시 관련 활동 혹은 노랫말 바꾸기 활동은 어휘력, 언어표현력, 읽기능력, 창의력 등에 미치는 영향과 동시나 노래의 가사를 바꾸는 활동은 같은 구문이 다양한 어휘와 함께 반복되므로 유아들이 흥미를 갖고 있다(마송희, 2010).

유아들은 동시를 경험함으로써 창의력을 높이고, 유아의 언어발달과 어휘발달 수준을 끌어 올리고, 읽고 싶은 욕구를 돋우며, 언어의 형태와 의미에 대하여 생각할 수 있도록 돕고, 기억발달을 자극시키며, 문제해결능력을 돕고, 시적 즐거움 및 움직임을 돕는다. 또한 유아들은 동시를 표현해 봄으로써 언어발달과 창의성을 계발할 수 있고 교사가 그들의 시적인 표현을 격려함으로써 예술적 표현능력을 자극시킨다. 이상현(1987)에 의하면, 동시는 아동문학의 여러 종류 중에서 사고력을 응축하고 표현력을 함축한 문학예술이며, 아동기의 인간형성 과정에 원초적인 꿈과 상상을 가꾸어 주는 문학적 기반이라고 할 수 있다.

동시는 다른 장르의 문학작품보다 단순하고 아름다운 시어들이 리듬감 있게 반복되어 있으므로 언어의 아름다움을 느끼고 언어에 대한 감수성을 발달시킬 수 있다. 같은 구문이 반복되면서 부분적으로 새로운 어휘나 구절이 대치되는 동시를 감상하면서 유아들은 문장구성에 대한 민감성을 발달시키며 구문체계에 관한 규칙을 습득할 수 있다(이지현 · 마송희 · 김수영 · 정정희, 2009). 동시감상은 교육적 가치가 높을 뿐 아니라 유아들이 흥미를 갖는 활동으로 유아교육현장에서도 많이 이루어지고 있으며, 후속활동으로 동시의 일부분을 다른 말로 대치하는 재구성 활동도 많이 이루어지고 있다(공종숙, 2008; 남궁영주, 2005).

다음은 동시활동을 통한 유아의 창의성을 계발시킬 수 있는 교사의 발문예시이다.

유창성

- ○○○ 하면 생각나는 것들을 모두 이야기해 보자.
- 내가 알고 있는 동시 제목을 이야기해 보자.

융통성

- '빨갛다'라는 다르게 표현할 수 있는 방법을 생각해 보자.
- 동시의 음률을 잘 살리기 위해 어떤 표현이 오면 좋을까?

독창성

- 아름다운 동시를 지어보자.
- 동시의 제목을 재미있게 지어보자.

정교성

- ○○○ 하면 떠오르는 이미지를 상세하게 이야기해 보자.
- 동시를 듣고 떠오르는 이미지를 그려보자.

민감성

- ○○○는 무엇을 닮았나요? 이야기해 보자(예 사과, 복숭아).
- 동시를 듣고 무엇이 떠오르니?

3. 동시 짓기와 인성

문학은 인간다운 삶의 일을 이야기하고 그 가운데에서도 시는 인간의 정신활동을 지혜의 운율로 표현한 것이라 할 수 있다. 인성교육은 인간답게 살기 위한 교육이다. 그러므로 시구의 반복, 운율, 리듬을 가진 동시를 통한 인성교육은 반드시 해나가야 할 교육이라 할 수 있다(정재찬, 2014).

동시를 즐겨 낭송하게 되면 모든 사물을 사랑으로 보게 되고, 일상의 말씨가 곱게 다듬어지며, 마음을 부드럽게 순화시켜 준다. 특히 유아기의 동시경험은 정서함양과 감성 및 상상력을 통한 인간교육의 기초가 되며 모국어의 아름다움을 느낄 수 있게 하는 가장 적절한 매체이다. 또한 시어를 통하여 언어기능을 체험하고 사물에 대한 직관력을 기를 수 있으며, 자신의 감정을 자연스럽게 표현할 수 있는 능력을 길러준다(지미자, 2006).

이춘희 · 장미정(2010)은 유아에게 동시를 경험시키는 교육적 가치를 다음과 같이 설명했다.

- 동시는 유아들이 가지고 있는 감성과 상상력을 통한 인성교육의 기초가 된다.
- 유아들에게 모국어의 아름다움을 느낄 수 있게 하는 적절한 매체이다.
- 동시의 리듬과 운율을 통해 감각적인 혀와 귀의 즐거움을 경험하게 한다.
- 시어를 통해 언어의 신비스러운 기능을 체득하게 한다.
- 동시를 감상함으로써 유아들의 감정세계를 더욱 풍부히 할 수 있다.
- 동시는 유아들에게 아름다운 마음씨를 갖게 해주며 사물을 전체로 한꺼번에 볼 수 있는 직관력을 길러준다.
- 동시를 읽음으로써 자신의 감정을 자연스럽게 표현할 수 있는 능력을 길러준다.

동시는 감각적인 즐거움과 정서적으로 풍부한 경험을 하는 것뿐만 아니라 자신의 생각과 감정을 언어로 표현함으로써 인성덕목의 함양에 도움이 된다.

[그림 3-1] 동시 『콩 너는 죽었다』(김용택 글, 박건웅 그림, 실천문학사)

다음은 동시를 통한 유아의 인성을 함양시킬 수 있는 교사의 발문예시이다.

배려

- 친구들이 만든 동시를 잘 들어보자.
- 친구들의 동시를 듣고 느낌을 이야기해 보자.

존중

- 친구가 만든 동시 중 어떤 구절이 가장 기억에 남나요?
- 친구들과 동시 짓기 활동을 하면서 좋았던 점은 무엇이었나요?

협력

- 친구들과 함께 동시 제목을 지어보자.
- 친구들과 함께 동시를 지어보자.

나눔

- 친구들과 다양한 생각을 나누어 보자.
- 나눔의 소중함을 동시로 표현해 보자.

질서

- 동시를 지을 때 지켜야 할 규칙은 무엇이 있니?
- 동시를 듣고 어떤 규칙이 있는지 이야기해 보자.

효

- 부모님을 생각하며 동시를 지어보자.
- 너희들이 지은 동시를 부모님께 들려주자.

읽을거리

노벨문학상 후보 '시인 고은'

"늘 언어에 배고프다 … 술 없이 취할 수 있는 게 문학의 맛 아닌가?" 그는 이렇게 이야기한다. 150여 권의 다작, 뛰어난 작품성으로 100년에 한 번 나올까 말까 한 시인으로 인정받고 있는 고은. 그는 미국 시인 게리 스나이더(Gary Snyder)가 '한국문화의 대변인'이라 평할 정도로 한국을 대표하는 시인으로 자리 잡았다. 고은의 작품 중 단연 대표작으로 꼽히는 작품은 25년 동안의 세월을 거쳐 완성한 4001편, 30권의 연작시 '만인보'다.

1980년 내란음모죄로 구속돼 철창조차 없는 미로 같은 특별감방 안에서 생의 최후만을 생각하던 고은은 지워지지 않는 과거를 회상하며 글로 풀어내고 싶다는 생각을 했다.

고은은 석방 이후 등장인물 5600여 명이 등장하는 20세기 세계 문학사상 최대의 기획 만인보를 완성했다. 완전한 절망의 순간, 극한의 상황에 치달았을 때 구상하게 된 것이 바로 그의 대표작이 된 것이다.

고은은 시에 대해 "내 심장 속에서 나오는 새로운 소식"이라며 "내년부터 서재에서 곰이 겨울잠 자듯, 개구리가 겨울 지내듯 밖에 나가지 않고 집필에 집중할 것"이라고 말했다. 그의 이런 집중과 표현의 갈증이 노벨문학상 후보로 거론될 수 있기까지의 우리가 엿볼 수 있는 시인 고은만의 노력이 아닐까 싶다.

그 꽃

시인 고은

내려갈 때 보았네
올라갈 때 못 본
그 꽃

〈열다섯자에 불과한 '그 꽃' 시 : 그 꽃은 '사람꽃'이 아닐까?
바쁜 삶 속에서 여유를 갖고 자기를 살펴보면 인생이 보인다〉

〈출처 : 세계일보 김승환 기자의 글 중에서〉

II. 창작동시 짓기 활동을 통한 유아 창의 · 인성교육

1. 패러디 동시 짓기

유아는 감상하기를 통해 기존의 동시에 단어를 바꾸어 패러디 동시 짓기를 해봄으로써 창작활동에 즐거움을 느낄 수 있다.

〈표 3-1〉는 최계락의 '꽃씨'를 유아가 '수박'으로 패러디한 동시이다.

〈표 3-1〉 동시 패러디

동 시	패러디 동시
꽃씨 최계락 꽃씨 속에는 파아란 잎이 하늘거린다. 꽃씨 속에는 빠알가니 꽃도 피어 있고 꽃씨 속에는 노오란 나비 떼도 숨어 있다.	수박 임재완 수박 속에는 초오록 살이 하늘거린다. 수박 속에는 빠알간 물도 있고 수박 속에는 까만 점도 숨어 있다.

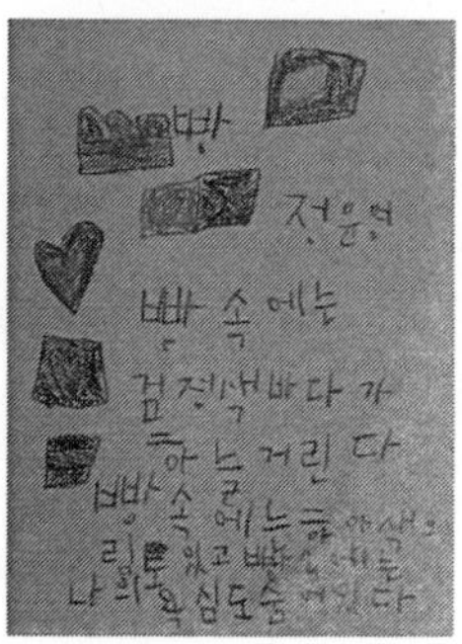	빵 정윤영 빵 속에는 검정색 바다가 하늘거린다. 빵 속에는 하얀색 크림도 있고 빵 속에는 나의 욕심도 숨어있다.

[그림 3-2] 유아 작품 '빵'

2. 글 없는 그림책 동시 짓기

글 없는 그림책(wordless picture books)이란 글이 없이 그림만으로 이야기를 전달할 수 있는 책을 말한다. 다시 말해, 글 없는 그림책은 단순히 글을 생략하므로 만들어지는 것이 아니며, 그림 안에 이야기를 담고 있어야 한다. 따라서 그림에 의존하여 이야기를 완전히 이해할 수 있도록 구성되며 유아는 일련의 순서대로 구성된 그림을 보고 스스로 이야기를 만들어 낼 수 있기 때문에 초기 문해자인 유아들에게 적합하다고 보고 있다(Jalongo, 1992).

따라서 유아는 자신에게 중요하게 다가오는 이미지 또는 메시지를 갖고 상상을 하여 자신이 창조한 이야기를 전개하게 된다. 더불어 글 없는 그림책은 현실과 상상의 두 세계를 연결시켜 유아들에게 꿈과 환상을 심어주며 놀이의 세계, 상념의 세계로 직접 들어가 마음껏 상상의 나래를 펼 수 있다는 특징을 지닌다(서정숙, 2005).

그리고 글 없는 그림책은 화면 구성보다는 독자가 어느 것에서 메시지를 먼저 받아들이는지에 초점을 두며, 상상력과 다양한 결말을 가진 이야기로 만들 수 있는 등 확산적 사고력, 창의성, 문제해결력 계발에 도움이 된다.

그러므로 유아교육현장에서도 유아들이 글 없는 그림책에 흥미를 갖게 하고 다양한 열린 결말로 그림책을 읽을 수 있도록 격려하며 일상생활에서 다양한 활동과 연계시킬 수 있도록 지도해야 한다.

[그림 3-3] 노란 우산(류재수 글, 보림출판사)

「동시 짓기」 교육계획안

<table>
<tr><td>생활
주제</td><td>생활도구</td><td>주 제</td><td>다양한
생활도구</td><td>소주제</td><td>생활도구 유용
하게 활용하기</td><td>활동
일시</td><td>2014. ○. ○</td></tr>
<tr><td>활동명</td><td>동시 짓기</td><td>활동
형태</td><td>소집단</td><td>유형
(영역)</td><td>언어영역</td><td>연 령</td><td>만 5세</td></tr>
<tr><td>활동
목표</td><td colspan="7">• 글 없는 그림책『노란 우산』을 통해 창의적으로 생각해 보는 경험을 한다.
• 비 오는 날의 느낌을 경험한다.
• 자신의 생각을 동시로 표현한다.</td></tr>
<tr><td>누리
과정
관련
요소</td><td colspan="7">• 의사소통 : 듣기 – 동요, 동시, 동화 듣고 이해하기 – 동요, 동시, 동화를 다양한 방법으로 듣고 이해한다.
• 의사소통 : 말하기 – 느낌, 생각 말하기 – 자신의 느낌, 생각, 경험을 적절한 낱말과 문장으로 말한다.
• 의사소통 : 읽기 – 책 읽기에 관심 가지기 – 책의 그림을 단서로 내용을 이해한다.
• 의사소통 : 쓰기 – 쓰기에 관심 가지기 – 자신의 느낌, 생각, 경험을 글자와 비슷한 형태나 글자로 표현한다.</td></tr>
<tr><td>창의 ·
인성
관련</td><td colspan="7">• 창의성 : 인지적 요소 – 사고의 확장, 문제해결력
성향적 요소 – 개방성
• 인성 : 존중</td></tr>
<tr><td>활동
자료</td><td colspan="7">•『노란 우산』 글 없는 그림책(류재수, 보림출판사)</td></tr>
<tr><td>활동
방법</td><td colspan="5">활동내용</td><td colspan="2">자료 및 유의점</td></tr>
<tr><td>도 입</td><td colspan="5">1. '우산' 손유희로 주의집중을 한다.

이슬비 내리는 이른 아침에 우산 셋이 나란히 걸어갑니다.
빨간 우산 파란 우산 찢어진 우산
좁다란 학교 길에 우산 세 개가 이마를 마주대고 걸어갑니다.

2. 비오는 날을 회상하며 이야기를 나눈다.
– 비오는 날 밖에 나가 본 적이 있나요?</td><td colspan="2"></td></tr>
</table>

	– 비 오는 모습을 보면 어떤 느낌이 드나요? – 비 오는 소리를 주의 깊게 들어 본 적 있나요? – 비가 올 때 어떤 소리가 들리나요? – 비에도 다양한 이름이 있어요. 비의 이름을 알고 있는 것 있나요? 3. 활동을 소개한다. – 오늘 『노란 우산』 글 없는 그림책을 가지고 동시를 지어 볼 거예요.	
전 개	1. 그림책에 관련된 이야기 나누어 보기 – 비가 오면 무엇이 필요할까요? – 우산을 쓰고 길을 걸을 때 어떤 느낌이 드나요? – 우산을 친구와 같이 쓰면 어떨까요? – 찢어진 우산을 쓰면 어떨까요? – 비가 오는데 우산이 없어요. 어떻게 할까요? –『노란 우산』 그림책이 다른 그림책과 다른 점이 있었나요? – 그림책을 감상할 때 어떤 생각이 들었나요? – 글 없이 그림만 보고도 어떤 이야기인지 알 수 있나요? –『노란 우산』 그림책에 누가 나왔나요? – 우산 친구들이 어디를 가고 있는 것 같나요? – 노란 우산이 어디로 가고 있었나요? 2. 이야기 나눈 것을 단어로 표현해 보기 – 우리 친구들은 비에 관련된 것을 많이 알고 있네요. – 우리가 이야기 나눈 것을 동시로 표현해 볼까요? 3. 동시 지어보기 – 여러분! 비 오는 소리나 느낌을 우리만의 동시로 만들어 보아요. – 친구들이 말한 것을 종이에 글로 적어보아요. 4. 동시 낭독해 보기 – 여러분들이 지은 동시를 앞에 나와 낭독해 볼 친구 있나요? – 다른 친구들의 동시를 들어 보니 어떤가요?	동화책을 처음에는 아무 말 없이 처음부터 끝까지 읽은 다음 한 페이지 넘어 가면서 동화책에 나오는 우산이나 비에 대해 이야기해 보고 나서 비와 관련된 이야기 나누어 본다.
마무리	1. 마무리하며 평가한다. – 오늘 그림책을 보고 느낌을 동시로 적어봤는데 어땠어요? – 친구들이 적은 동시를 들어보니 어떤 느낌이 들었나요? – 다른 친구들의 동시를 듣고 어떤 표현이 재미있었나요? – 동시로 표현할 때 어떤 부분이 힘들었나요?	

	– 친구들이 멋진 동시를 표현해 주었어요. 선생님을 우리 친구들의 동시를 보니 너무 기쁘고 행복하네요. 동시를 언어영역 게시판에 붙여둘게요. 나중에 다시 한 번 읽어 보세요. 2. 차시 예고하기	
활동 평가	• 비에 대해 다양하게 표현하였나요? • 동시가 무엇인지 잘 알게 되었나요? • 친구들의 생각이 동시로 잘 표현되었나요?	
확장 활동	• 종이에 적은 동시를 시화로 만들어 표현해 보기	

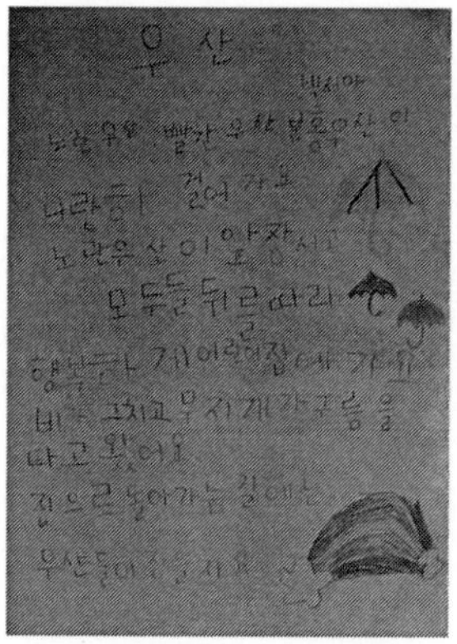

[그림 3-4] '노란 우산' 유아 작품

3. 빙고 동시 짓기

유아들의 창의성을 계발하고 학습의 흥미를 향상시키는 방안으로 빙고(bingo) 놀이를 통한 창의적 동시 짓기는 주제어를 제시한 후 빙고놀이를 준비하는 과정을 거치면서 아이디어를 생성하고 빙고놀이 후 그 결과 속에서 아이디어를 구조화하여, 글로 표현하는 과정을 거치는 방법이다. 이 과정 속에는 창의성의 필수요소인 수렴적인 사고와 확산적 사고를 유도하여 창의성의 계발을 도모하고자 한다(최선녀, 2012).

빙고동시 짓기의 과정은 동시 짓기를 계획하는 준비과정, 아이디어를 생성하는 빙고과정, 아이디어를 조직하는 구조화 과정, 글로 표현하는 표현 과정, 고쳐 쓰기 과정인 반응의 공유 및 평가 과정으로 나눌 수 있다.

빙고동시 짓기 놀이는 두 명 이상의 인원이 있으면 가능하며, 최대 인원 제한이 없으나 수업의 효과적인 진행을 위해서는 한 집단에 4명 정도가 적당하다.

[그림 3-5]는 '여름'을 주제로 한 빙고게임을 통한 동시 짓기이다.

빙고게임	빙고 동시
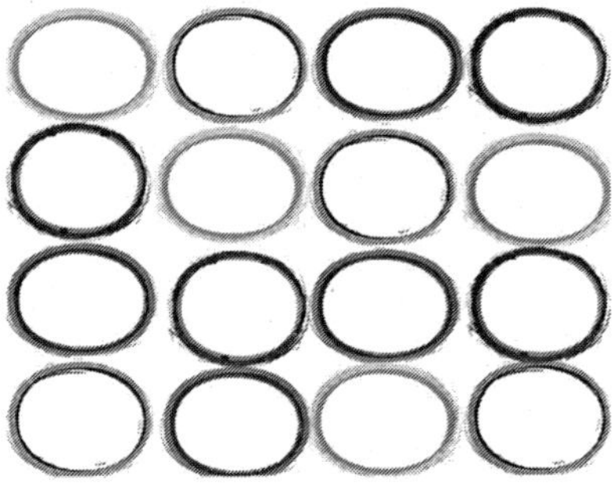	맛있는 여름 여름에는 더위를 피하기 위해 먹는 음식이 있어요 쫄깃쫄깃 물냉면 이가 시린 팥빙수 과일 듬뿍 과일 빙수 시원한 아이스크림 고소한 콩국수 시큼시큼 오이냉국

[그림 3-5] 빙고동시

4. 브레인스토밍 동시 짓기

동시활동의 효율적인 방법으로 유아들의 표현을 다채롭게 하며 자연스럽게 유아의 생각을 끌어낼 수 있는 브레인스토밍이 활용되고 있다(심성경 외, 2003; 안상민, 2002).

브레인스토밍[1]을 통한 동시 짓기 활동은 다른 사람의 의견을 수용하고 존중하는 경험을 함으로써 더불어 살 수 있는 지혜를 터득할 수 있게 하고 자신의 생각과 느낌을 자연스럽게 표현하도록 돕는 중요한 활동이다(안경숙 · 장연희, 1998). 또한 동시활동에서의 브레인스토밍 활동은 일상생활에서 친숙한 사물, 동물, 자연현상의 속성을 탐색하고, 자유롭게 발상하는 확산적 사고를 체험하고, 새로운 이야기를 이해할 수 있는 이야기 이해력과 창의성 증진에 도움을 줄 수 있다(심성경 외, 2003; 안상민, 2002; 이송은, 2001). 이처럼 브레인스토밍을 통한 동시 짓기 활동을 함으로써 유아들은 자신의 경험과 상상을 바탕으로 자유롭게 사고를 표현할 수 있다. 동시 짓기 전 브레인스토밍 활동은 유아의 경험이나 지식, 느낌을 총 동원하여 언어의 이해와 구성력을 증진시키고, 동시활동 과정을 통한 확산적 사고와 문제를 창의적으로 해결할 수 있는 창의성 증진과 소그룹 활동을 통해 의견을 나누고 확산시킬 수 있어서 타인을 배려하고 존중하는 인성교육에도 도움을 주는 활동으로 볼 수 있다.

각 활동의 순서는 흥미 있는 생활주제 소개로 경험 나누기, 브레인스토밍의 원리와 규칙을 적용한 생각 모으기와 기록, 생각 모으기를 통해 발상한 글과 그림 표현하기, 브레인스토밍 주제와 관련된 모든 변인을 수집하여 동시를 구성하고 제목 붙이기, 구성한 동시작품을 소개하는 감상하기의 5단계로 진행한다(최미숙 · 김미영 · 민순옥, 2009).

1) 브레인스토밍(brainstorming)은 '두뇌폭풍'이라는 말뜻 그대로 브레인(brain)의 '두뇌'와 스톰(storm)의 '폭풍'이라는 뜻의 합성어로 오스본(Osborn)이 광고관계의 아이디어를 내기 위해 고안한 일종의 회의방식이다(최미숙 · 김미숙 · 민순옥, 2009).

브레인스토밍을 활용한 동시 짓기 활동은 경험한 것과 알고 있는 것을 표상하고, 자유롭게 발표하고 발표한 내용을 결합하고 연결시키거나 유추, 개선해 봄으로써 창조적인 기능이 발달된다.

브레인스토밍 동시 짓기 활동을 위한 절차와 내용을 보면 다음과 같다.

〈표 3-2〉 브레인스토밍 동시 짓기 활동 절차와 내용

활동과정	단 계	내 용
사전활동	1단계 경험 나누기	– 흥미를 유도할 수 있는 주제를 단어와 그림으로 소개하기 – 주제에 따른 이야기 나누기 – 경험한 것과 알고 있는 것에 대해 표상하기
본 활동	2단계 생각 모으기 (브레인스토밍)	– 브레인스토밍 규칙을 쉬운 용어로 설명하고 수용적이고 허용적인 분위기 조성하기 – 많은 아이디어를 자유롭게 발표할 수 있도록 유도하기 – 구어로 발표한 내용을 비판 없이 기록하기 – 발표한 내용들을 결합해 보고 개선할 수 있도록 격려하기 – 소극적인 유아를 위해 글과 그림을 함께 적용하기
	3단계 글과 그림 표현하기	– 발상한 글들을 읽고 무슨 뜻인지 서로 이야기 나누기 – 관심주제와 관련된 글이나 그림 모아보기 – 동시의 내용을 중심으로 해서 거미줄 모양으로 확장시키기
	4단계 동시 구성하기	– 단어를 선정해서 짧은 문장 만들기 – 선택한 짧은 문장을 읽고 느낌이 연결될 수 있는 동시 짓기 – 제목 만들기
마무리	5단계 감상하기	– 동시 낭송하기 – 동시의 느낌 나누기 – 전시하기

출처 : 최미숙 · 김미영 · 민순옥(2009) 재인용.

[그림 3-6]은 브레인스토밍을 활용한 동시 짓기 활동이다.

<table>
<tr><th>브레인스토밍</th><th>브레인스토밍 동시</th></tr>
<tr><td>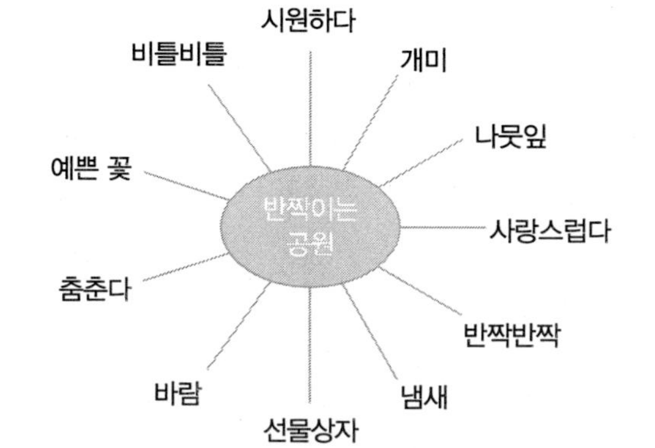
</td><td>반짝이는 공원

반짝반짝 예쁜 꽃
춤을 추는 나뭇잎
시원한 바람들
비틀비틀 개미들
사랑 사랑 꽃 냄새
공원은 선물상자</td></tr>
</table>

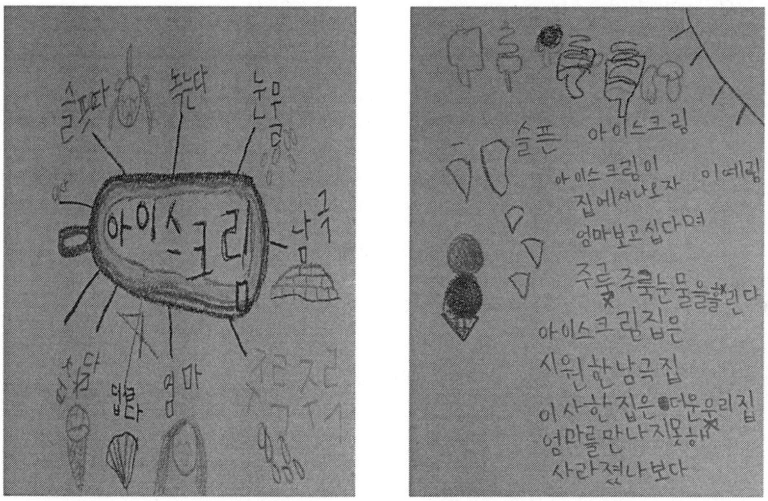

[그림 3-6] 브레인스토밍 동시

5. 음악감상 동시 짓기

음악감상을 통한 소그룹 동시 짓기는 음악감상을 계획할 때 유아들이 수업계획에 참여하며, 주제나 음악의 제목을 활동계획에 반영하며, 음악의 요소로 접근하거나 유아들의 흥미나 경험을 바탕으로 활동을 계획한다. 음악감상 후 소집단 토의를 통한 동시 짓기 활동은 자신의 의견을 나누며 또래들의 반응을 직접적으로 관찰할 수 있는 데 의의가 있다.

이수경 · 박부숙(2013)은 동시 짓기를 할 때 음악의 제목에서, 음악적 개념에서, 음악에서 들리는 느낌에서 주제를 찾고 유아들은 체험했던 경험에서 가장 많은 시상을 떠올려 체험 위주의 경험이 동시 짓기에 영향을 미치며, 또래의 이야기를 들으며 새로운 창의적인 생각을 할 수 있는 자극이 된다고 했다. 동시에 관심이 없었던 유아들도 참여도가 높아졌으며 교사도 유아들의 창의적인 단어에 흥미를 보였고 창작의 기쁨을 함께 나누었다고 했다.

음악을 감상한 후 떠오르는 장면이나 소리의 느낌을 써서 표현해 본다.

[그림 3-7]은 음악을 감상 후 동시 짓기를 한 것이다.

음악감상	음악감상 해설
 안토니오 비발디 '사계' 中 여름(summer)	여름의 자연현상을 음악으로 표현했다. * 제1악장(Allegro non molto) 뜨거운 여름이 다가오면 타는 듯 뜨거운 태양 아래 사람도 양도 모두 지쳐버린다. 느닷없이 북풍이 휘몰아치고 둘레는 불안에 휩싸인다. * 제2악장(Adagio) 요란한 더위에 겁을 먹은 양치기들은 어쩔 줄 모르며 시원한 옷을 입으면서 따뜻한 음식을 먹는다. * 제3악장(Tempo Impetuoso D'estate) 하늘을 두 쪽으로 가르는 무서운 번갯불. 그 뒤를 우레 소리가 따르면 우박이 쏟아진다. 잘 익어가는 곡식이 회초리를 맞은 듯 쓰러진다.

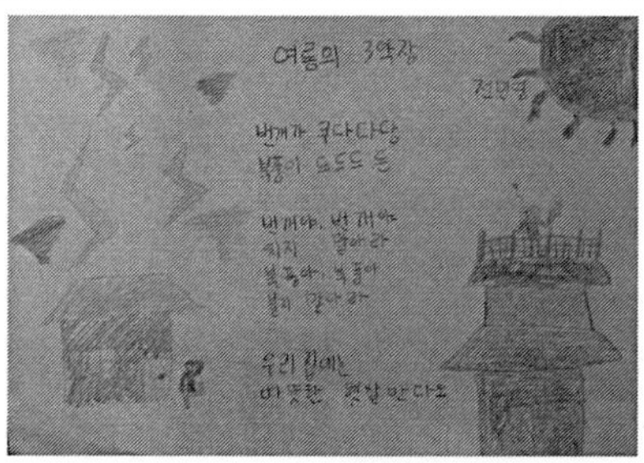

[그림 3-7] 음악감상 동시

읽을거리

우리가 알고 있는 동요는 동시로 출발했다!

윤석중은 우리 가슴속에 살아 숨 쉬는 '영원한 노래'들을 유독 많이 남겨준 아동문학가이다.

한국의 아동문학가인 윤석중은 1932년 첫 동시집 '윤석중 동요집'을 출간하였고 방정환의 뒤를 이어 잡지 '어린이' 주간을 맡았다. 우리말 동시 '어린이날 노래', '퐁당 퐁당', '고추 먹고 맴맴' 등 총 1,200개의 동시를 발표하였고, 이 중 800여 개는 우리가 잘 알고 있는 동요로 만들어졌다.

윤석중은 생활 주변의 친숙한 대상을 소재로 리듬과 운율을 살려 아름답게 표현한 우리말 동시를 창작하였고, 향토적이고 우리 정서가 듬뿍 담긴 작품으로 한국 아동문학의 초석을 쌓았다.

〈출처 : http://blog.daum.net/jongkuk600/13758703〉

III. 창작동시 짓기 활동을 통한 유아 창의 · 인성 활동의 실제

활동 1

문삼석 시인의 동시 '기린과 하마'를 패러디하여 동시 짓기

기린과 하마

문삼석

하마가 기린을 보고
걱정을 했어요.
– 저렇게 키만 크다가
하늘이 뚫리면 어떻게 하지?
기린도 하마를 보고
걱정을 했어요.
– 저렇게 살만 찌다가
땅이 꺼지면 어떻게 하지?

창의성 증진을 위한 발문하기

Tip 창의성

1. 상상력 : 내가 기린이라면? 내가 하마라면?
2. 정교성 : 동시를 감상한 후 그림으로 표현해 보세요.
3. 독창성 : 다양한 상황 중에서 가장 재미있는 상황을 글로 표현해 보자.
4. 유창성 : 동시를 통해 알게 된 점은 무엇인가요?

인성 함양을 위한 발문하기

Tip 인성

1. 공감 : 친구들이 꾸민 동시를 들으니 어떤 느낌이 들었나요?
2. 존중 : 친구의 동시를 듣고 마음에 드는 부분은 어디인가요?
3. 소통 : 친구들이 지은 동시를 듣고 궁금한 점이 있으면 물어보세요.

활동 2

엘라 마리 그림의 '빨간 풍성의 모험' 글 없는 그림책을 보고 동시 짓기

(그림책 탐색 → 이야기 나누기 → 동시 짓기)

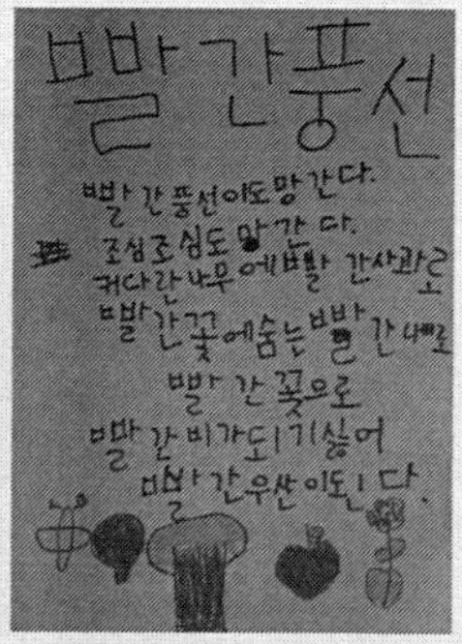

엘라 마리 그림, 시공사

창의성 증진을 위한 발문하기

Tip 창의성

1. 유창성 : 풍선이 아닌 다른 어떤 물건이 어울릴까요?
2. 상상력 : 내가 빨간 풍선이라면 어떤 모험을 하고 싶나요?
3. 정교성 : 그림을 잘 관찰해 보자.
   어디어디를 여행했나요?

인성 함양을 위한 발문하기

Tip 인성

1. 공감 : 친구의 동시 작품을 듣고 어떤 느낌이 드나요?
   재미있게 표현된 부분은 어디인가요?
2. 소통 : 친구가 만든 동시에서 궁금한 점은 무엇인가요?

활동 3

'신나는 겨울'로 빙고게임 후 단어를 연결하여 동시 짓기

창의성 증진을 위한 발문하기

Tip 창의성

1. 유창성 : 겨울에 어떤 신나는 일이 일어날지 여러 가지 상황을 생각해 볼까요?
2. 상상력 : 겨울에 경험하지 못한 신나는 놀이를 생각해 보자.
3. 정교성 : 이 동시는 구체적으로 무엇을 표현한 작품인가요?

인성 함양을 위한 발문하기

Tip 인성

1. 공감 : 친구들이 지은 동시와 나의 경험과 같은 것이 있다면 어떤 부분인가요?
2. 약속 : 겨울철에 안전한 놀이를 하기 위해 지켜야 할 일은 무엇인가요?
3. 소통 : 친구들이 지은 동시를 감상해 볼까요?

참고문헌

공종숙(2008). 동요를 활용한 노랫말 바꾸기 활동이 유아의 어휘력 및 이야기 구성력에 미치는 영향. 경남대학교 교육대학원 석사학위논문.

교육과학기술부(2012). 유치원 기본과정 내실화를 위한 인성교육 프로그램. 서울 : 교육과학기술부.

남궁영주(2005). 가사 바꾸기를 통한 전래동요 지도방안. 전주교육대학교 교육대학원 석사학위논문.

마송희(2010). 동시 재구성 활동에 나타난 유아의 구문능력에 관한 연구. **한국영유아보육학**, 65.

서정숙(2005). **그림책으로 하는 유아문학교육**. 서울 : 창지사.

심성경 · 이선경 · 김경의 · 이효숙 · 김나림 · 허은주(2013). **유아문학교육의 이론과 실제**. 서울 : 학지사.

심성경 · 이희자 · 임선옥 · 허은주 · 이영희 · 박순희 · 박지애 · 이효숙(2003). 동시 짓기 및 관련 활동이 유아의 창의성에 미치는 영향. **유아교육연구**, 23(2), 5–26.

안경숙 · 장연희(1998). **프로젝트 접근법의 활용**. 서울 : 다음세대.

안상민(2002). 동시활동 시 브레인스토밍이 유아의 창의성에 미치는 영향. 건국대학교 대학원 석사학위논문.

윤정희(2004). 동시를 통한 통합적 활동이 유아의 창의성에 미치는 영향. 한양대학교 교육대학원 석사학위논문.

이상현(1987). **유아 문학 강의**. 서울 : 일지사.

이송은(2001). 통합적인 동시 짓기 활동이 유아의 동시 짓기와 감상 및 교사의 동시 인식에 미치는 영향. 중앙대학교 교육대학원 석사학위논문.

이송은 · 박찬옥(2002). 통합적인 동시 짓기 활동이 유아의 동시 짓기와 감상 및 교사의 동시 인식에 미치는 영향. **어린이 문학교육 연구**, 3(1), 101–126.

이수경 · 박부숙(2013). 통합적 음악감상을 통한 소그룹 동시 짓기에 관한 연구. 한국유아교육학회.

이지현 · 마송희 · 김수영 · 정정희(2009). **영유아를 위한 언어교육**. 경기 : 공동체.

이춘희 · 장미정(2010). **아동문학교육**. 서울 : 태영출판사.

전윤희(2002). 동시 짓기 또래교수 활동을 통한 유아의 동시표현 및 사회적 관계의 변화. 중앙대학교 교육대학원 석사학위논문.

정재찬(2014). 인성교육을 위한 현대 시교육 방안 연구. 한양대학교 교육대학원 석사학위논문.

지미자(2006). 동화구연 및 동시낭송 활동 경험이 유아의 말하기 능력에 미치는 영향. 가야대학교 교육대학원 석사학위논문.

최미숙 · 김미영 · 민순옥(2009). 브레인스토밍을 통한 동시 짓기 활동이 유아의 이야기 구성력 및 창의성에 미치는 영향. **유아교육보육행정연구, 13**(1).

최선녀(2012). 초등 국어교육에서의 창의적 동시 쓰기 지도 방안 : 빙고놀이를 활용한 아이디어 생성과 관련하여. **한민족어문학, 61**.

Jalongo, M. R.(1992). *Early childhood Language arts*. MA : Allyn and Bacon.

Sutherland & Atbuthnot(1991). *Children and books*. Harper Collins Publishers, Inc.

사진 기반 이야기 꾸미기 활동을 통한 유아 창의 · 인성교육

CHAPTER 04

사진 기반 이야기 꾸미기 활동을 통한 유아 창의 · 인성교육

유아들은 들은 이야기의 내용을 자신의 개인적인 경험과 관련시키거나 나름대로 의미를 부여하여 자신이 이해한 대로 상상력과 창의력을 발휘하여 이야기 내용을 새롭게 구성하여 꾸며 보일 수 있다(유승연, 1992). 이야기 꾸미기 활동은 유아들이 일상적인 대화나 일상생활의 실제 삶과는 다른 허구적인 이야기를 만드는 것으로, 그들은 친근한 사물이나 주제, 상황 등이 나오면 자신의 경험을 친구들에게 이야기하고 의견을 나누는 등 적극적으로 활동하게 한다(김지영, 2002). 또한 유아는 스스로 그림이나 사진의 상황에 맞는 이야기를 꾸미기 위해 자기중심적 사고에서 벗어나 다른 사람의 입장에서 생각할 수 있게 되고, 이러한 과정에서 유아는 상상력을 통해 새로운 이야기를 꾸밈으로써 창의성을 발달시킬 수 있다. 따라서 유아교육현장에서 유아교사가 사진 기반 이야기 꾸미기 활동을 통한 창의 · 인성교육을 실천하는 것은 매우 중요하다.

I. 이야기 꾸미기 활동과 창의 · 인성교육

1. 이야기 꾸미기 활동

1) 이야기 꾸미기 활동의 개념

'이야기 꾸미기 활동'이란 하나의 창작활동으로, 유아가 그림을 보고 나름대로 독창적 이야기를 구성하기 위해 자신의 경험과 느낌, 생각을 하나로 모아 그것을 바탕으로 이야기를 꾸미는 것이다(Guilford & Hoepfiner, 1971). 즉, 이야기 꾸미기 활동은 유아가 스스로 생각한 것을 혼자 또는 다른 친구들과 함께 언어로 표현하여 자유롭게 이야기를 꾸며보는 활동을 의미한다(한국유아교육학회, 1996).

이야기는 등장인물의 행위로 사건이 시작되는 '시작'과 진행과정의 '끝'이 있고, 사건들은 서로 밀접한 관련을 맺고 있으면서도 논리적이어야 한다. 이야기의 기본 요소는 일련의 순서가 있는 사건을 포함해야 하며 이야기 도식(schema)이 있어야 하며 모험심과 창조력을 산출해 낼 수 있어야 한다.

유아교육현장에서 이루어지는 이야기 꾸미기 활동은 교사가 유아들에게 들려주는 이야기를 듣고, 유아 스스로 상상력을 발휘하여 그림이나 사진의 상황에 맞는 적절한 어휘로 문장을 만들어 나가는 보다 능동적이고 창의적인 활동이다(김경미, 2005).

채미영(2003)에서 제시된 이야기 꾸미기가 갖추어야 할 조건은 다음과 같다.

- 이야기 꾸미기는 일상생활과 이야기하기 지식의 풍부한 배경을 설정해야 한다.
- 등장인물에 대한 느낌과 생각을 전달함으로써 통찰력을 제공해야 한다.

- 이야기에는 '기 · 승 · 전 · 결'이나 '도입, 전개, 마무리' 등과 같은 이야기 구조가 나타나야 하며, 이야기에 나타난 각각의 사건들은 일어난 순서에 따라 연결구조를 갖거나 원인과 결과의 연결구조를 형성해야 한다.

2) 이야기 꾸미기 능력의 구성요소

유아가 이야기 꾸미기 활동을 실행하기 위해서는 기초적인 언어능력과 이야기 구조 개념뿐만 아니라 상상력(채미영, 2003)과 창의성이 요구된다.

이러한 이야기 꾸미기 능력의 구성요소를 살펴보면 다음과 같다.

- 유아가 이야기 꾸미기를 하려면 상상력이 있어야 한다. 상상력은 과거의 경험으로 얻어진 심상을 새로운 형태로 재구성하는 정신작용이다. 이는 과거의 경험을 재구성하고 기존의 실체들을 복합적으로 재구성시킴으로써 새로운 실체를 만들어 낼 수 있다(채미영, 2003). 즉, 유아가 만들어 낸 모든 이야기는 상상력에 기반을 두고, 일상생활의 경험을 근거로 새롭고 의미 있는 형상을 창조하는 능력으로 만들어진다(김경철 · 채미영, 2003).
- 유아가 이야기 꾸미기를 하려면 이야기를 길게 산출하는 언어능력이 요구된다. 유아들은 명사나 동사 등 의사소통에 필수적인 어휘를 많이 사용하는 반면, 형용사, 부사, 관형사 등 이야기를 꾸미는 어휘들은 비교적 적게 사용하며, 이 비율은 연령의 증가에 따라 그 사용비율이 증가한다다. 형용사, 부사, 관형사 등을 많이 사용하는 유아가 인지발달 측면에서 상위 수준인데(채미영, 2003), 이야기 꾸미기는 이러한 단어들의 습득 및 적용에 효과적인 활동이다.
- 유아가 이야기 꾸미기를 하려면 이야기 구조 개념에 대한 이해능력이 필요하다. 이야기 꾸미기의 기본 형식을 갖추기 위해 필요한 이야기 구조 개념은 연령의 증가에 따라 발달한다(Applebee, 1978). 즉, 유아가 이야기를 듣

고, 읽고, 이해하기 위해서는 이야기 속에 등장하는 단어나 문장을 이해하는 능력이 요구될 뿐만 아니라 이야기 구조를 이해할 수 있어야 한다(윤진주, 2004).

3) 이야기 꾸미기의 발달

이야기 꾸미기의 발달은 유아가 발달하면서 자신의 이야기 지식과 기술을 가지고 구조적으로 더 복잡하고 잘 짜여진 이야기를 만들어 나간다.

유아의 발달에 따라 이야기 꾸미기가 어떠한 패턴을 보이는지를 살펴보면 다음과 같다(이원미, 2012).

유아의 이야기 꾸미기에 관련된 발달은 2세부터 시작된다. 유아들은 2~3세가 되면 꾸며낸 이야기를 발화하기 시작한다. 이 시기의 유아는 듣는 사람의 필요성을 인식하지 못하고 처음, 중간과 끝을 잘 알 수 없는 이야기를 산출하며, 이야기의 주제도 불분명하고 특별한 것은 반복하기도 한다. 2세경의 유아는 대부분 한 문장에 다른 문장을 추가하는 복문을 만들 수 있지만, 전체 본문의 의미를 변화시키는 것과는 상관없이 이야기를 만들며, 연속적이지 못하고 인과관계도 성립되지 않는다.

이야기 변화를 위해 소리의 산출과 운율을 사용하며, 3~7세쯤에 운율에서 줄거리가 있는 산문의 형태로 이야기가 변화하고, 8세가 되어야 완전한 에피소드를 가진 이야기를 만들 수 있게 된다.

3~5세경 시제상의 사건 배열을 사용할 수 있지만, 이야기의 배열은 일시적인 사건의 연속이 나타나고 줄거리나 인과관계가 없이 나타날 수도 있다. 6~7세가 되어야 인과관계가 나타나는데, 이는 감정이나 생각 등의 진술로 나타난다.

이야기의 사건을 이해할 수 있는 시기는 4세가 되어야 한다. 사건은 사건의 관계 속에서 동기, 결과, 가능성 등이 인과관계로 연결되어 있는 활동, 물리적 상태, 그리고 감정, 의향, 사고, 의도 등의 정신적인 상태를 포함한다. 4세에는 접속사를 사용하는데, 이는 '그리고', '그리고 나서', '언제', '왜냐하면', '그래서', '그러면', '만약 ~한다면', '그러나' 순으로 습득해 나간다.

6세경의 유아는 내용이나 줄거리, 구조를 조정하는 등 인과관계가 있는 적절한 이야기를 만들 수 있다. 5~7세 유아의 이야기는 문제를 가진 줄거리와 해당 문제를 해결하는 이야기의 구조로 이끌어 가며, 간단한 줄거리에서부터 시작하여 점차 문제와 해결을 연결시키는 구사능력을 갖게 된다.

7세경의 유아는 이야기에 문제해결을 위한 계획을 포함하고 있으며, 문제의 해결책을 가지고 있다. 또 이야기의 시작과 끝이 있고, 상황을 평가하는 표현이 들어가 있고, 이야기의 길이도 길어지며, 접속사의 사용이나 대화체의 비교, 형용사, 인과적인 서술 등 구조적으로 첨가도 증가한다(김선옥, 2005).

4) 이야기 꾸미기의 교육적 가치

이야기 꾸미기는 유아교육기관에서 자주 실행되는 활동으로 교육적으로 가치 있는 활동이다. 유아들은 다양한 이야기 꾸미기 활동을 통해 이야기를 창의적으로 꾸며봄으로써 기본적인 어휘발달 및 문어발달을 포함하여 사회, 정서 및 인지발달, 특히 창의성 발달을 촉진시킬 수 있다.

이에 이야기 꾸미기의 다양한 교육적 가치는 다음과 같다.

- **이야기 꾸미기 활동은 유아의 언어발달에 영향을 준다**(주영희, 1982). 이야기 꾸미기를 통해 자신이 생각이나 감정을 나름대로 표현하여 이야기를 완성하는 활동을 통해 자연스럽게 단어에서, 문단, 문장에 이르기까지 글쓰기 능력이 향상되며, 특히 창작언어능력이 향상될 것이다.
- **이야기 꾸미기는 유아의 의사결정능력을 기를 수 있다.** 즉, 스스로 이야기를 만들어 보지 못한 유아는 '이야기'라는 것은 만들어져 있는 것, 고정된 것, 듣기만 하는 것이라고 생각하며, 그들 나름대로 이야기를 꾸밀 수 있다는 것을 이해하지 못하게 된다(박미경, 2005). 따라서 이야기 꾸미기는 유아들로

하여금 자신이 알고 있는 단어나 문장 중 적절한 어휘를 직접 선택하여 이야기 꾸미기를 해봄으로써 자율적인 의사결정능력을 함양할 수 있다.

- **이야기 꾸미기는 자기표현능력을 기를 수 있다.** 유아는 자신이 꾸민 이야기 속에 자신의 생각과 느낌, 그리고 다양한 경험을 자유롭게 표현해 가면서 이야기 꾸미기에 대해 지속적으로 동기를 유발시킬 수 있으며, 자신의 경험을 확장하여 새로운 이야기를 꾸밀 수 있게 된다(하양승, 1994). 따라서 이야기 꾸미기는 유아들로 하여금 자신이 알고 있는 단어나 문장 속의 다양한 어휘를 사용하여 자신의 경험, 생각, 감정을 반영한 새로운 이야기를 만들어 보는 활동을 통해 더욱 능동적 · 주도적으로 자신의 생각과 느낌을 표현하는 자기표현능력을 함양할 수 있다.
- **이야기 꾸미기는 자기조절력을 기를 수 있다.** 즉, 자기중심적으로 사고하는 유아들은 이야기를 꾸며보는 과정을 통해 또래 간의 활발한 언어적 교류가 가능하며 다른 친구와 상호작용하는 등 탈중심화 과정을 겪게 된다(이두현, 1998). 따라서 또래와 협동적으로 이야기 꾸미기를 하는 과정을 통해 자신의 생각과 감정을 적절하게 표현하고 긍정적으로 조절해 보는 과정에서 유아들은 사회적으로 받아들일 수 있는 감정표현을 이해하고 조절해 봄으로써 긍정적인 정서발달을 함양시킬 수 있다. 또한 유아는 이야기 꾸미기를 통해 감정조절능력을 기르며, 다른 사람과 긍정적인 인간관계를 형성할 수 있는 기술을 습득할 수 있다(교육과학기술부, 2013).
- **이야기 꾸미기는 수렴적 사고력을 신장시킬 수 있다.** 유아들은 이야기 꾸미기 활동을 통해 자신의 경험, 생각 또는 느낌을 모아서 이것들을 바탕으로 이야기를 논리적으로 연결하며 완성시킬 수 있는 수렴적 사고력을 함양시킬 수 있다(허미혜, 1999).
- **이야기 꾸미기는 비판적인 사고력을 신장시킬 수 있다.** 유아들은 자신의 생각과 느낌을 어떻게 표현할 것인지를 생각하고, 그들이 생각하고 느낀 것을

조직하여 어떤 단어나 문장을 넣을지를 판단한 다음, 선택한 것들을 연결하고 글을 짓는다. 이러한 이야기 꾸미기 활동의 전 과정을 통해 유아들은 비판적 사고력을 함양할 수 있다(강문희 · 이혜상, 1997).

- 이야기 꾸미기는 문제해결능력을 신장시킬 수 있다. 유아는 이야기 꾸미기 활동을 통해 부딪히게 되는 어려움과 문제상황을 어떻게 풀어나가야 할지를 생각해 보고 해결책을 찾아나가면서 타탕한 방법을 생각해 보게 되며(이원미, 2012), 그림이나 사진을 보면서 문제상황을 인식하고, 사건의 인과관계를 살피며 문제를 해결해 보기 위한 노력으로 자신의 생각과 느낌, 경험을 기초로 문제상황을 극복하기 위한 다양한 해결방법을 모색해 보게 된다. 이러한 이야기 꾸미기 과정은 유아의 문제해결력 함양에 도움이 되며(이모아, 2013), 이후 창의적 문제해결력 함양에 긍정적인 영향을 미친다.
- 이야기 꾸미기는 확산적 사고력 및 창의성을 신장시킬 수 있다. 유아들은 이야기 꾸미기 활동을 통해 자신의 경험, 생각 또는 느낌을 모아서 이것들을 바탕으로 독창적인 이야기를 구성하는 과정을 통해 유아들은 다양한 아이디어를 생성해 내는 확산적 사고력 함양에 도움이 되며(허미혜, 1999), 이후 창의성 계발에 긍정적인 영향을 미친다.

특히 3~5세 연령별 누리과정에서는 이야기 꾸미기 활동의 중요성을 강조하고 있다. 3~5세 누리과정에서의 의사소통 영역에 '느낌, 생각, 경험 말하기'에 세부내용으로 4세는 '이야기를 지어 말한다', 5세는 '이야기 지어 말하기를 즐긴다'를 명시하고 있다(교육과학기술부, 2013). 이는 유아일지라도 자신의 경험이나 생각과 느낌을 이야기로 지어 말하는 것을 좋아하기 때문에 유아가 수동적 청자로서 단지 교사가 들려주는 동화나 이야기를 듣기만 하는 것이 아니라 능동적 학습자로서 새로운 이야기를 스스로 창안하여 이야기를 꾸미는 활동을 권장하기 위한 것이다(김진숙, 2012).

2. 이야기 꾸미기 활동과 창의성

이야기 꾸미기 활동은 창작활동 중 하나로, 이야기를 꾸미기 과정에서 유아는 글의 내용에 대한 인식과 이해력을 높일 수 있을 뿐만 아니라 새로운 방법으로 이야기를 표현하고, 창의적인 동기유발을 일으킨다(김경미, 2005; 윤혜진, 1994).

길도드와 호피너(Guilford & Hopfiner, 1971)는 유아가 그림을 보고 나름대로 독창적인 이야기를 구성하려면 자신의 생각이나 느낌 또는 경험을 모두 모아 그것을 근거로 이야기를 구성해 나가는데, 이러한 과정을 통해 유아는 상상력과 확산적 사고력을 발휘하게 된다고 하였다. 즉, 이야기 꾸미기 활동은 개별 유아의 정신구조와 활발한 교류를 통해 사고하는 과정을 통해 유아로 하여금 새로운 어휘를 사용하게 하면서 언어를 내면화하여 자기 것으로 만들게 할 뿐만 아니라 고전적인 사고의 틀에서 벗어나 유연하고 융통성 있는 사고를 가지고 독특한 아이디어를 산출하게 하고, 이미 알고 있었던 개념을 확장시키는 확산적 사고를 하게 한다(김수영 · 김경미, 2006; Applebee, 1978).

이원미(2012)는 그림자료를 활용한 이야기 꾸미기 활동을 유아들에게 적용한 결과, 이야기 꾸미기 활동이 창의성의 하위요소인 유창성, 독창성, 융통성의 발달에 도움을 준다고 하였다.

따라서 이야기 꾸미기 활동은 유아의 상상력, 확산적 사고력을 포함하여 창의성 함양에 긍정적인 영향을 미친다.

다음은 이야기 꾸미기 활동을 통한 유아의 창의성을 계발시킬 수 있는 교사의 발문예시이다.

유창성

- 이 그림을 보고 생각하는 것에는 어떤 것들이 있을까?
- 이 사진 속의 상황을 네가 생각하는 대로 나열해 보자.

정교성

- 이 그림 속의 이야기를 자세하게 설명해 보자.
- 그 다음에는 어떤 이야기가 진행될까? 더 추가할 이야기는 없을까?

독창성

- 남들이 쉽게 생각하지 못할 재미있는 이야기를 만들어 보자.
- 이 그림을 보고 네가 생각하는 대로 독특한 이야기를 만들어 보자.

융통성

- 이 그림들의 순서를 바꾸면 이야기가 어떻게 바뀌게 될까?
- 네가 이 사진 속의 주인공이라면 어떤 말(생각)을 할까?

민감성

- 이 사진 속 장면은 어느 계절일까? 날씨는 어떠할까?
- 그림을 보고 어떤 느낌이 드니?

3. 이야기 꾸미기 활동과 인성

유아는 자신의 상상력과 어휘력을 총동원하여 하나의 주제가 있는 이야기를 만들 수 있다는 점에서 성취감과 자신감을 갖게 되며, 긍정적인 자아개념을 형성할 수 있다(윤혜진, 1994). 노치현과 박인숙(1998)은 유아는 나름대로 이야기를 구성해 보는 활동을 통해 각자 만든 이야기를 친구들에게 들려주고 친구들이 만든 이야기를 들어보는 가운데 같은 그림이나 사진을 보고도 다른 느낌과 느낌을 하게 된다는 것을 알게 된다고 하였다.

이야기 꾸미기 활동은 유아들로 하여금 많은 도전과 결단, 판단 및 창작 과정에서 겪게 되는 다양한 문제들을 해결하게 함으로써 자신감(김정림, 2000)과 성취감을 갖게 한다.

이야기를 꾸며보는 것은 다른 사람을 이해할 수 있는 기회가 된다(Many & Wiseman, 1992). 유아들은 다른 사람의 이야기를 듣고 함께 이야기 꾸미기 활동을 함으로써 타인의 감정을 더 잘 이해할 수 있게 된다(노은아 · 최미숙, 2007). 유아들은 이야기 꾸미기 과정에서 나타나는 또래 간의 활발한 언어적 의사소통을 통해 긍정적인 상호작용을 경험하며, 자기중심적 사고에서 벗어나서는 탈중심화 과정을 경험할 수 있다. 즉, 이야기 꾸미기 활동은 유아들의 타인조망수용능력과 타인이해능력에 긍정적인 영향을 미쳐 배려, 존중, 소통 등의 인성덕목 함양에 도움이 된다.

뿐만 아니라 유아는 이야기 꾸미기를 통해 다른 사람의 생각이나 느낌, 행동과 역할, 도덕적 가치관이나 생활양식을 능동적으로 습득할 수 있다.

다음은 이야기 꾸미기 활동을 통한 유아의 인성을 함양시킬 수 있는 교사의 발문예시이다.

배려

- 친구들이 만든 이야기를 잘 들어보자.
- 사진 속의 주인공의 입장이 되어 이야기를 만들어 보자.

존중

- 친구들이 지은 이야기 중 어떤 부분이 가장 마음에 들었나요?
- 친구들가 지은 이야기 중 궁금한 점이 있으면 질문해 볼까요?

협력

- 친구들과 함께 주제를 정해 이야기를 만들어 보자.
- 친구가 지은 이야기의 뒷이야기를 함께 만들어 보자.

나눔

- 친구들과 공동으로 주어진 재료를 서로 나누어 가며 요리를 만들어 보자.
- 친구들과 함께 서로의 의견을 나누며 요리를 만들어 보자.

질서

- 친구들이 꾸민 이야기를 들을 때 지켜야 할 규칙에는 어떤 것들이 있을까?
- 그림의 순서를 정한 후 순서에 맞게 이야기를 만들어 볼까?

효

- 너희들이 지은 이야기를 부모님께 들려줄 수 있겠니?
- 부모님께 감사한 마음을 표현하는 이야기를 꾸며보자.

Ⅱ. 사진 기반 이야기 꾸미기 활동을 통한 유아 창의 · 인성교육

1. 사진매체의 교육적 활용

사진이란 사진을 찍는 사람이 디지털카메라의 프레임에 표현하고자 하는 부분만을 담아 그들의 느낌을 불어넣어 주는 일을 하는 도구이다(김창수, 2009). 사진은 유아들에게 있어 학습을 위한 효과적인 교수매체로 활용될 수 있다. 사진은 과거에는 시각적 자료와 학습과정을 보여주는 기록작업의 보조도구로만 활용되었다. 현재 전 세계적으로 디지털카메라와 스마트폰의 보급으로 인해 사진은 학습자가 직접 사용 · 적용 · 활용할 수 있는 적극적인 교수매체가 되고 있다. 즉, 유아가 직접 찍은 사진은 다양한 결과물을 수집하고 구성할 수 있는 능동적인 교수매체로 수업에 적극적으로 활용될 수 있다.

사진을 통한 이미지는 무엇을 나타내고자 하는지, 어떤 부분을 강조하고자 하는지를 확실하게 드러내 주기 때문에 사진을 교육적으로 적용하는 것은 매우 용의하다(김경철 · 박현진, 2005). 또한 사진은 주변 세상과 환경을 있는 그대로 인지하게 해주며 보다 다양한 이미지와의 접촉을 통해 유아들에게 세상에 대한 폭넓은 이해와 정보를 제공해 줄 수 있다.

이처럼 사진의 활용범위가 점차 확대됨에 따라 유아교육 분야에서도 사진의 교육적 활용방법이 다양하게 제시되고 있다.

첫째, 사진은 유아들에게 있어서 '소통'과 '표현'의 매개체이다. 과거 활자로 된 '읽는 문화'였고, 이미지는 '보는 문화'에서 현대 디지털시대에는 활자와 이미지 사이에 특별한 경계가 사라져 사진이 보기만하는 수동적인 대상이 아니라 다양한 해석이 가능한 능동적인 대상으로 인식되고 있다(김지영, 2011; 이수영, 2012).

따라서 사진은 유아들의 다양한 표현을 촉진시킬 수 있다.

둘째, 디지털카메라를 활용한 이미지 교육은 접근방법에 따라 도구의 활용이 다양해지기 때문에 유아의 유창성을 계발시킬 수 있다(노연숙 · 한혜연 · 하동환, 2007). 유아들은 생각하고 표현하고자 하는 부분을 디지털카메라의 프레임에 넣어 표현하는 매개체로 사진을 활용할 수 있다. 즉, 유아들은 디지털카메라로 사진을 찍기 위해 익숙한 형태를 관찰하고 새로운 시각으로 촬영하기 위해 다양한 방법으로 여러 번 촬영할 수 있다.

셋째, 사진을 찍는 활동은 언어적 표현능력이 부족한 유아들에게 자신의 창의적인 생각이나 느낌을 표현할 수 있도록 구체적인 산출물을 제공해 주기 때문에 그들의 자신감을 불러일으킨다(안혜준, 2008; 이윤원, 2007).

넷째, 유아들이 사진을 통해 담은 환경은 그들에게 새로운 의미가 부여되어 새로운 방법의 의사소통을 하게 한다(김경철 · 박현진, 2005). 즉, 유아들은 직접 찍은 사진을 통해 일상생활 속에서의 다양한 환경을 새로운 시각으로 보게 하고 그 현상에 새로운 의미를 부여하여 자신만의 이미지로 의사소통할 수 있다. 또한 사진에 말, 글이 합해지면, 사진 하나만으로 표현하거나 또는 말, 글만으로 표현하는 것보다 그 상황을 더 정확하고 자세하게 표현할 수 있다.

사진은 효율적인 학습의 매개체이며, 원활한 의사소통의 매개체로 활용될 수 있고, 교사와 유아를 평가할 수 있는 도구로 활용될 수 있다(이모아, 2013). 또한 사진은 시각자료, 기록을 위한 도구, 미디어를 이해하기 위한 도구, 자기표현을 위한 도구, 예술감상을 위한 도구, 청각장애아의 시각 개발 도구, 정서치료의 도구 등으로 활용될 수 있다(이경률 · 공주희, 2010).

따라서 유아교육현장에서는 이처럼 효과적인 교수매체인 사진매체를 활용한 다양한 활동이 이루어져야 한다.

읽을거리

사진작가의 딜레마

1994년 케빈 카터(Kevin Carter)는 '수단, 아이를 기다리는 게임'이라는 사진으로 사진작가로서 누릴 수 있는 최고의 명예인 퓰리처상을 수상했다.

'수단, 아이를 기다리는 게임'은 케빈이 1993년에 아프리카 수단에서 찍은 사진이다. 당시 케빈은 내전 중이던 수단의 한 마을을 찾았고, 그곳에서 죽은 시체를 먹는 새 콘도르가 어린 소녀가 죽기만을 바라며 기다리고 있는 모습을 목격했다.

〈사진출처 : MBC '서프라이즈' 방송화면 캡처〉

케빈은 본능적으로 그 장면을 카메라에 담았고, 이는 뉴욕타임즈를 통해 공개됐다. 이 사진은 수단의 현실을 고발, 세계적으로 엄청난 파장을 일으켰다.

케빈은 이 사진 한 장으로 퓰리처상을 수상하는 등 최고의 사진작가로 떠올랐다.

그러나 이후 사람들은 죽어가는 소녀를 구하지 않은 케빈에게 "콘도르와 다를 바 없다"며 비난하기 시작했고 이는 그의 인생을 송두리째 흔들었다. 결국 자신의 삶에 최고의 영예를 안겨준 한 장의 사진은 그를 비극적 죽음으로 몰고 갔다. 분명 그에게도 사진으로 하고 싶은 이야기가 있었지만 사진 한 장으로 작가의 운명은 뒤바뀌게 되었다.

〈출처 : MBC 신기한 TV '서프라이즈' 중에서〉

2. 사진 기반 이야기 꾸미기 활동

1) 사진 기반 이야기 꾸미기 활동의 교육적 효과

사진 기반 교육은 유아들의 이미지화 언어능력 향상에 도움이 되며, 다각적인 언어, 인지, 정서 발달을 도모하고(이경률 · 공주희, 2010), 특히 감성발달에 긍정적인 효과가 있다.

사진을 활용한 표현은 주제에 대해 자신의 창의적인 아이디어만 있으면 기존의 이미지를 활용하여 표현하도록 하며, 자신이 찍은 사진은 창작과 표현에 자신감을 불어넣어 줌으로써, 창의적 발상을 할 수 있게 해준다(하효원, 2007).

유아들에게 있어 친숙한 사진매체는 이야기 꾸미기 활동에서 매우 중요한 역할을 한다. 사진은 유아들로 하여금 과거 회상을 통한 시간에 대한 감각을 확장시켜 주고(Carla, 2007), 기억을 회상하는 데 도움을 주어(Bunster, 1977; Collier, 1986) 많은 이야기를 가능하게 한다. 따라서 사진은 이야기 꾸미기 활동의 창의적인 표현을 가능하게 해주는 효율적인 매체이다.

사진은 이야기 꾸미기를 할 때 유아들로 하여금 영감을 불러일으키게 하는 이야기의 단서가 된다(Horn, 2008). 유아들은 유아교육기관에서 일어나는 활동에 대해 이야기 나눌 때 사진이 없을 경우보다 사진이 있을 때 더욱 세부적으로 묘사할 수 있다(김경철 · 박현진, 2005). 즉, 유아들이 친숙한 주변 환경을 탐색하거나 자신이 원하는 것을 찍은 사진을 이용하여 이야기 꾸미기 활동을 하는 것은 그들의 감각적 · 상징적 경험을 제공해 준다. 따라서 유아들은 직접 찍은 사진을 이야기 꾸미기의 단서로 활용하여 사진 속의 등장인물, 배경, 사건 등에 대한 지식과 경험을 바탕으로 다양한 이야기를 만들 수 있다.

2) 사진 기반 이야기 꾸미기 활동방법

사진 기반 이야기 꾸미기 활동방법은 1장으로 된 사진을 보고 이야기 꾸미기, 2~5장의 여러 장으로 연결된 사진자료의 전 · 후 보면서 이야기 꾸미기, 만약 ○○라면 형태의 사건에 대한 이야기 꾸미기 등이다.

사진 기반 이야기 꾸미기 활동의 전개과정은 촬영준비 단계, 사진촬영 단계, 이야기 꾸미기 활동 단계, 마무리 활동 단계로 진행된다. 먼저 사진촬영 주제에 대해 이야기 나누고 개별이나 소집단 형태로 유아들은 주제와 관련된 사진을 찍는다. 다음 유아들은 찍은 사진 중 가장 마음에 드는 사진이나 다른 친구들에게 소개하고 싶은 사진을 선택한다. 이후 사진을 컴퓨터에 저장한 후 이야기 꾸미기 활동에 따라 다양한 크기로 인쇄하여 사진을 만든다.

문정은(2014)에서 제시된 사진을 활용한 이야기 꾸미기의 4단계는 **[그림 4-1]**과 같다.

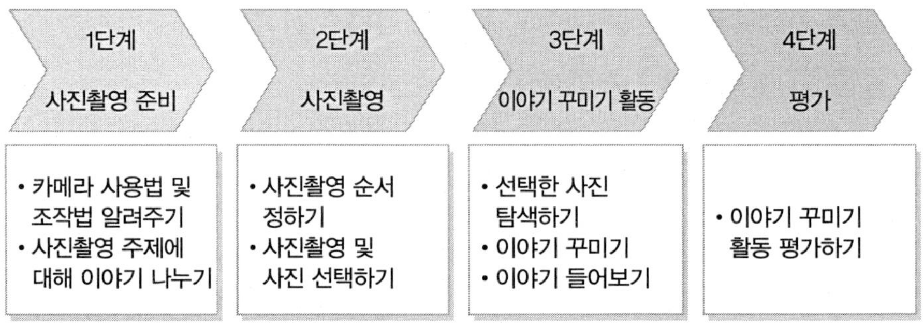

[그림 4-1] 사진 기반 이야기 꾸미기 활동방법

출처 : 문정은(2014).

3) 사진 기반 이야기 꾸미기 활동내용

〈표 4-1〉 사진 기반 이야기 꾸미기 활동 예시

사진 촬영 생활주제	활동내용	활동방법
유치원과 친구	1장의 사진을 보고 상황 전 이야기 꾸미기	• 활동명 : 친구 몰래 찰칵 • 활동목표 : 우리 반 친구들의 모습을 탐색하며 찍은 사진을 통해 이야기를 꾸며봄으로써 우리 반 친구들에게 관심을 가진다. • 활동방법 1. 자유선택활동 시간에 소그룹으로 사진을 찍는 팀을 정하여 돌아가며 친구들의 자연스러운 모습을 사진에 담는다. (5장 정도) 2. 5장 중 1장을 선택하여 사진 전 상황을 상상하여 이야기를 꾸며보고 소집단으로 친구들에게 소개한다.

봄과 동식물	1장의 사진을 보고 상황 후 이야기 꾸미기	• **활동명 : 봄이 지나간 후** • **활동목표 : 유치원 주변의 꽃과 나무, 식물을 촬영하고 이야기를 꾸며봄으로써 봄의 변화에 관심을 가진다.** • **활동방법** 1. 원 주변의 꽃, 나무, 식물을 촬영한다. (5장) 2. 5장 중 1장을 선택하여 봄이 지나가고 시간이 흐르면 어떤 상황이 될지 상상하여 이야기를 꾸며 보고 소집단으로 친구들에게 소개한다.
나와 가족	2장의 사진을 보고 연결된 이야기 꾸미기	• **활동명 : 나의 표정이야기** • **활동목표 : 나의 표정을 연결하여 재미난 이야기를 꾸며봄으로써 나의 다양한 표정과 표정에 담긴 마음을 이해해 본다.** • **활동방법** 1. 교사는 활동 전 미리 유아들의 표정을 담은 사진을 미리 찍어둔다. (한 유아당 5장) 2. 유아는 자신의 사진 5장 중 2장을 선택하여 두 사진을 연결을 짓고 상상하여 이야기를 꾸며본다. 3. 이야기를 만든 후 친구들에게 이야기를 들려준다.
건강과 안전	3장의 사진을 보고 연결된 이야기 꾸미기	• **활동명 : 깨끗해야 건강해요.** • **활동목표 : 우리 교실의 정리된 곳이나 친구들의 정리하는 모습, 손을 씻는 모습 등을 촬영하고 이야기를 꾸며봄으로써 여름철 위생과 건강에 관심을 가진다.** • **활동방법** 1. 유아는 교실을 관찰하며서 나의 위생과 건강과 관계되는 사진을 찍어본다. (5장) 2. 유아는 자신의 사진 5장 중 3장을 선택하여 연결을 짓고 상상하여 이야기를 꾸며본다. 3. 이야기를 만든 후 친구들에게 이야기를 들려준다.
생활도구	4장의 사진을 보고 연결된 이야기 꾸미기	• **활동명 : 내가 만든 사용설명서** • **활동목표 : 교실에서 친구들의 도구사용 모습을 촬영하고 사진을 연결하여 이야기를 꾸며봄으로써 도구사용에 관심을 가진다.** • **활동방법** 1. 친구가 도구(가위, 풀, 크레파스 등)를 촬영한다. (5장) 2. 5장 중 4장을 선택하여 사용순서에 따라 연결하여 이야기를 꾸며 보고 소집단으로 친구들에게 소개한다.

〈표 4-2〉 사진 기반 이야기 꾸미기 활동의 단계별 활동내용

활동과정	집단구성	단계별 활동
사진촬영 준비	대집단 활동	1. 디지털카메라의 기본적인 기능과 올바른 사용방법 안내 • 디지털카메라를 켜고 끄는 방법, 사진을 찍기 위해 버튼을 누르는 방법, 찍은 사진을 확인하는 방법 등을 안내한다. 2. 사진촬영할 주제에 대해 이야기 나누기 • 사진촬영할 주제에 대해 이야기 나누는 과정을 통해 주제를 생각해 보고 관심 있는 대상을 찾을 수 있는 시간을 갖는다. • 사진촬영할 주제와 관련된 확산적 사고를 촉진하기 위해 교사는 유아에게 확산적 발문을 한다. – 만약 ○○라면 어떻게 할까요? – ○○ 하면 생각나는 것에는 어떤 것들이 있나요? • 교사는 유아들이 자신의 느낌이나 생각, 경험을 자유롭게 소통할 수 있도록 분위기를 조성한다.
사진촬영	소집단 활동	1. 사진촬영할 순서 정하기 • 디지털카메라 2대를 준비한 후 1대당 2명의 유아가 촬영할 수 있도록 하며, 사진촬영할 순서를 정한다. – 누가 먼저 사진을 찍을지 친구와 의논하여 촬영순서를 정해보자. 2. 사진 촬영하기 및 사진 선택하기 • 유아가 주제에 맞는 사진을 5장 이내로 원하는 대상을 촬영한다. • 유아 자신이 촬영한 사진 중 가장 마음에 드는 사진을 선택한다. – 5장의 사진 중 가장 마음에 드는 사진을 선택해 보자. • 선택한 사진을 컴퓨터에 저장시킨 후 필요할 때 인쇄한다.
이야기 꾸미기 활동	소집단 활동	1. 선택한 사진 탐색하기 • 유아들이 선택한 사진을 보면서 사진 속 장면이나 대상을 탐색한다. • 유아들이 사진 속 등장인물, 장소나 배경, 상황, 물건 등을 상세히 탐색할 수 있도록 질문한다. – 사진 속에 무엇이 보이나요? – 사진 속에 누가 있나요? – 사진 속의 장소, 배경은 어디인가요? – 사진 속에 있는 사람들은 무엇을 하고 있나요? – 사진 속 장면 이전에는 어떤 일이 일어났을까요? – 사진 속에서는 어떤 일이 일어나고 있나요? – 사진 속에서는 어떤 일이 일어날 것 같나요? – 만약 사진 속의 ○○라면 어떻게 했을까요?

		2. 나만의 이야기 꾸미기 • 유아가 선택한 사진을 보고 이야기 꾸미기를 한다. • 교사는 유아가 스스로 생각하고 이야기한 내용을 자유롭게 꾸며 볼 수 있도록 발문한다. – 이 사진을 보고 어떤 이야기를 꾸밀 수 있을까요? – 만약 사진 속 물건들이 말을 하거나 움직인다면 어떤 이야기를 만들 수 있을까요? • 유아가 이야기를 자연스럽게 연결할 수 있도록 격려한다. – 그래서 이 다음에는 어떻게 되었을까요? – 그랬더니 어떻게 되었나요? – 만약 ○○라면 어떻게 했을까요? **3. 활동을 마무리 하고 발표한다.** • 소집단 이야기 꾸미기 활동이 끝난 후 꾸민 이야기를 소집단 형태로 유아들에게 발표한다. – ○○이 ○○의 이야기 꾸미기를 들어보자. – ○○이 ○○의 이야기가 참 재미있구나!
평가활동	대집단 활동	**1. 이야기 꾸미기 활동 평가하기** • 유아가 직접 촬영한 사진을 활용한 이야기 꾸미기를 평가한다. • 활동을 회상하고 가장 재미있었던 이야기와 그 이유에 대해 이야기 나눈다. – 이야기 꾸미기 활동을 해보니 어땠나요? – 누구의 ○○ 이야기가 가장 재미있었나요? – 누구의 ○○ 이야기가 왜 가장 마음에 들었나요?

4) 사진 기반 이야기 꾸미기 활동에서 교사의 역할

사진 기반 이야기 꾸미기 활동에서 교사의 역할을 살펴보면 다음과 같다.

'사진 촬영 준비' 단계에서 교사는 유아들이 촬영할 사진주제에 흥미를 북돋아 주고 자연스럽게 접근할 수 있도록 개방형 발문을 한다. 유아들이 자신의 느낌이나 생각, 경험 등을 솔직하게 표현할 수 있도록 자유로운 분위기를 조성한다.

'사진 촬영' 단계에서 교사는 유아들이 편안한 마음과 자세로 사진을 촬영할 수 있도록 촬영시간을 충분히 제공한다. 또한 함께 촬영하는 유아들 간의 긍정적인 상호작용이 일어나도록 격려하며 또래 간의 협력을 촉진한다.

'이야기 꾸미기 활동' 단계에서 교사는 선택한 사진을 탐색할 경우에는 유아들을 소집단 형태로 구성하며, 그들이 이야기 꾸미기의 소재인 사진을 바탕으로 다양한 이야기를 꾸밀 수 있도록 상상력을 촉진시킨다. 이 단계에서 교사는 유아가 자신의 이야기를 스스로 잘 표현할 수 있도록 충분한 시간을 제공하며, 허용적인 분위기를 조성해 준다. 교사는 유아에게 적절한 반응과 개방형 발문을 하여 그들이 자신의 생각과 느낌, 경험 등을 자유롭게 표현하고 자신감을 가지고 표현할 수 있도록 격려한다. 또한 이 단계에서 유아의 이야기를 들을 경우에는 친구들이 꾸민 이야기를 잘 들을 수 있도록 격려하고, 친구들의 이야기에 주의집중할 수 있도록 하며, 이야기 내용에 질문하도록 격려한다.

'평가' 단계에서 교사는 활동의 전 과정과 결과에 대해 유아 스스로 또는 또래 간 평가를 할 수 있는 기회를 제공하여 활동을 통한 성취감을 느낄 수 있도록 격려한다.

읽을 거리

세상에서 가장 비싼 사진

'라인강 2(Rhein II)'이라는 제목의 이 작품은 독일의 저명한 사진작가 안드레아스 거스키(Andreas Gursky)가 1999년 내놓은 2×3.5m의 파노라마 컬러 사진이다. 고요한 라인강의 모습과 함께 하늘과 땅으로 구성되어 플라토닉한 이상적인 아름다움을 가지고 있다는 극찬을 받았다.

거스키는 "아무도 보고 있지 않는 라인강의 어떤 장소가 날 매료시켰고, 1년 6개월의 고민 끝에 사진에 대한 아이디어를 얻었다"면서 그는 사진을 촬영하는 이유를 "우리가 한 건물이나 한 장소에 살고 있다고 이해하는 데서 머물지 않고, 우주 속에서 가공할 속도로 움직이는 한 행성에 살고 있음을 인지하게 만들고 싶다"고 자신이 갖고 있는 사진에 담긴 의도를 설명했다. 이 작품은 자그마치 430만 달러(한화 약 48억 4000만 원)를 기록, 사상 최고가를 기록했다.

〈출처 : 나우 뉴스 강경윤 기자의 '무려 48억 원' 세상서 가장 비싼 사진은 '이 것' 중에서〉

「발명 이야기 짓기」 교육계획안

<table>
<tr><td>생활 주제</td><td>편리한 생활도구</td><td>주 제</td><td>미래의 생활도구</td><td>소주제</td><td>생활도구의 불편한 점 찾아보기</td><td>활동 일시</td><td>2014. ○. ○</td></tr>
<tr><td>활동명</td><td>발명 이야기 짓기</td><td>활동 형태</td><td>자유선택활동</td><td>유형 (영역)</td><td>언어영역</td><td>연 령</td><td>만 5세</td></tr>
<tr><td>활동 목표</td><td colspan="7">• 생활도구를 사용하며 불편했던 점들을 알아본다.
• 새로운 아이디어를 이용하여 발명을 해보는 경험을 한다.</td></tr>
<tr><td>누리 과정 관련 요소</td><td colspan="7">• 자연탐구 : 과학적 탐구하기 – 간단한 도구와 기계 활용하기
• 의사소통 : 쓰기 – 쓰기에 관심 가지기</td></tr>
<tr><td>창의 · 인성 관련</td><td colspan="7">• 창의성 : 동기적 요소 – 호기심/ 흥미
• 인 성 : 배려</td></tr>
<tr><td>활동 자료</td><td colspan="7">• 발명가, 발명품 사진, 친구들이 도구를 사용하고 있는 사진 유아당 1컷(미리 사진찍기 활동을 통해 선정해 놓은 사진)</td></tr>
<tr><td>활동 방법</td><td colspan="5">활동내용</td><td colspan="2">자료 및 유의점</td></tr>
<tr><td>도 입</td><td colspan="5">1. ‘로켓박수’ 손유희로 주의집중을 한다.

쓩 짝! (왼쪽손을 빨리 오른쪽 머리 위로 박수!)
쓩 짝! (오른손을 빨리 왼쪽 머리 위로 박수!)
쓩쓩 짝짝! (오른쪽 왼쪽 번갈아 가며 박수 2번)

– 친구들, 모두 자리에 앉았나요?
2. 흥미를 유발하고 발명가, 발명품 사진을 보여준다.
– 친구들! 혹시 에디슨이 누구인지 아세요?
– 무엇을 발명했나요?
– 내가 알고 있거나 사진 이외에 알고 있는 발명품은 무엇이 있나요?</td><td colspan="2"></td></tr>
</table>

	3. 활동을 소개한다. – 오늘은 선생님과 함께 친구들이 도구를 사용하는 사진을 보고 조금 더 편리하게 도와줄 수 있는 발명품을 생각해서 이야기로 만들어 볼 거예요.	
전 개	**1. 활동자료(사진)를 소개한다.** – 저번 시간에 우리가 어떤 사진을 찍었나요? – 선생님이 (사진을 보여주며) 이렇게 여러분들이 찍은 사진을 프린트해 왔어요. – 우린 이 사진으로 발명이야기를 꾸며 볼 거예요. **2. 선택한 사진을 탐색한다.** – 사진 속에 무엇이 있나요? – 사진 속에 누가 있나요? – 사진 속 장소는 어디인가요? – 사진 속에 친구는 무엇을 하고 있나요? – 사진 속에서 친구는 어떤 도구를 사용하고 있나요? – 사진 속에서 친구의 도구의 사용방법은 무엇인가요? – 사진 속에서 친구의 도구의 불편한 점은 무엇인가요? **3. 사진을 보고 사진 뒤에 친구가 편리한 발명품을 사용하고 있는 이야기 꾸미기 활동을 한다.** – 여러분이 고른 사진을 가지고 이야기 꾸미기 활동을 해볼까요? – 여러분이 선택한 사진 뒤에는 친구들이 사용하고 있는 도구를 누군가가 와서 편리하게 바꿔주는 이야기가 올 거랍니다. 먼저 사진 속에 친구의 모습을 보고 도구를 사용하면서 친구가 어떤 말을 하면서 이야기를 하는지 사진을 보고 먼저 이야기를 만들어 볼까요? – 다음은 사진을 연결지어 친구가 사용하고 있는 도구를 편리하게 바꿔주는 발명이야기를 만들어 보세요. – 누가 나타났나요? – 어떤 발명품을 친구가 사용하게 되었나요? – 새로운 도구(발명품)를 사용하는 친구의 기분은 어떤가요? – 그래서 어떻게 되어나요? **4. 유아가 활동을 마쳤을 때 끝났는지 확인하고 격려한다.** – 이야기가 끝났나요? – 열심히 이야기를 잘 만들었어요.	교사는 유아가 충분히 생각하고 자유롭게 이야기 내용을 꾸며볼 수 있도록 발문한다. 유아들의 풍부한 상상력을 교사는 허용적인 태도로 받아들이고 지도하여 유아가 발명에 대한 접근을 보다 쉽게 느끼도록 지도한다. 예) 색연필 → 말하면 색이 바뀌는 색연필 : 기존에 색연필은 다른 색을 쓰려면 쓰던 색을 넣고 새로운 색을 꺼내야 하지만 내가 계발한 발명품은 내가 원하는 색을 이야기하면 저절로 바뀌는 편리한 발명품이다.

마무리	**1. 사진을 통한 발명 이야기 짓기 활동을 평가한다.** – 친구들의 사진을 보고 발명이야기 짓기 활동을 해보았는데 어떤 친구의 발명이야기가 기억에 남나요? – 사진을 가지고 발명이야기 짓기 활동을 해봤는데, 어땠어요? – 발명이야기 짓기를 하면서 힘들었던 점은 없었어요? – 오늘 선생님과 발명이야기 짓기 활동을 해보았는데 친구들 모두 잘 지어주었어요! **2. 차시를 예고한다.** – 다음 활동 때는 여러분들이 찍은 새로운 사진을 이용해서 또 다른 이야기 꾸미기 활동을 해볼 거예요.	
활동 평가	• 사진을 보고 난 후의 도구에 대한 장단점을 말로 표현할 수 있는가? • 생활도구의 단점을 잘 보완하여 발명품을 이야기로 잘 표현하는가?	
확장 활동	• 만약 사진의 도구가 없다면 친구가 어떻게 하고 있을지 상상하여 이야기 꾸미기 활동을 해본다.	

Ⅲ. 사진 기반 이야기 꾸미기 활동을 통한 유아 창의 · 인성 활동의 실제

활동 1

어떤 일이 있었을까?

– 1장의 사진을 보고 상황 전 이야기 꾸미기

❖ 준비물 : 연필 또는 색연필(사인펜), 활동지

❖ 활동방법

1. 교사가 보여주는 사진을 보고 어떤 사진인지 이야기를 나눈다.
2. 이전에 어떤 일이 있었을지에 대해 다양하게 상상해 본다.
3. 다양하게 생각해 낸 것 중에 가장 마음에 드는 상황을 그림으로 표현해 본다.
4. 자신이 표현한 그림과 교사가 보여준 사진을 연결하여 이야기를 만들어 본다.

창의성 증진을 위한 발문하기

Tip 창의성

1. 유창성 : 이런 상황이 일어나기 이전에 어떤 일이 있었을지 여러 가지 상황을 생각해 보자.
2. 상상력 : 이전에 어떤 일이 있었을지 상상하는 대로 자유롭게 이야기 해볼까요?
3. 정교성 : 사진에 보이는 것이 무엇인지 상세히 살펴보자.
4. 독창성 : 다양한 상황 중에서 네가 생각하는 가장 재미있는 상황을 그림으로 그려보자.

인성 함양을 위한 발문하기

Tip 인 성

1. 배려 : 친구들이 꾸민 이야기를 들으니 어떤 느낌이 들었나요?
2. 존중 : 누구의 이야기의 어떤 부분이 마음에 들었나요?
   친구들에게 궁금한 점이 있으면 질문해 볼까요?

1. 이들에게 전에 어떤 일이 있었을지를 상상해 본 후 글과 그림으로 표상해 보세요.

어떤일이 있었을까?

어떤일이
있었을까?

참고문헌

강문희 · 이혜상(1997). **아동문학교육**. 서울 : 학지사.

교육과학기술부 (2013). 3-5세 연령별 누리과정 해설서. 서울 : 교육과학기술부.

김경미(2005). 환상동화를 통한 이야기 꾸미기 활동이 유아의 언어표현력 및 창의성에 미치는 효과. 대구가톨릭대 대학원 석사학위논문.

김경철 · 박현진(2005). 디지털카메라의 유아교육기관 현장 활용. **어린이미디어연구**, 4, 129-156.

김경철 · 채미영(2003). 이야기 꾸미기 활동과 상상력 평가. **유아교육연구**, 25(1), 209-227.

김세희 · 현은자(1995). **어린이의 세계와 그림 이야기 책**. 서울 : 양서원.

김수영 · 김경미(2006). 환상동화를 통한 이야기 꾸미기 활동이 유아의 언어표현력 및 창의성에 미치는 효과. **아동학회지**, 27(1), 81-94.

김정림(2000). 그림책을 활용한 이야기 꾸미기 활동이 유아의 창의성 증진에 미치는 영향. 순천향대학교 교육대학원 석사학위논문.

김지영(2002). 이야기 꾸미기 활동이 유아의 이야기 구성능력 및 읽기태도에 미치는 영향. 전남대학교 교육대학원 석사학위논문.

김진숙(2012). 이야기 만들기, 극 연계 활동이 안전지식과 안전문제해결 사고능력에 미치는 효과. 경인교육대학교 교육대학원 석사학위논문.

노은아 · 최미숙(2007). 협동적 이야기 꾸미기 활동이 유아의 언어표현력 및 정서지능에 미치는 영향. **교육연구**, 30, 43-64.

노치현 · 박인숙(1998). **유아문학의 이론과 실제**. 서울 : 창지사.

문정은(2014). 사진을 활용한 이야기 꾸미기 활동이 유아의 창의성에 미치는 영향. 한국교원대학교 교육대학원 석사학위논문.

박미경(2005). 이야기 꾸미기 활동이 유아의 언어지능 증진에 미치는 영향. 한국교원대학교 교육대학원 석사학위논문.

엄승아(2002). 글 없는 그림책과 음악의 통합적 접근이 유아언어의 이해력과 표현력에 미치는 영향. 동국대학교 교육대학원 석사학위논문.
오복환(2005). 그림책 읽어주기 활동에서 교사의 질문 유 · 무가 유아의 이야기 능력에 미치는 영향. 한국교원대학교 교육대학원 석사학위논문.
유승연(1992). 유치원의 유아문학활동 현황에 관한 연구. 이화여자대학교 대학원 석사학위논문.
윤진주(2005). 글 없는 그림책을 활용한 이야기 꾸미기가 유아의 언어표현력과 이야기 구조 개념에 미치는 영향. 원광대학교 대학원 석사학위논문.
윤혜진(1994). 교사의 질문을 통한 이야기 꾸미기 활동이 유아의 창의성에 미치는 영향. 중앙대학교 교육대학원 석사학위논문.
이경률 · 공주희(2010). 사진 이미지 리터러시 교육의 필요성과 가능성 : 유아교육현장에서 사진의 교육적 효과를 중심으로. **한국사진학회지**, 23, 6-15.
이두현(1998). 동화에 대한 교사의 질문유형이 유아의 이야기 꾸미기에 미치는 영향. 이화여자대학교 대학원 석사학위논문.
이모아(2013). 유아 촬영 사진을 활용한 이야기 꾸미기가 일과활동의 자율행동에 미치는 영향. 한국교원대학교 교육대학원 석사학위논문.
이원미(2012). 이야기 꾸미기 활동이 유아의 창의성에 미치는 영향 : 전래동화를 중심으로. 경인교육대학원 교육대학원 석사학위논문.
임영심(1997). 동화표상활동이 4세 유아의 이야기 꾸미기 능력에 미치는 효과. **유아교육학논집**, 1(2), 91-110.
주영희(1982). 유아교육 프로그램을 위한 언어 및 사고능력의 연구. 이화여자대학교 대학원 박사학위논문.
채미영(2003). 유아용 이야기 꾸미기 활동 평가준거 개발. 한국교원대학교 대학원 박사학위논문.
하성옥(2004). 글 없는 그림책을 활용한 이야기 꾸미기 활동이 유아의 언어표현력에 미치는 효과. 상주대학교 산업대학원 석사학위논문.
하양승(1994). 유아의 이야기해 보기 활동이 이야기 구조개념과 이해에 미치는 영향. 이화여자대학교 교육대학원 석사학위논문.
하효원(2007). 비주얼 리터러시(visual literacy) 신장을 위한 중등미술 지도방안. 경북대학교 교육대학원 석사학위논문.

허미예(1999). 글 없는 그림책 활용이 유아의 언어구성능력 및 창의성에 미치는 효과. 이화여자대학교 교육대학원 석사학위논문.

Applebee, A. N.(1978). *The child's concept of story : Ages two to seventeen*. Chicago : University of chicago Press.

Guilford, J. P., & Hoepfner, R.(1971). *The analysis of intelligence*. NY : McGraw Hill Book Company.

Many, J. E., & Wiseman, D. L.(1992). The effect of teaching approach on third-grade response to literature. *Journal of Reading Behavior, 24*(3), 265–287.

창의적 미술표현을 통한 유아 창의 · 인성교육

Ⅰ. 유아미술교육과 창의 · 인성교육

Ⅱ. 창의적 미술표현을 통한 유아 창의 · 인성교육

Ⅲ. 창의적 미술표현을 통한 유아 창의 · 인성 활동의 실제

CHAPTER 05

창의적 미술표현을 통한 유아 창의 · 인성교육

미술은 시각적 방법 또는 조형적인 방법으로 사람의 감정이나 뜻을 나타내는 예술의 한 종류라고 할 수 있다(위키백과, 2015). 이에 모든 유아는 미술적 능력을 선천적으로 가지고 있으며, 유아기의 미술활동은 결과보다는 과정에 중점을 둠으로써 자연스럽게 유아의 전인발달을 도울 수 있다. 즉, 미술활동은 유아가 자신의 정서를 인식하고 표현하는 것뿐만 아니라 다른 사람의 작품감상을 통해 타인의 정서를 이해하고 공감할 수 있는 능력을 개발할 수 있다. 또한 미술활동을 하는 과정에서 유아가 자신이 느꼈던 부정적인 정서를 긍정적으로 발산할 수 있으며, 이를 통해 기쁨, 만족감 나아가 작품을 완성한 성취감을 느낄 수 있다. 뿐만 아니라 한 가지 재료만으로도 유아 개개인마다 자신만의 미술작품을 만들어 낼 수 있으며, 다양한 재료를 새로운 방법으로 활용하거나 자신의 생각이나 느낌 등을 감각적이고 독창적으로 표현할 수 있다. 따라서 유아교육현장에서 유아교사가 창의적 미술표현을 통한 창의 · 인성교육을 실천하는 것은 매우 중요하다.

I. 유아미술교육과 창의 · 인성교육

1. 미술교육의 목표

미술은 느낌과 생각을 시각적으로 표현하고 시각 이미지를 통해 다른 사람과 소통하여, 자신의 세계를 이해하는 예술의 한 영역이다. 또한 미술은 그 시대의 문화를 기록하고 반영하는 미술을 통해 과거와 현재를 이해할 뿐만 아니라 문화의 창조와 발전에까지 공헌할 수 있다. 누리과정에서는 변화하는 사회와 시대적 · 사회적 요구에 따른 교육체계를 갖춰야 함과 동시에 문제해결능력, 창의적 태도, 다양한 경험과 지식을 중시하여 다원화된 세계화 시대의 문화시민으로서 전인적 성장을 강조하고 있다. 이에 미술교육의 목표는 미적 감수성과 직관으로 대상을 이해하고 삶을 창의적으로 향유하며 미술문화를 계승 · 발전시킬 수 있는 전인적 인간을 육성하는 데 있다. 이를 달성하기 위해 「만 3~5세 연령별 누리과정」에서는 아름다움에 관심을 가지고 예술경험을 즐기며, 창의적으로 표현하는 능력을 기른다를 목표로 제시하고 있다(교육과학기술부, 2015). 이때 문화시민으로서의 전인적 성장은 다양하고 통합적인 경험을 제공하는 예술교육을 통해 실현될 수 있다. 따라서 예술을 많이 접하고, 창의적으로 표현해 보며, 그것을 감상하는 활동을 통해 우리 문화를 계승 · 발전시킬 수 있는 전인적 인간의 육성에 힘써야 한다.

미술작품의 표현내용은 그 작품을 둘러싼 더 넓은 상황, 즉 사회적이고 문화적인 영향과 예술가가 처음 지각하고 느낀 바가 반영되어 있으므로(허정임 · 이은주, 2012), 미술활동을 다른 영역과 연계함으로써 유아에게 총체적이고 본질적인 경험과 인식을 제공해야 한다.

2. 유아미술교육의 중요성

다양한 활동 중에서도 미술활동은 유아가 표현하고자 하는 자신의 욕구를 충족시키고 만족감과 성취감을 느끼며 즐기는 활동이기 때문에 교육적으로도 많은 효과를 보인다. 즉, 미술교육은 언어가 미숙한 유아에게 표현하고자 하는 욕구를 자연스럽게 이끌어 내어 생각, 느낌, 감정 등을 보다 자유롭게 표현할 수 있는 기회를 제공한다.

로웬펠드(Lowenfeld, 1947)는 그의 저서 『창의적이고 정신적인 성장』에서 유아는 방해요소만 없다면 창의력을 발휘하고자 하는 충동을 가지고 있다고 하였으며, 유아중심의 단계에 따른 발달을 강조하였다. 또한 그는 교사나 부모에 의한 직접적인 교수법은 창의성을 억제하므로 학습자 중심의 창의적인 성장과 발달을 위한 미술교육을 해야 한다고 하였다(양경희, 2012).

유아는 그림을 그리는 활동과 주물럭거리며 만드는 점토놀이, 종이놀이, 흙, 모래장난, 장난감 쌓기, 나무토막이나 돌을 이용하여 구성하기 등 주변의 다양한 재료를 활용하기를 즐긴다. 이러한 활동은 자신의 생각이나 느낌 등을 언어로 표현하는 것이 어려운 유아가 욕구를 표출하는 데 있어 매우 중요한 의사표현의 매개체이다.

피아제(Piaget, 1950)는 인간은 태어나면서부터 잠재된 무의식의 세계에서 본능적으로 자기표현을 한다고 하였다. 유아는 그림을 그리고 싶다는 동기유발에서부터 미술활동을 하는 과정, 작업을 완성한 뒤에 느끼는 성취감 등의 다양한 경험을 통해 기쁨과 만족감을 얻고, 분노, 미움, 스트레스 등을 발산하여 인지와 정서를 발달시킨다. 미술교육은 유아가 자신의 정서를 인식하고 표현하는 것뿐만 아니라 타인의 정서를 이해하고 공감할 수 있는 능력을 기를 수 있다.

유아에게 있어 미술은 유아의 다양한 경험과 상상을 조형적 언어로 표현하는 본능적인 의사소통의 수단이며, 미래의 생명력을 지닌 상징적 기능으로 유아의 일상생활과 밀접하게 관련되어 있으므로 미술활동을 통해 유아들의 발달을 도모할 뿐만 아니라 모든 발달영역 간의 통합을 이룰 수 있다(이정환 · 김희자, 2013).

미술교육은 자기표현의 수단으로 정서치료의 효과를 지니며 문제해결과 의사소통의 기회를 제공하고 미적 안목과 감각을 기르며, 신체, 언어, 사회, 인지, 창의성 측면의 발달과 관련이 있다. 또한 직접 표현함으로써 인간의 내면 세계를 구체화시키고, 아름다움을 추구할 뿐만 아니라 유아에게 스스로 선택하고 결정할 수 있는 능력을 발달시킨다.

이상에서 살펴본 것처럼 미술교육이 유아의 전인적 발달에 긍정적인 영향을 미치므로 유아기 미술교육은 매우 중요하다. 이에 미술교육이 유아의 발달 영역별로 미치는 영향을 구체적으로 살펴보면 다음과 같다(양경희, 2012).

● 유아의 창의성 발달을 돕는다

미술활동에는 표현의 제한이 없다. 따라서 유아는 자신의 생각, 느낌, 경험을 다양한 자료를 사용하여 독창적으로 표현할 수 있고 자신만의 개성적인 표현은 창의적 능력과 창의적 태도를 신장시킨다.

● 유아의 심미적 발달을 돕는다

다양한 색상, 선, 형태로 표현하는 미술활동 과정과 다른 사람의 작품을 감상하고 예술작품들을 서로 비교해 보는 과정을 통해 유아의 심미감 발달을 돕는다.

● 유아의 신체적 발달을 돕는다

미술활동을 통해 다양한 재료를 만지고 탐색하고 구성하는 과정, 즉 그리기, 만들기, 꾸미기, 오리기 등의 다양한 표현활동은 유아의 대 · 소근육의 운동능력과 눈과 손의 협응력 발달을 돕는다.

- 유아의 정서적 발달을 돕는다

유아의 자발적인 참여로 이루어지는 미술활동은 정서적인 만족을 경험하게 하는 중요한 계기를 제공하며 만족감과 성취감 같은 긍정적 정서의 경험뿐만 아니라 슬픔, 분노 같은 부정적 정서를 배출할 수 있는 기회를 제공하여 유아의 정서적 발달을 돕는다.

- 유아의 사회적 발달을 돕는다

다양한 조형재료를 나누어 쓰거나 서로의 생각을 표현하고 협상하는 과정 속에서 양보, 협동심과 같은 사회적 기술과 태도를 자연스럽게 습득하게 된다.

- 유아의 인지적 발달을 돕는다

미술은 유아가 알고 있는 사실, 개념, 경험 등을 표현하는 것으로 인지적 능력 및 기술이 사용된다. 또한 문제해결 과정을 경험하도록 하며 분석과 판단 능력을 돕고 지식과 이해력을 확장시키도록 돕는다.

- 유아의 언어적 발달을 돕는다

교사는 유아가 무엇을 어떻게 하고 있는지에 대해 대화를 나누고, 유아는 다 끝낸 후 자신의 작품에 의미를 부여하고 이야기하기를 즐기는 과정에서 다양한 어휘를 사용하며 의사표현을 하게 된다.

읽을 거리

창의성의 시작, 남다르게 생각하자.

거꾸로, 비스듬히, 안팎을 뒤집어서… 남들과 다른 관점에서 바라보는 연습을 해보면 어떨까? 아래 그림은 1470년대 다빈치(Da Vinci)가 베로키오(Verrocchio)의 제자로 있을 때 크레이(Credi)와 합작으로 그린 '수태고지'라는 작품이다. 성서대는 튀어나오고, 마리아의 오른팔은 길고 뚱뚱하며, 천사 가브리엘도 여간 뚱뚱하지 않다. 더군다나 소실점이 한 곳에 모여지지 않아 당시에 널리 사용되던 원근법에도 어긋난다. 어떻게 된 일일까?

〈레오나르도 다빈치의 수태고지〉

위 그림을 정면이 아닌 오른쪽 측면에서 위로 올려 바라보면 모든 것이 정상으로 돌아온다. 다빈치는 사람들이 제단의 오른쪽에서 올려다 볼 것을 고려하여 그렸던 것이다. 자기 자신의 정면에 캔버스를 두고 있었음에도 불구하고, 미사에 참석하기 위하여 성당을 찾은 신자들의 시선으로 그림을 그렸던 레오나르도 다빈치.

상식의 틀이 무엇인지, 그리고 보통 사람들이 쉽게 가질 법한 관점은 무엇인지를 파악하고 나면, 어떻게 상식의 틀을 깰 것인지, 그리고 어떻게 남다른 관점을 가질 수 있을 것인지를 찾아내는 일은 그렇게 어렵지 않다.

〈출처 : 신경호의 엉뚱한 생각으로 즐거운 세상 만들기 중에서〉

3. 유아미술교육과 창의성

미술교육은 미적 체험을 통한 정서순화와 다양한 창의적 경험을 제공하는 창의성 교육이다. 창의성은 사물을 새롭게 탄생시키는 과정이며 미술교육은 창의성 계발을 위한 방안으로 그 중요성이 점점 증대되고 있다.

창의적 미술활동이란 자신의 생각과 느낌을 마음껏 표현하고 그 과정 안에서 창의성을 개발하고 나아가 조화로운 인격을 형성하여 표현의 결과보다 표현의 과정에 중점을 두어 활동하는 것을 말한다(임창제, 2005).

로웬펠드(Lowenfeld)는 미술을 통한 인간교육을 강조하면서 미술교육에서 가장 중요한 것은 미술에 의해 창의성을 계발하는 것이고, 이러한 창조활동은 그 자체가 보다 나은 활동을 위한 새로운 통찰력과 지식을 제공해 줄 수 있다고 하였다(백중렬 · 오현숙, 2008).

미술교육에서는 예술적인 창의력을 강조하기 때문에 이미 알고 있거나 발견한 원리나 개념을 이해하고 적용하는 것보다 자신의 생각과 느낌을 창의적으로 표현하는 것을 강조한다. 따라서 유아기 미술교육에서는 목적을 설정하고 유아들이 미술활동을 통해 자신의 생각과 느낌 등을 표현할 수 있는 능력, 즉 창의력을 표현할 수 있는 능력을 기르는 것을 강조한다(교육과학기술부, 2013).

교육과학기술부(2013)에서 고시한 만 3~5세 연령별 누리과정 총론을 보면, 질서, 배려, 협력 등 기본생활습관과 바른 인성을 기르는 데 중점을 두어 구성하고 자율성과 창의성을 기르는 데 중점을 두고 전인발달을 이루도록 구성하고 있다. 또한 유아는 자신을 존중하고 다른 사람과 더불어 생활하는 능력과 태도를 기르며 아름다움에 관심을 가지고 예술경험을 즐기며 창의적으로 표현하는 능력을 기르는 데 그 목표를 두고 있다. 이것은 유아교육으로부터의 시작인 창의 · 인성교육을 강조하고 있는 것이다.

이러한 누리과정의 목표로 볼 때 유아미술교육을 위해 유아들의 발달수준에 맞는 창의적이고 다양한 활동 프로그램이 개발되어야 할 것이며, 유아들의 잠재능력을 최대한 발휘할 수 있도록 허용적이고 교육적인 환경이 마련되어야 한다.

유아들은 미술활동을 하는 동안 새로운 아이디어로 창의적인 접근을 계획하고 시도하며 자신만의 독창적인 방법 등으로 활동을 마무리한다. 또한 미술활동에서 다양한 재료의 제공은 재료에 대한 탐색으로 자유로운 상상을 할 수 있게 할 뿐만 아니라 독창적이고 새로운 표현의 세계를 열어줄 수 있다(김정숙 외, 2010).

미술교육에 있어서 창의성에 대한 인지적인 측면에서의 구성요소는 시각적 사고력, 비판적 사고력, 인지 유연성, 독창성, 창의적 성향 및 미적 감수성이 있다. 이를 구성요소별로 살펴보면 다음과 같다.

- '시각적 사고력'은 시 · 지각이 사고와 함께 작용하는 것을 말한다. 즉, 미술에서 시각은 단순히 볼 수 있는 능력뿐만 아니라 추상적 것이나 이론적인 것에서 현실적이고 일상적인 것에 이르기까지 자신이 구상한 것을 눈앞에 보여지듯이 생각하는 방법이다(Arnheim, 1974).
  미술활동에서의 지각력은 시 · 공간적 세계를 정확하게 지각하는 능력으로, 선, 모양, 형태, 공간, 색 등에 대한 민감성과 이러한 요소들 간의 연관성에 대한 감수성과 시 · 공간적 정보를 정확하게 파악하는 능력으로 공간지각능력이라고도 한다(Gardner, 1985).
- '비판적 사고력'은 자신이 생각한 아이디어가 최상의 것인지를 파악해 보고, 여러 가능성을 모색하여 다시 최상의 것을 선택하는 사고이다. 즉, 비판적 사고력은 "자신의 믿음과 행동을 이끄는 것으로 관찰, 경험, 반응, 논리 또는 대화 등에 의해 생성되거나, 수집된 정보를 평가, 종합, 분석, 적용하는 적극적이고 기술적인 것으로, 지적으로 훈련된 처리이다"이다(Scriven & Paul, 1991).
  즉, 새로운 아이디어를 내야 할 때 많은 아이디어를 도출하게 하는 확산적 사고보다 자신이 도출한 아이디어 중 해당 문제를 가장 적절하게 해결할 수 있는 최상의 아이디어인가를 통찰할 수 있는 '비판적 사고'의 역할이 더 중요하다.

미술 창의성에서는 비판적 사고를 반성적 사고로 보고 있다. 미술활동에서의 창의적 사고과정은 시작에서 작품이 완성될 때까지의 단계가 순환한다(박영주, 2014). 미술활동에서의 창의적 사고과정의 단계는 다음과 같다.

- 강병직(2011) : 탐색 → 주제발견 → 발명 → 경계 허물기 → 미적 판단
- 이진희(2012) : 구상을 위한 체험 및 탐색 → 아이디어 표상 → 시각적 형상화

- '인지 유연성'은 사람이 살면서 체득된 습관이나 관념에 의해 경직된 사고나 고정관념을 탈피하는 사고를 말한다. 즉, 고정관념이나 정해진 규칙에 따른 해결책이 아닌 다른 방향에서 문제를 보거나 해석하는 등 기존의 해결방식을 넘어 다른 방식으로 적용하는 시도를 의미한다. 특히 미술에서는 이러한 인지 유연성을 필요로 하는 활동이 많다(박영주, 2014).
- '독창성'은 일반적거나 명백한 것으로부터 벗어나서 새롭고 독특한 아이디어를 산출하는 능력이다. 창의성이 뛰어나다고 평가받는 많은 미술가들은 사회적 규범이나 전통적인 관습 그리고 기존의 미술학파의 흐름을 뛰어넘는 작업을 하는 경향이 많다. 미술가는 다른 사람이 한번도 시도해 본 적이 없는 방법을 사용하거나, 현 시대에 유행하던 방식에서 벗어나 감상하는 사람들로 하여금 독특하다, 새롭다 또는 예술적으로 가치가 있는 남다른 표현이라는 평가를 받을 때 진정한 미술가라 할 수 있다(Krieger, 2007).

미술 창의성에 대한 정의적 측면에서의 구성요소는 창의적 성향과 창작동기가 될 수 있는 미적 감수성이 있다. 이를 구성요소별로 살펴보면 다음과 같다.

- 창의적 성향이 있다. 미술가는 내성적이면서도 개방적이거나, 과제집착력이 있는 반면 성실성이 낮은 성향, 즉 상반된 성향을 동시에 보인다(박영주,

2014). 미술 창의성에서 보는 창의적 성향은 개방성, 애매모호함에 대한 포용, 독자성, 호기심, 과제집착력, 몰입 등과 같은 특성과 함께 이와 상반되는 의미를 가진 우울이나 불안, 비관 등의 특성도 포함하고 있다.

- '미적 감수성'이 있다. 미술활동은 어떤 대상이나 상황으로부터 영감을 받거나, 감상을 통해 자신이 느낀 감정을 예술적으로 표현하는 일련의 예술활동이다. 자신만의 미적인 관점을 살려 남들이 쉽게 보지 못하는 미적 감각을 찾아내는 것이 필요하다. 또한 자신이 발견한 아름다움이나 예술적 요소를 재구성하고 재해석하여 자신만의 독특하고 개성 있는 표현방식으로 표출해야 한다. 이처럼 미적 감수성은 미술가라면 누구나 가지고 있는 성향임에 틀림없다(박영주, 2014).

다음은 미술활동을 통한 유아의 창의성을 계발시킬 수 있는 교사의 발문예시이다.

유창성

- 붓 대신 물감을 칠할 수 있는 방법이 있을까?
- 점토로 이용할 수 있는 재료는 무엇이 있을까?

정교성

- 작품을 완성하려면 어떤 것을 더 만들어야 할까?
- 여러 가지 종이와 천 조각을 더 붙여서 꾸며보자.

독창성

- 자기만의 독특한 디자인을 해볼까?
- 점토에 조각칼을 이용해 새로운 형태로 만들어 보자.

융통성

- 점토를 대신할 재료는 어떤 것이 있을까?
- 가위가 없다면 종이를 어떻게 자를 수 있을까?

민감성

- 기분을 색으로 표현한다면 어떤 색일까?
- 두꺼운 종이와 얇은 종이에 그릴 때 느낌의 차이가 있니?

4. 유아미술교육과 인성

인성은 더불어 살 줄 아는 인재를 양성하는 미래 교육의 본질이자 궁극적인 목표이다. 따라서 인성교육은 인성형성의 결정적 시기인 유아기부터 타인을 배려하고 더불어 존중하며 협력적으로 살아가는 데 중요한 부분이다(공은희, 2012).

유아인성교육의 목적은 오늘날 사회에서 요구하는 바람직한 인간상을 함양하는 것으로 유아기의 인성교육을 통하여 유아는 긍정적인 자아감을 형성하고 남을 배려하면서 서로가 다름을 인정할 수 있는 소양을 함양하고 더불어 즐겁게 삶을 영위할 수 있는 품성의 기초를 형성하게 함에 있다(교육과학기술부, 2011).

특히 미술활동을 통한 창의적인 표현은 정서의 순화와 가치관 정립으로 올바른 인격, 품성을 기를 수 있는 기회를 제공하는 것으로 자신의 내면세계에 대한 갈등과 욕구를 표출시키며, 정서와 감정을 순화시켜 준다. 즉, 풍부하고 안정적인 감정을 가지게 되면 자신만의 이익을 생각하는 이기적이고 편협된 감정을 버리고, 따뜻한 인간애를 느낄 줄 알고 남을 배려할 줄 아는 정서를 지니게 되기 때문이다.

경험과 정서의 관계를 보면, 경험이 적은 유아는 위축되고 소극적이며 수동적인 태도를 자주 보이게 되는 반면, 다양하고 풍부한 경험을 가진 유아는 정서적으로 더욱 풍부한 표현을 하고 창작활동에서도 조화를 이루며, 적극적으로 미술활동을 한다(공은희, 2012).

다음은 미술활동을 통한 유아의 인성을 함양시킬 수 있는 교사의 발문예시이다.

배려

- 재료가 부족하면 친구들과 함께 나누어 사용하자.
- 재료를 나누어 사용해야 하니 차례를 지켜 가져오자.

존중

- 친구의 작품 중 마음에 드는 부분을 이야기해 볼까요?
- 친구와 함께 활동 시 가장 즐겁고 재미있었던 점은 무엇인가요?

협력

- 친구들과 함께 공동작품을 만들어 보자.
- 친구들과 이야기를 나눈 후 함께 그림을 전시해 보자.

나눔

- 재료가 충분한 친구들은 부족한 친구들에게 나누어 주자.
- 사용하지 않는 색은 필요한 친구에게 나누어 주자.

질서

- 재료가 많이 필요한 만들기를 할 때 선생님과 약속한 규칙을 잘 지켜보자.
- 정해진 활동시간을 잘 지켜볼까?

효

- 부모님께 우리가 만든 멋진 작품을 선물해 보자.
- 부모님의 사랑을 표현하는 미술작품을 만들어 보자.

읽을거리

면도날의 변신

큐어와 인조보석 등 여러 재료들로 꾸며졌으며, 여기에 면도날 특유의 반짝임이 더해져 면도날이 새로운 예술작품으로 탄생했다.
김연식 작가가 만든 '날에 대한 편견의 파괴'에 대한 해석에 공감하며 전체 작품 구성을 위해 도로코 회사 측에서는 면도날을 무상 지원했다고 한다.

〈출처 : 도로코〉

김연식 작가는 "칼에 대해 터부(taboo)시(視)하는 편견의 이면을 들여다 보고 싶었다"며, 면도날은 쓰임에 따라 소명을 다할 뿐 결코 단절의 칼로 한정지을 수 없고, 오히려 남성의 구렛나루와 여성의 아름다운 눈썹을 가다듬어 주는 등 아름다움의 경계를 긋는 미(美)의 상징성을 지녔다"고 기획의도를 밝혔다.
도로코에서는 "면도날은 보는 관점에 따라 그 쓰임이 달라질 수 있는 제품"이라며, 도루코는 앞으로도 면도날을 우리 일상생활의 편리를 돕는 긍정적인 제품으로 인식될 수 있도록 다양한 예술활동에 지원을 아끼지 않을 것이라고 했다.

〈출처 : 한경닷컴 키즈맘뉴스 임수연 기자의 면도날의 변신은 무죄, '미술품으로 다시 태어나다' 중에서〉

II. 창의적 미술표현을 통한 유아 창의 · 인성교육

창의 · 인성 계발을 위한 예술교육은 우리나라 교육계에서뿐만 아니라 세계 각국의 교육계에서도 화두이자, 그 교육적 효과에 대해 주목하고 있다.

서울문화재단에서 말하고 있는 '창의예술교육'이란 미적 체험을 통한 예술교육을 통해 개인의 삶에 새로운 가능성을 발견하게 해주고, 예술적 감상과 창작과정을 통한 체험, 장르 간의 통합교육을 통해 예술적 상상력을 극대화하는 '통합예술교육'을 지향한다(서울문화재단, http://www.sfac.or.kr).

그중 미술활동은 유아의 내면 세계를 이해할 수 있는 통로로서 예술교육에 있어서도 특히 중요한 역할을 한다. 유아들의 표현활동은 자신을 누구인지 드러낼 수 있는 기회를 제공하며 다른 사람들과의 자유로운 생각이나 느낌을 소통할 수 있는 수단이 되고, 이러한 의사소통은 곧 다른 사람과의 원만한 상호작용을 촉진하는 계기가 된다.

유아교육현장에서 창의인성 미술교육의 성공적 수행을 위해 교사는 유아의 내적 동기를 먼저 유발해야 한다. 유아의 내적 동기는 교사에게서 자율성을 인정받을 때 유발되므로 교사는 자유로운 교실환경을 재구성하며 자율성을 인정하고 지지해 주어야 한다.

최근 미술활동은 내면 세계의 이해와 인성을 갖추고, 창의적 사고성향의 발달 가능성을 모색하는 것이다. 이때 창의적 사고성향의 계발을 위해서는 개성을 존중하고 스스로 능력을 발휘함으로써 유아들이 정서적 · 인지적으로 창조할 수 있도록 하여 성취감을 맛보도록 해야 한다. 또한 교사는 유아들의 자유로운 표현을 하도록 허용적이면서 따뜻한 분위기를 조성하고 미술 감상과 표현에 대한 동기유발을 시켜주는 것이 중요하다. 뿐만 아니라 참고자료 등은 발상을 돕기 위한 보조수단으로 활용하고 개념화되지 않도록 유의해야 한다. 이런 창의적 사고성향을 개발시키기 위한 미술교육이 유아가 지닌 고유의 개성을 존중하는 분위기에서 실시된다면 표현에 대한 자신감과 더불어 유아의 개성을 더욱 증진시켜 줄 수 있다.

Ⅲ. 창의적 미술표현을 통한 유아 창의 · 인성 활동의 실제

유아교육현장에서 교사는 유아들의 창의적이고 독창적인 표현을 위한 다양한 기법과 표현재료를 활용하는 방법의 탐색 및 창의적인 표현능력을 극대화할 수 있는 교수방법을 사용하여 유아의 창의성을 증진시켜 줄 수 있도록 노력해야 한다.

인간의 성장을 돕는 데 중요한 매체라고 할 수 있는 미술교육은 다양한 활동을 통하여 주변 세계를 탐색하고 아름다움을 느끼며 향유할 수 있는 심미적인 태도와 상상만 했던 새로운 세계를 구체적으로 나타낼 수 있다. 그러므로 미술이라는 것은 유아들이 경험하고 알고 있는 것을 표현하고 반영하는 기록이며, 미술활동은 유아에게 있어 상상력과 창의력을 마음껏 펼칠 수 있는 수단이며 공간이라 할 수 있다. 또한 미술교육에 있어서 호기심은 새로운 표현을 창출해 내는 데 가장 큰 요인이라고 할 수 있는데, 이러한 호기심은 다양한 재료에 대한 탐색을 통해 유발될 수 있다.

창의 · 인성 계발을 위한 미술활동은 재료와 기법의 특성을 활용한 활동에서 도출해 낼 수 있다.

유아미술활동의 재료는 우리 주변에서 쉽게 구할 수 있는 모든 것이 좋은 재료가 될 수 있으며, 이러한 다양한 재료를 통해 미술체험활동의 즐거움과 창의성 및 미적 감각을 습득할 수 있도록 미술과정에 초점을 맞추어야 한다.

또한 재료를 사용할 때 표현방법의 개별적 지도뿐 아니라 신체적 발달단계에 맞는가를 고려해야 하며, 다양한 재료의 선택, 활용은 창의적인 작품표현의 필수적 요소이다.

- 재료는 유아의 발달단계에 맞아야 한다.
- 각 재료에도 자체의 발달과정이 있다.
  예 찰흙을 만지는 시기 – 형체를 만드는 시기 – 작품에 흙의 재료를 필요로 하는 시기
- 재료는 유아의 흥미와 요구에 맞는 것이어야 한다.
- 재료는 위생성과 안전성을 갖추어야 한다.
- 재료는 경제적이고 손쉽게 구할 수 있어야 한다.
- 재료는 유아 스스로가 선택할 수 있게 다양하게 제공되어야 한다.

재료기법은 점토, 콜라주, 물감, 자연물로 크게 분류하며 각 활동을 통해 나타나는 우연적인 결과가 유아들에게 어떻게 받아들여지는지, 확장활동으로 어떻게 변화될 수 있는지 알아보면 다음과 같다.

1) 점 토

점토는 크레용이나 물감과 같이 평면표현 재료에서 느낄 수 없는 질감과 촉감을 제공한다. 특히 부드러우면서도 주무르고, 밀고, 펴고, 뭉치면서 빚는 대로 자유롭게 형태를 변화시킬 수 있어 유아들이 가장 좋아하는 미술재료 중 하나이다.

유아미술활동에 활용되는 점토의 종류로는 크게 찰흙, 지점토, 컬러점토, 아이클레이, 밀가루 점토 등이 있다. 그 외에도 솝클레이(비누클레이), 쿠키클레이(야미도우), 우드클레이, 유토, 청자토 등이 있다.

찰흙

가공하지 않은 자연상태의 흙으로 만들어진 찰흙은 물, 모래, 나무와 같은 자연의 본질에 가장 가까운 천연재료이다. 찰흙을 만질 때의 촉감은 유아에게 안정감을 줄 뿐만 아니라 주무르고, 밀고, 뭉치는 동안에 내면의 자아의식을 자연스럽게 끌어내는 장점을 가지고 있어 정서적 장애의 유아심리를 치료하기 위한 수단으로 많이 활용된다.

지점토

종이찰흙이라고 불리는 지점토는 일단 굳으면 쉽게 부서지지 않고 굳은 다음에는 자유자재로 색칠할 수 있는 장점이 있다.

컬러점토

컬러점토는 공기 중에 놓아도 쉽게 굳지 않아 오랜 시간을 두고 여유 있게 조형활동을 하기 적합한 재료이다. 점토 자체의 색깔 이외에도 서로 다른 색깔의 점토를 섞어 새로운 색깔을 만들어 활용할 수 있는 장점을 가지고 있다.

아이클레이

아이클레이는 합성수지로 만들어진 점토로서 기존 점토에 비해 굉장히 가벼울 뿐만 만들고 나면 더 가벼워지는 특징을 가지고 있다.

[그림 5-1] 다양한 종류의 점토

2) 물 감

● 불어 표현하기

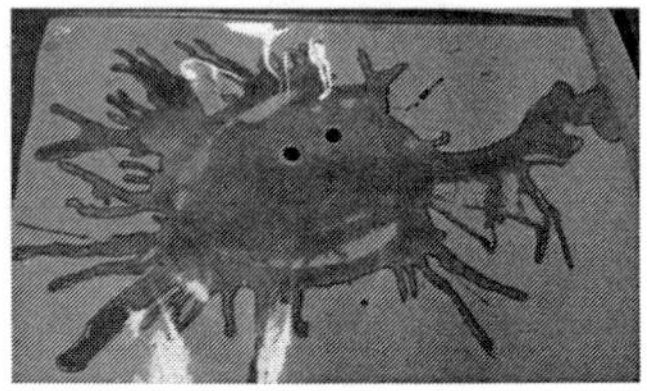

종이 위에 물감이나 잉크를 떨어뜨려 입 또는 도구(빨대)를 사용하여 불어서 우연적인 형태를 만들어 보는 활동이다. 부는 강도에 따라 색의 혼합과 각각의 굵기가 다양하게 흩어져 나타나므로 추상적인 형태를 감상하거나 재구성할 수 있다.

● 물감으로 찍기

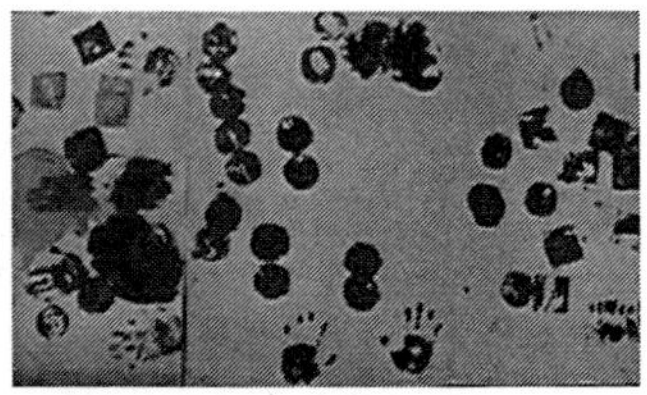

다양한 재료와 도구를 찍어서 다양한 무늬와 모양을 만들어 보는 활동이다. 반복해서 찍거나 형태를 생각하여 찍어낸 것을 재구성하여 그려봄으로써 창의적 형태의 아름다움을 느낄 수 있다.

● 데칼코마니

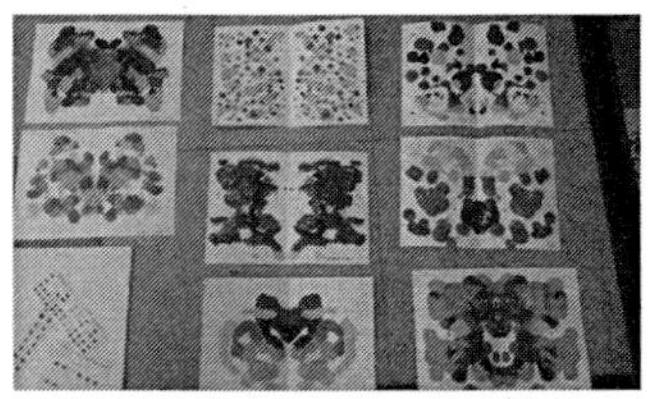

화지를 반으로 접어 편 뒤 한쪽 면에 물감을 짜 놓고 반쪽 면을 덮은 후 문질러 찍어내는 활동이다. 물감의 양과 종류에 따라 다양한 좌우대칭의 우연적 표현을 볼 수 있고 이야기를 구성할 수 있다.

실 그림(실 데칼코마니)

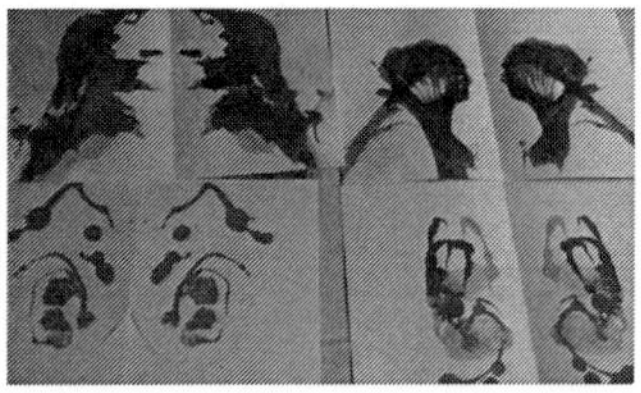

물감을 묻힌 실을 방향과 힘에 따라 대칭무늬가 나타나도록 만들어 보는 활동이다. 굵기가 다양한 실을 물감에 적신 후 반으로 접은 화지에 놓고 실 끝을 잡아당긴다. 실을 당기는 힘과 움직임에 따른 우연적인 표현을 만들어 본 후 나타난 대칭모양을 감상한다.

마블링

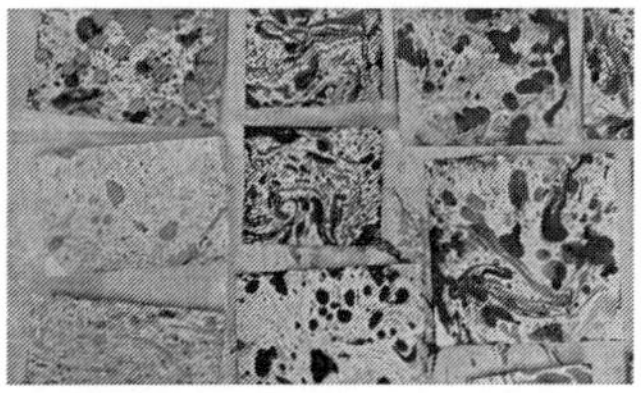

물과 기름이 서로 어울리지 않는 성질을 이용하여 표현하는 활동이다. 물 위에 마블링 잉크나 유성물감을 떨어뜨려 막대로 저은 뒤 물 위의 무늬를 종이에 흡착시킨다. 물 표면을 움직이게 한 후 나타나는 물결의 움직임을 찍어보는 등 다양한 형태의 표현을 즐길 수 있다.

번지기

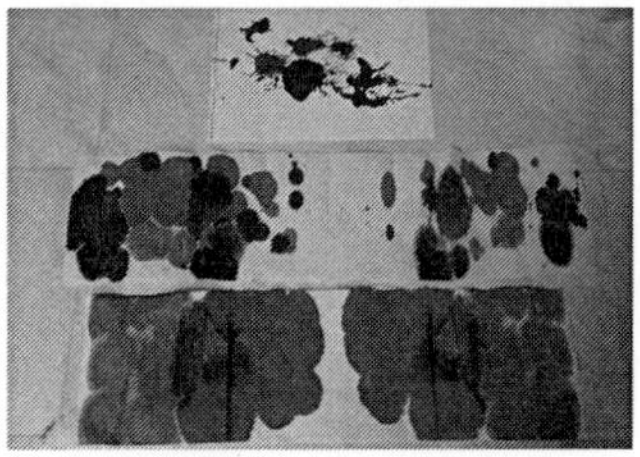

종이 위에 물을 바르고 마르기 전에 물감을 칠하거나 떨어뜨려 색이 번져나가는 효과를 즐길 수 있는 활동이다. 사용하는 붓의 종류나 크기, 물감의 색깔과 농도에 따라 다양한 우연적 효과를 엿볼 수 있다. 물감 대신 사인펜으로 그리거나 사인펜으로 그린 그림 위에 물감을 칠하면 또 다른 번짐의 효과를 얻을 수 있다.

뿌리기

종이 위에 칫솔이나 분무기를 이용하여 물감을 뿌려 색의 겹침으로 인한 효과를 볼 수 있다. 물감을 뿌릴 때는 직접 뿌리거나 다른 도구를 이용하여 뿌리는 방법이 있다. 자연물이나 물체를 놓고 그 위에 물감을 뿌려서 나타난 흔적을 이용할 수 있다.

손바닥 찍기

손바닥에 물감을 묻혀 여러 가지 색으로 찍어보고 손바닥 모양을 이용해 다양하게 꾸며보는 활동이다. 감각을 통하여 자신의 모습을 발견할 수 있는 기회를 제공한다.

손가락으로 그림 그리기

붓 대신 손가락을 이용하여 물감을 묻혀 그려보는 활동이다. 자유로운 표현으로 재미와 흥미를 자극시킬 수 있으며 물감을 다루어 봄으로써 재료의 특성을 이해하고 즐길 수 있다. 촉각을 자극하고 다양한 경험의 기회를 제공한다.

활동 1

봄의 꽃밭

– 물감 번지기를 이용한 꽃밭 그리기

❖ 준비물 : 머메이드지, 큰 붓, 작은 붓, 물감, 파레트

❖ 활동방법

1. 봄의 꽃밭을 상상해 본다.
2. 봄을 나타내는 색은 어떤 색이 있을지 생각해 본다.
3. 큰 붓에 물을 충분히 적셔 머메이드지에 발라준다.
4. 작은 붓에 필요한 색을 찍어 젖은 머메이드지에 떨어뜨린다.
5. 종이를 흔들거나 세워 변하는 모양을 관찰한다.
6. 물감이 마르면 원하는 그림을 그리거나 색종이로 형태를 오려 붙인다.

창의성 증진을 위한 발문하기

Tip 창의성

1. 유창성 : 자기의 생각대로 색을 다양하게 만들었나요?
2. 정교성 : 봄과 꽃밭을 나타내는 색이 잘 표현되었나요?
3. 독창성 : 어떤 색일 때 마음에 드는 색이 나왔나요?
4. 민감성 : 물의 묽기에 따라 색의 변화가 아름답게 표현되었나요?

인성 함양을 위한 발문하기

Tip 인성

1. 공감 : 나의 색과 친구의 색을 비교해 볼까요?
2. 배려 : 친구에게 피해를 주지 않도록 적당한 물을 사용하였나요?
3. 존중 : 친구의 꽃밭 중 마음에 드는 꽃밭이 있나요?

❖ 활동결과물

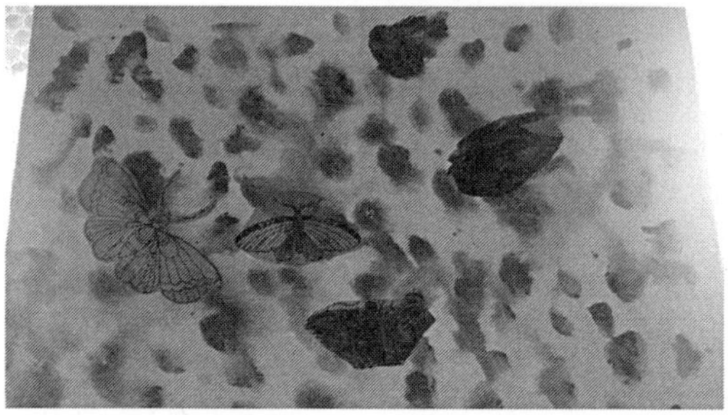

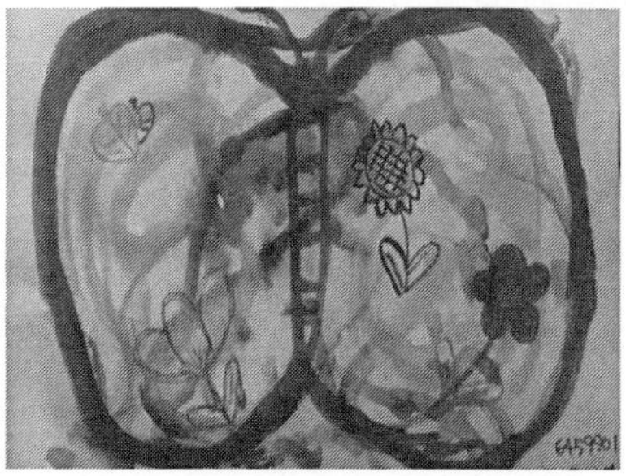

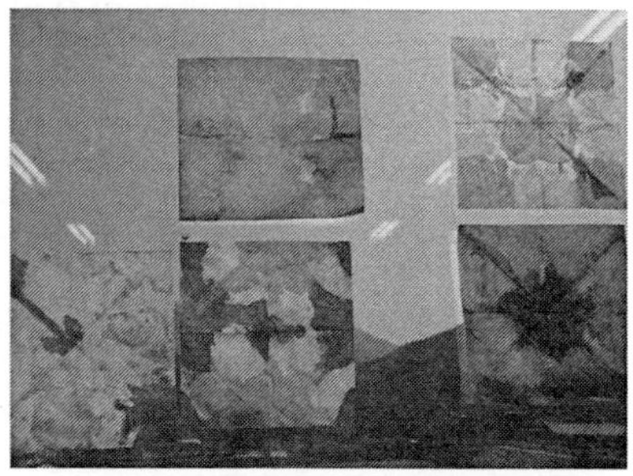

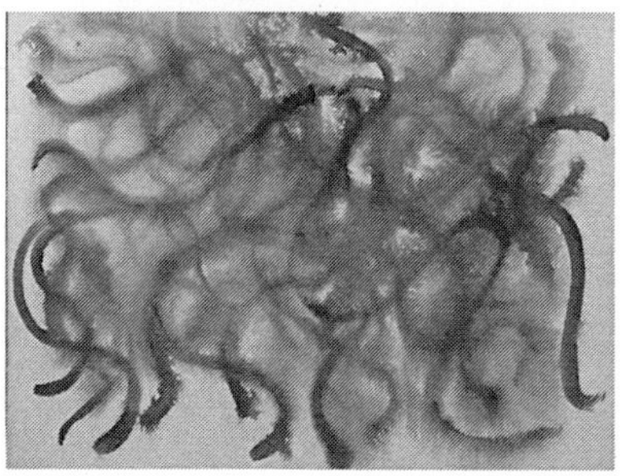

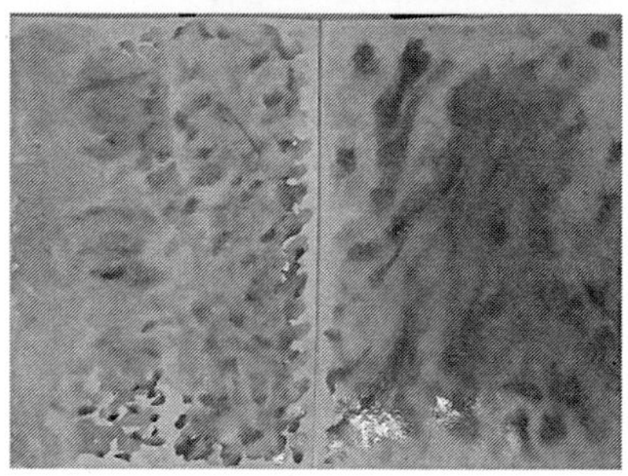

3) 콜라주와 포토몽타주

콜라주(collage)는 '풀로 붙인다'에서 유래된 말로 '풀칠하여 붙인다'는 뜻을 가진 프랑스어다. 화면에 인쇄물, 천, 쇠붙이, 나무 조각, 모래, 나뭇잎 등 여러 가지를 붙여 구성하는 회화기법 또는 그러한 기법에 의해 제작되는 회화를 말한다. 1911년경 입체주의 화가인 파블로 피카소(Pablo Picasso), 조르주 브라크(Georges Braque)가 작품에 구체적인 표현효과를 강조하기 위하여 화면에 물감 대신 신문지, 우표, 벽지, 상표 등의 실물을 붙여 화면을 구성하는 방식의 '파피에 꼴레'라는 기법을 개발해 냄으로써 콜라주가 미술에서 새로운 표현의 한 장르로 자리매김하게 된다(권순용, 1997).

콜라주는 오랜 기간 동안 미술사적 전통과는 무관하게 발전해 왔으나 1911년경 브라크와 피카소가 물감이라는 하나의 재료에 의존하던 화가들에게 하찮은 종이조각들도 물감을 대신할 수 있으며 이러한 현실적인 물체를 화면에 거리낌없이 끌어들여 형태와 의미를 동시에 부여하면서 미술사 속에서 예술적인 기법의 정당성을 확보하게 되었다(김해성, 1998).

콜라주에서 파생된 포토몽타주(photomontage) 역시 유아미술수업에서 자주 응용되고 있다.

포토몽타주란 합성사진을 말한다. 동일 화면 내에 다른 두 개 이상의 영상을 합성하여 그 효과에 의해 이질적인 이미지의 충돌을 기대하는 수법이다.

콜라주(collage)가 '붙인다'는 뜻을 가진 반면 몽타주(montage)는 '조립한다'는 뜻을 갖는다. 포토몽타주는 종이라는 재료의 차원을 넘어서 사진을 이용한 콜라주였으며, 다른 콜라주에서처럼 우연히 큰 역할을 하며 근본을 이룬다(박지현, 1998).

콜라주를 기반으로 하는 이러한 기법들은 유연적인 형태, 추상적인 형태에서 시작하여 구성의 형태로 표현이 가능하다. 또한 콜라주에 사용될 재료탐색을 통해 유아는 새로운 경험을 제공받고, 표현의 동기를 유발할 뿐 아니라 표현력을 향상시키고 성취감에도 중요한 영향을 미친다. 이러한 활동을 통하여 유아는 자아존중감이 높아짐으로 긍정적인 자아감을 형성하게 된다.

콜라주는 미술표현에 있어 유아들이 별다른 능력과 조작적 기술이 필요하지 않아 실제 미술교육에서 많이 활용되고 있는 활동이다. 최근 현대 작가들의 콜라주 작품에 활용된 기법과 재료의 다양성 및 그 재료적인 특성을 탐구하여 동일한 재료에서도 유아들이 표현할 수 있는 표현의 다양성을 이해시키고자 했다. 이에 콜라주 기법과 재료적인 특성을 유아미술에 접목시킴으로써 유아들이 여러 가지 재료에 대한 자유로운 탐색으로 이어져 표현의 자율성을 신장시키고자 한다.

이러한 다양한 방법과 재료들의 활용은 유아미술에 있어 유아들에게 창의적인 관계형성과 더불어 유아들이 가진 상상적이고 심미적인 세계관을 표현할 수 있는 훌륭한 매체가 된다. 다양한 재료가 가지고 있는 물성에 대한 감각을 키움으로써 삼상적인 사고력을 증진시킬 수 있을 뿐만 아니라 표현에 대한 성취감으로 자아존중감을 키울 수 있는 유용한 미술교육의 기법적인 활동이 된다.

모자이크

색종이나 잡지, 신문지 등을 찢거나 오려 붙이는 모자이크는 유아의 심적 부담을 줄일 수 있고 또 다른 표현효과를 볼 수 있는 활동이다. 종이를 찢는 과정에서 손의 근육을 조절하는 능력을 익히게 되고 노력의 결과에 따는 성취감을 느낄 수 있다.

● 오려 붙여 꾸미기

잡지나 사진을 오려 붙여 재구성하거나 자기의 그림을 오려 붙여 재구성함으로써 창의적인 표현력과 화면을 구성하는 능력을 기를 수 있다. 또한 가위 사용을 통해 소근육 발달에도 도움이 되며, 여백의 자유로운 자기표현과 입체적인 표현은 새로운 창의성을 기대할 수 있다.

● 신문지로 구성하기

일상생활에 많이 접하는 신문지를 활용하여 그리기, 말기, 찢어 붙이기 등 재활용해 볼 수 있는 활동이다. 신문지는 도화지와 다른 질감과 느낌을 가지므로 그림은 종이에만 그린다는 고정된 생각을 바꾸게 한다. 재활용품을 이용함으로써 아이들의 심적 부담을 줄일 수 있다.

● 사진의 나머지 부분 완성하기

반쪽그림 또는 포토몽타주의 방법으로 진행할 수 있다. 반쪽그림이란 원하는 그림을 반쪽만 오려 붙인 뒤 나머지를 완성하는 방법으로 여러 재료를 이용해 입체적으로 화면을 구성할 수 있다.

포토몽타주란 잡지의 사진을 이용하여 나머지 부분을 그림으로써 다른 형태로 재구성하는 활동이다. 원하는 사진을 서로 조합하여 자신만의 작품을 만들 수 있으며, 기존의 잡지사진을 이용함으로써 유아의 심적 부담을 줄일 수 있다.

색종이로 표현하기

색종이를 접거나, 찢기, 오리기 등 다양한 방법을 이용해 구성함으로써 소근육 발달에 도움을 줄 수 있다.

색종이를 찢는 활동은 오려서 표현하는 것과 또 다른 즐거움을 느끼게 할 수 있으며, 그것을 통한 우연의 효과를 통해 즐거움을 느낄 수 있다.

완성된 작품 위에 채색재료로 작품의 완성도를 높일 수 있다.

오브제

입체주의 화가들이 즐겨 사용한 재료사용 방법으로 종이 종류뿐 아니라 나무 조각, 단추, 플라스틱 조각 등 여러 입체적인 재료를 함께 사용하여 작품을 구성하는 방법이다. 일반적인 그림표현과 달리 실제 물건의 일부분을 이용하기 때문에 표현의 범위를 넓힐 수 있다. 여러 가지 재료를 모으고 활용방법을 생각하는 과정에서 조형의 원리를 습득할 수 있다.

「동굴 포토몽타주」 교육계획안

생활 주제	나와 가족	주 제	특별한 나	소주제	나의 특별함 알기	활동 일시	2014. ○. ○
활동명	동굴 포토몽타주	활동 형태	소집단	유형 (영역)	미술	연 령	만 5세
활동 목표	• 자신의 생각을 사진으로 표현한다. • 상상의 세계를 사진재료를 이용해 자신의 생각이나 느낌을 창의적으로 표현한다. • 자신이 원하는 것을 생각해 봄으로써 자신의 소중함과 특별함을 이해한다.						
누리 과정 관련 요소	• 의사소통 : 말하기 – 느낌, 생각, 경험 말하기, 낱말과 문장으로 말하기 • 사회관계 : 나를 알고 존중하기 – 나를 소중히 여기기 • 예술경험 : 예술적 표현하기 – 미술활동으로 표현하기						
창의 · 인성 관련	• 인지적 요소 : 사고의 확장 – 상상력, 시각화능력 • 인성 : 존중						
활동 자료	• 동굴 사진, 여러 가지 직업에 대한 사진, 사진이 많은 잡지 여러 장						
활동 방법	활동내용					자료 및 유의점	
도 입	1. '로켓박수' 손유희로 주의집중을 한다. 막대 하나 막대 하나 엑스맨이 되지요. 엑스맨 막대 둘 막대 둘 김치맨이 되지요. 김치맨 막대 셋 막대 셋 배트맨이 되지요. 배트맨 막대 넷 막대 넷 세일러문이 되지요. 세일러문 막대 다섯 막대 다섯 펩시맨이 되지요. 펩시맨 막대 영 막대 영 호빵맨이 되지요. 호빵맨 2. 흥미를 유발하고 동굴 그림을 보여준다. – 친구들! 어떤 그림이 보이나요? – 동굴에 가본 경험이 있나요? – 동굴 속에는 무엇이 살고 있을까요?						

	3. 활동을 소개한다. – 사진을 오려서 붙이고 꾸미는 활동을 몽타주 활동이라고 해요. – 오늘은 선생님과 함께 친구들이 동굴 밖에 무엇이 있을지 상상해서 자신이 붙이고 싶은 사진을 오려서 붙이고 꾸며볼 거예요.	
전 개	**1. 잔잔한 명상음악을 들려주며 동굴 안과 밖의 이야기를 상상해 본다.** – 눈을 감고 상상해 봅니다. 우리 친구들은 지금 작은 동굴 안에 있습니다. 동굴 안에서 밖을 바라봅니다. 밖은 환한 낮입니다. 동굴 안에서 밖을 바라 보았을 때 무엇이 있었으면 좋을지 생각해 봅니다. 동굴 밖으로 나오면 어떤 것이 우리를 기다리고 있을지 생각해 봐요. – 물건도 괜찮고 자기의 소망도 괜찮아요. – 갖고 싶은 물건, 보고 싶은 사람, 가고 싶은 곳을 생각해도 좋아요. – 장래희망을 생각해도 좋아요. **2. 잡지 사진을 살펴보며 자신이 원하는 것을 찾아본다.** – 동굴 밖에 나오면 무엇이 있을까요? – 잡지에서 필요한 사진을 골라볼까요? – 사진을 찾아 가위로 오려볼까요? **3. 찾아낸 사진을 사용하여 동굴 포토 몽타쥬 활동을 한다.** – 어두운 색 중 원하는 색을 골라 동굴을 색칠해 볼까요? – 골라놓은 사진을 동굴 밖 풍경에 붙여 볼까요? – 필요한 사진이 없을 경우에는 종이에 그려 오려 붙여볼까요? – 붙인 사진 주위에 그림을 그려 꾸며볼까요? – 바탕색을 칠해볼까요? – 빈 공간에 그림을 그려볼까요? **4. 사진을 다 붙였으면 자신의 작품을 친구들에게 발표한다.** – 누구부터 자신의 작품을 이야기할까요? – 동굴 밖에는 무엇이 기다리고 있는 건가요? – 빈 공간에는 무엇을 그렸나요? – 사진을 선택하고 그림을 그린 이유가 무엇인가요? **5. 발표 후 필요에 따라 원하는 그림이 있을 경우 크레파스, 사인펜으로 그림을 그려 마무리한다.** – 자신의 작품에 더 그리고 싶은 것이 있나요?	*잡지의 이미지는 다양한 선택에 가능하도록 충분히 준비하도록 한다. *원하는 사진을 먼저 골라 오려 둘 수도 있고 활동을 하면서 필요한 사진을 선택할 수 있도록 안내한다. *사진을 자를 때도 정확하게 자르지 않아도 된다는 점을 알려준다. *원하는 사진의 없을 경우에는 종이에 그려 붙이거나 그리도록 안내한다.

<table>
<tr><td>마무리</td><td>1. 동굴 포토 콜라주 활동을 평가한다.
– 어떤 친구의 동굴 콜라주가 기억에 남나요?
– 잡지의 사진을 가지고 동굴 콜라주 활동을 해봤는데, 어땠어요?
– 동굴 콜라주 활동을 하면서 힘들었던 점은 없었어요?
– 오늘 선생님과 동굴 콜라주 활동을 해보았는데 친구들 모두 잘 만들어 주었어요!
2. 차시를 예고한다.
– 다음 활동 때는 잡지의 사진이 아닌 새로운 재료를 이용해서 재미있는 미술활동을 해볼 거예요.</td><td></td></tr>
<tr><td>활동 평가</td><td>• 그림과 사진을 적절히 잘 활용하였는가?
• 자신의 생각을 사진으로 잘 표현이 되었는가?
• 동굴 포토 콜라주를 보고 자신의 마음을 말로 표현할 수 있는가?</td><td></td></tr>
<tr><td>확장 활동</td><td>• 콜라주를 이용하여 30년 뒤 나의 미래를 그려보는 활동을 가져본다.</td><td></td></tr>
</table>

❖ 활동결과물

4) 자연물

집 근처 공원 등에서 구할 수 있는 여러 가지 자연물을 이용해 작품을 제작할 수 있다. 계절의 변화에 따라 사용할 수 있는 재료와 그 재료의 변화되는 모습을 관찰하며 자연스럽게 미술활동으로 연결할 수 있다.

● 나뭇잎과 나뭇가지

다양한 형태를 가지고 있으며 계절에 따라 색이 바뀌는 나뭇잎을 이용해 그 특징을 관찰하고 파악하여 표현할 수 있다. 나뭇잎 형태에서 유추할 수 있는 모양을 생각해 보고 재구성함으로써 다양한 표현을 즐길 수 있다.

또한 다양한 굵기와 길이를 가진 나뭇가지는 선과 형태를 표현하기에 아주 좋은 재료이다.

나뭇가지의 촉감 모양을 보고 이용하여 다양한 표현을 할 수 있으며 나뭇잎에 비해 보존성이 좋다.

● 흙

모래나 흙을 만져보고 재료로 사용함으로써 흙이 가진 특성을 알 수 있으며 우연적인 표현을 즐길 수 있다.

● 조개껍데기

바닷가에서 구할 수 있는 조개껍질은 찾을 때의 즐거움과 미술활동을 할 때의 즐거움 모두를 느낄 수 있다. 조개를 다른 자연물과 함께 구성하거나 조개만으로 형태를 만들어 꾸미기 또는 큰 조개껍질에 직접 그림을 그릴 수도 있다.

● 돌

돌은 주변에서 흔히 구할 수 있는 재료로서 직접 구성하여 작품을 만들 수도 있고, 다른 자연물과 함께 구성할 수 있으며, 직접 돌 위에 물감으로 그림을 그릴 수 도 있다.

솔방울

숲에 가면 가장 구하기 쉬운 재료 중 하나인 솔방울은 여러 가지 꾸미기 재료로 활용할 수 있다. 다양한 크기와 모양을 가지고 있으며 물감을 칠할 수도 있으므로 다양한 표현활동이 가능하다.

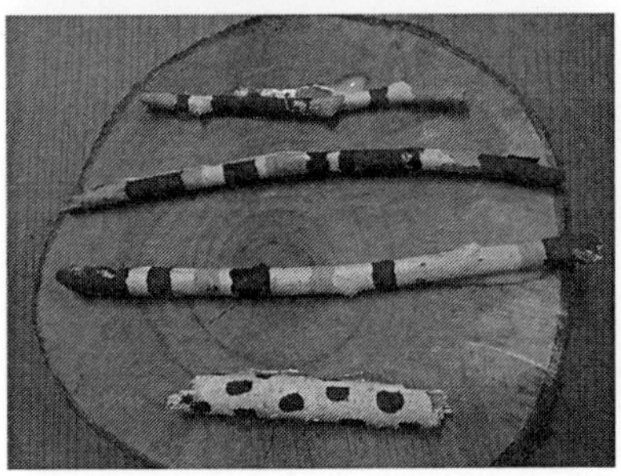

활동 1

나뭇잎으로 구성하기

– 자연물인 나뭇잎, 흙, 나뭇가지를 이용해 바닷속 모습을 꾸며봅니다.

❖ 준비물 : 나뭇잎, 나뭇가지, 흙, 목공용 본드, 접착 우드락, 꾸미기 재료

❖ 활동방법

1. 산책하며 나뭇잎과 나뭇가지를 관찰하고 모은다.
2. 주워온 나뭇잎과 나뭇가지를 친구들과 함께 가볍게 물에 씻어주거나 물티슈로 닦아준다.
3. 나뭇가지와 나뭇잎을 이용해 어떤 그림을 만들지 생각해 본다.
4. 나뭇잎과 나뭇가지를 우드락이나 코팅지에 붙여가며 가족, 어항, 풍경 구성 등 여러 가지 표현을 한다.
5. 작품 위에 손 코팅지나 투명시트지를 붙여준다.

창의성 증진을 위한 발문하기

Tip 창의성

1. 유창성 : 나뭇잎과 나뭇가지의 모양을 이야기해요.
2. 정교성 : 가을, 겨울이 되면 나뭇잎과 나뭇가지의 모양과 색이 어떻게 변할까요?
3. 민감성 : 나뭇가지의 잎맥과 구멍 등을 살펴보아요.
4. 독창성 : 나뭇잎과 가지를 이용해 어떤 모양을 만들 수 있을까요?

인성 함양을 위한 발문하기

Tip 인성

1. 공감 : 마음에 드는 나뭇가지나 나뭇잎에 대해 이야기해 보아요.
2. 존중 : 친구들의 생각 중 재미있는 생각이 있나요?
3. 나눔 : 필요한 나뭇잎이나 나뭇가지를 친구와 나누어 쓰도록 해요.

❖ 활동결과물

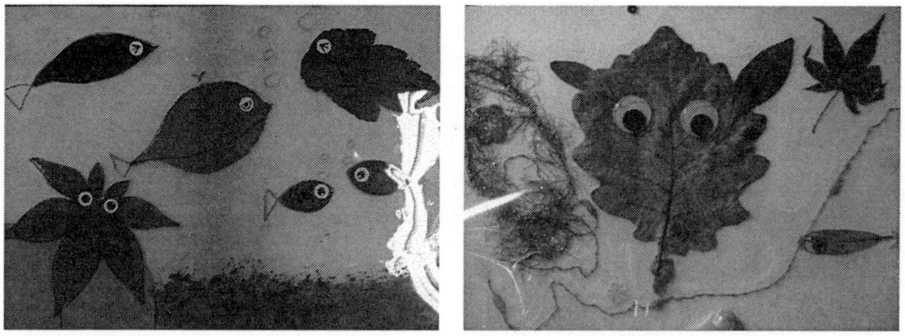

참고문헌

강병직(2011). 미술에서의 창의적 사고과정에 대한 이론적 탐색. 조형교육, 39, 1-22.

공은희(2012). 창의 · 인성교육으로서 콜라주 기법을 활용한 미술 프로그램 연구. 단국대학교 교육대학원 석사학위논문.

교육과학기술부(2013). 누리과정 총론.

교육부(2015). 미술과 교육과정(2015-61호).

권상구(2006). 유아미술교육의 실제. 서울 : 미진사.

김영정(2002). 창의성과 비판적 사고. 인지과학, 13(4), 81-90.

김정숙 외(2010). 유아미술교육의 이론과 실제. 경기 : 교문사.

박영주(2014). 유아미술 창의성 측정도구 개발. 홍익대학교 대학원 박사학위논문.

박정아(2006). 유아미술활동지도. 서울 : 창지사.

박지현(1999). 쿠르트 슈비터즈(Kurt Schwitters)의 메르쯔(Merz). 경북대학교 대학원 석사학위논문.

백중열(2007). 유아미술교육론. 서울 : 다음세대.

백중열 · 오현숙(2008). 영재미술과 유아미술치료. 서울 : 창지사.

양경희(2012). 새로운 개념에 기초한 유아미술교육. 서울 : 학지사.

이연경(2010). 미술교육에서 창의력과 인성 특성 관계. 경기대학교 대학원 석사학위논문.

이정환 · 김희자(2013). 영유아를 위한 미술활동. 서울: 도서출판 파란마음.

이진희(2012). 시각예술 영역에서 창의적 사고과정에 대한 질적 분석 : 현존 작가들의 사례를 중심으로. 홍익대학교 대학원 박사학위논문.

임창제(2005). 교육심리학. 서울 : 학지사.

한국미술교과교육학회(1997). 유아미술교육학. 서울 : 학문사.

허정임 · 이은주(2012). 미술중심의 통합교육 탐구. 한국교육대학교 미술교육학회.

Arnheim, R.(1972). *Visual thinking*(Vol. 3). Oakland, CA : University of California Press. 김정오 역(2004). 서울 : 이화여대출판부.

____________(1974). *Art and visual perception : A psychology of the creative eye*. Oakland, CA : University of California Press.

Artaud. A.(1983). *Van Gogh le suicide de la societe*. Paris : Gallimard. 조동신 역(2003). 서울 : 숲.

Gardner, H.(1985). *Frames of mind : The theory of multiple intelligences*. NY : Basic books.

Krieger, V.(2007). *Was ist ein kunstler*. Genie-Heilsbringer-Antikünstler. Deubner Kötln. 조이한 · 김정근 역(2010). 서울 : 휴머니스트.

Scriven, M., & Paul, R.(1991). *Goals of the national council for excellence in critical thinking instruction*. Santa Rosa, CA : Foundation for Critical Thinking. Retrieved from http://www.criticalthinking.org

웹사이트

서울문화재단. http://www.sfac.or.kr

명화 기반 미술감상활동을 통한 유아 창의 · 인성교육

Ⅰ. 유아 미술감상교육과 창의 · 인성교육

Ⅱ. 명화 기반 미술감상활동을 통한 유아 창의 · 인성교육

Ⅲ. 명화 기반 미술감상활동을 통한 유아 창의 · 인성 활동의 실제

CHAPTER 06

명화 기반 미술감상활동을 통한 유아 창의 · 인성교육

자신의 작품과 타인의 작품을 감상하는 활동은 결국 자신과 타인의 작품에 대한 이해와 가치를 부여하고 다양한 미술의 요소를 발견하며 작품의 느낌과 내용, 사용한 재료, 표현방법에 대해 이야기 나눌 수 있다. 미술감상은 우리나라의 정서와 사상을 형성하게 할 뿐만 아니라 미술감상은 다양한 세계예술문화를 간접적으로 경험하고 이해할 수 있게 한다. 즉, 우리가 미적 안목과 미적 생활을 영위하는 문화인으로 성장하게 하고 나아가 현대사회에서 필요한 창의적인 역량도 신장시킬 수 있다. 뿐만 아니라 미술감상을 통해 작가의 의도를 자기 나름대로 유추해 보거나 작품에 대해 자기만의 방식으로 새롭게 재구성해 보는 과정을 통해 창의성을 기를 수 있다. 특히 유아에게 있어 명화 기반 미술감상활동은 주입식으로 배워야 할 학습이 아닌 그들의 정서와 흥미를 유발하여 쉽게 명화에게 다가가게 하며 능동적인 미술감상으로 이어지게 해야 한다. 따라서 유아교육현장에서 유아교사가 명화 기반 미술감상활동을 통한 유아 창의 · 인성교육을 실천하는 것은 매우 중요하다.

I. 유아 미술감상교육과 창의 · 인성교육

1. 미술감상의 개념

감상(鑑賞)의 사전적 의미를 살펴보면, '예술작품의 감각적 형식과 표현, 내용을 전체적으로 작품이 나타내는 맛을 향유하는 것으로 단순히 지적인 분석, 이해나 개인적으로 '좋다', '나쁘다'의 반응인 태도와는 구별되고, 또한 관조(觀照)와도 다르며 작품을 적극적으로 음미(吟味)하는 평가활동을 포함하고 있지만 평가가 비평의 경우처럼 언어적으로 표명되지 않는다'고 정의하고 있다(세계미술용어사전, 1999).

작품을 감상하는 활동은 작품에 대한 이해와 가치를 부여하고 다양한 미술의 요소를 발견하며 작품의 느낌과 내용, 사용한 재료, 표현방법에 대해 이야기 나눌 수 있다. 또한 심리적 가치를 인식하며 소중한 문화유산을 감상하여 시간과 공간을 초월한 다양한 문화와 접해보는 기회를 가지는 것은 유아기에 매우 중요한 경험이다.

2. 미술감상활동의 특징

최근 유아들에게 제시할 수 있는 효과적인 교수매체로 명화를 이용한 다양한 유아교육 프로그램들이 개발되고 있다.

명화감상활동 프로그램은 정지된 상황을 제공하여 유아로 하여금 명화 속 주인공과 감정이입을 가능하게 함으로써 사회 · 정서적 발달을 촉진시킬 수 있다

(신재한, 2012).

교사는 각 상황에서 주인공이 어떻게 대처하는가를 물으면서 감정이입 및 정서안정, 자신의 정서를 인식하고 타인에게 표현하는 활동, 타인의 정서 이해하기 활동 등을 경험하게 함으로써 사회 · 정서 발달을 도모할 수 있다.

아이자드(Izard, 1985)는 자신과 또래들의 의견을 듣고 자신의 경험을 사고해 보면서 해결방안을 생각해 볼 수 있으며, 브레인스토밍 과정에서 표현단서와 상황단서를 읽고 해독할 수 있는 유아는 다른 사람의 감정에 더 민감하고 다른 사람과의 상호작용을 더 잘 조절할 수 있다고 보았다.

아이스너(Eisner, 1988)는 명화감상활동이 유아들에게 시각적 감수성의 발달과 작품이 가지고 있는 시각적 정보를 언어로 표현할 수 있는 능력을 함양시킬 수 있다고 하였다.

명화를 활용한 감상교육은 심미감과 조형능력을 향상시키고 나아가 일상생활 속에서의 미적 감수성 및 우리 문화와 인류를 이해하는 데 도움을 줄 뿐만 아니라 자신의 작품을 설명하고 다른 사람의 작품을 감상함으로써 언어능력과 논리성 및 비판력 향상에도 도움이 된다(장영숙 · 황윤세, 2003). 따라서 교사는 유아들에게 다양한 미술감상활동을 할 수 있는 기회를 제공해야 한다. 특히 명화는 역사적으로 다양한 시기의 사건들을 보여주며 창의적인 활동에 관한 다양한 주제를 제공하기 때문에 유아에게 좋은 교수매체가 될 수 있다.

3. 미술감상교육의 중요성

미술감상은 20세기 후반에 들어오면서 점차적으로 미술교육 부분에서 좀 더 구체적이고 적극적인 관점에서 심화되어 가는 경향을 띠고 있다.

전통적인 미술교육에서의 감상교육은 미술을 통한 감성의 계발 입장이었다.

또는 정서함양, 고상한 취미의 형성 등 교양교육 수준에서의 적극적인 입장이었다. 현재 미술교육에서 감상교육의 비중은 점차 높아지고 있으며, 미술감상교육이 지니고 있는 의의에 대한 논의는 긍정적이다. 즉, 교육을 보는 관점이 다양해졌으며, 우리가 미술교육에서 작품감상을 통해 얻을 수 있는 교육적 효과도 크기 때문이다. 따라서 유아교육현장에서는 유아들로 하여금 전 세계의 수많은 미술작품을 경험할 수 있도록 하며, 유아교사는 명화 속 화가의 작품을 통해 유아들이 풍성한 마음과 명작을 새롭게 보는 눈을 가질 수 있도록 지도해야 한다.

미술감상교육의 중요성을 알아보면 다음과 같다(박휘락, 2009).

- 미술감상교육은 인간의 정서와 사상을 형성하는 자기창조의 교육이다.
- 인간의 감성을 풍부하게 하는 교육이다.
- 시각매체에 대한 인식과 창조 능력을 기르는 교육이다.
- 미술문화에 대한 이해와 새로운 문화창조의 능력을 기르는 교육이다.
- 다양한 세계문화를 이해하도록 하는 교육이다.
- 다양한 인간상의 이해와 삶의 방식을 자각하게 하는 교육이다.
- 표현의 동기를 낳으며 창작과 향수의 질을 심화시키는 교육이다.

미술감상교육은 미적 안목을 넓혀가며 동시에 문화와 역사에 대한 이해력을 높이고 인간의 정신세계를 풍요롭게 한다(박휘락, 2009).

작품에는 작가가 경험한 사회적 · 정신적 경험과 표현하고자 하는 심리적인 요소들이 내재되어 있다. 유아는 감상교육을 통해 작가의 작품세계를 이해하고 간접적으로 경험할 수 있으며, 미적 안목과 미적 생활을 영위하는 문화인으로 성장하고 나아가 현대사회에서 필요한 다양한 정보에 대한 선택능력과 창의력도 신장시킬 수 있다.

4. 미술감상의 교육방법과 효과

미술감상 지도를 위해서는 미술의 구조를 이해하고 표현하는 수단을 제공할 수 있는 다양한 미술경험과 이를 교육적으로 적용할 수 있는 능력을 가진 교사의 역할이 매우 중요하다.

미술감상 지도 유형을 보면 다음과 같다.

- 인터넷을 통한 미술감상
- 작가와의 대화를 통한 미술감상
- 초대를 통한 미술감상, 관찰법을 통한 미술감상
- 통합형 미술감상, 문답형 미술감상
- 자유로운 모방을 통한 미술감상
- 심미적 반응과 지적 반응의 통합이해
- 오감탐색
- 감상과정에서의 토론
- 경험의 확장을 위한 연계교육의 고려
- 발달단계에 맞는 감상지도

미술감상 시 교사는 공감하고 수용하는 태도를 가져야 한다. 또한 그들은 유아들이 좋은 점을 발견하도록 하며 즐거운 경험이 되도록 유도할 수 있다.

결국 이러한 미술감상교육을 통해 유아들은 다음과 같은 긍정적 교육효과를 가질 수 있다.

- 미적 안목을 신장시킬 수 있다.
- 미적 정서를 함양시킨다.
- 조형능력을 향상시킨다.
- 우리 문화와 인류문화를 이해하는 데 도움이 된다.
- 타인을 이해하는 태도를 가진다.
- 언어능력, 논리성, 비판력을 향상시킨다(류재만, 2004).

명화를 활용한 활용을 통해 명화에 대한 해석과 비판적 안목을 기름과 동시에 명화 속에 담긴 내용을 유아가 재창조, 재해석하여 다시 재구성함으로써 감상자가 되는 동시에 창조자가 될 수 있으며, 이러한 경험은 사고력과 분별력을 기를 수 있도록 한다(김하영, 2012).

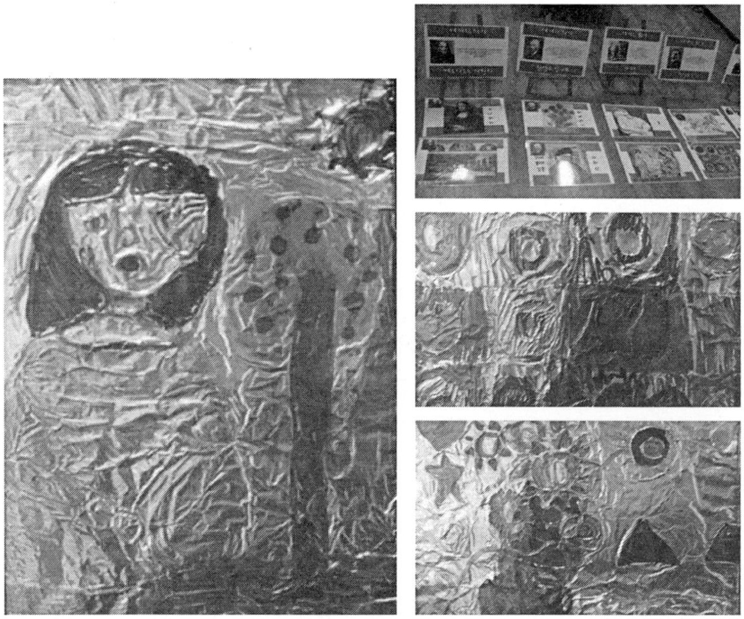

[그림 6-1] 자유로운 모방을 통한 명화감상

읽을 거리

새로운 형식의 발견

1907년은 엄청난 사건이 터진 해이다. 피카소(Picasso)가 '아비뇽의 처녀들'이란 기상천외한 그림을 들고 나왔다. 이 작품은 더도 덜도 말고 '천지개벽' 그 자체였다. 이 후 100년 동안 전개된 20세기의 미술의 전조를 여기서 볼 수 있다 해도 과언이 아니다.

이 작품에 나오는 여자들은 창녀다. 그들의 얼굴은 대패질한 것 같은 마귀형상이다. 피카소와 친했던 사람들도 이 작품을 보는 순간 하나같이 '너 차라리 칼 물고 죽어라'라고 했다. 마티스는 회화의 명예에 먹칠을 했다고 고발하려 길길이 날뛰었고, 피카소를 띄우기 위해 동분서주하던 시인 기욤 아폴리네르(Guillaume Apollinaire)는 '이게 뭐냐, 아무리 잘 봐줘도, 철학적 유곽 아니냐'라며 냉소를 보냈다.

한해 뒤 '에스타크의 집들'이란 작품으로 입체주의 회화를 이끌어 나간 브라크(Braque)도 '당신 정말 우리한테 석유를 먹일 셈이냐, 내 입에서 불이 붙는 것을 보고 싶단 말인가'라고 했다. 어쨌든 친구들로부터 기가 죽은 피카소는 이 작품을 둘둘 말아 작업실 한 구석에 내던졌다.

1910년은 칸딘스키(kandinsky)가 쐐기를 박은 해이다. 칸딘스키가 바로 수채화로 된 최초의 추상화를 발표했다. 작품이 제대로 안 풀려 고민하던 칸딘스키는 어느 날 산책 후 작업실에 들어서는데 기막힌 그림이 눈에 들어왔다. 형태는 무엇인지 잘 모르겠는데 순수한 색채만으로 이루어진 조형세계가 보이는 그림이었다. 자기의 그림을 실수로 옆으로 돌려놓은 것이었다.

〈출처 : 손철주, 그림 보는 만큼 보인다〉

5. 미술감상을 통한 유아 창의 · 인성교육

만 3~5세 연령별 누리과정 중 예술경험 영역을 살펴보면(육아정책연구소, 2012), 예술경험 영역은 자신의 생각과 느낌을 자유롭게 창의적으로 표현하고 이를 즐기는 태도와 창의적 표현력을 기르기 위한 영역이며, 아름다움에 관심을 가지고 예술경험을 즐기며 창의적으로 표현하는 능력을 기르도록 하는 데 그 목적이 있다고 하였다.

또한 예술경험 영역의 아름다움 찾아보기, 예술적 표현하기, 예술 감상하기의 세 가지 내용범주 중 예술 감상하기 내용을 살펴보면, 자연과 사물, 다양한 예술작품과 전통예술 등을 감상함으로써 풍부한 감성과 심미적 태도를 기를 수 있다는 점을 강조하고 있다.

감상이란 유아가 자연물과 주변 환경을 비롯하여 음악, 움직임과 춤, 미술, 극놀이 등 자신과 다른 사람의 예술작품을 보고 듣고 즐기며 풍부한 감성을 기르고 전통예술 및 다른 문화의 아름다움에 관심을 갖도록 하는 것이다(육아정책연구소, 2012).

이에 미술감상활동과 창의성, 그리고 미술감상활동과 인성 간의 관계에 대해 살펴보고자 한다.

1) 미술감상활동과 창의성

미술작품 감상은 다른 사람이 만들어 낸 창의적인 산출물로부터 다른 사람인의 생각과 느낌을 보고, 즐기며, 느끼고, 이해하는 과정을 통해 상상력을 발휘하게 한다. 유아들은 감상활동을 통해 이러한 상상력을 기초로 독창적인 이야기를 만들어 냄으로써 다양한 생각들의 산출을 통해 유창성을 기르며, 새로운 각도에서 생각하는 융통성 있는 사고력을 갖게 되며, 자기중심적인 사고에서 벗어나 유아 자신의 독창적인 생각을 하게 된다(문세라, 2005; 윤혜란, 2004; 장혜진 · 이성희, 2006). 또한 미술작품 감상을 통한 상호작용은 유아의 융통성 있는 사고를 발달시키는 데 도움이 된다(최혜원, 2013).

다음은 미술감상활동을 통한 유아의 창의성을 계발시킬 수 있는 교사의 발문 예시이다.

유창성

- 이 작품을 보고 떠오르는 생각들을 모두 말해보자.
- 이 작품과 비슷한 느낌이 나는 작품에는 어떤 것들이 있을까?

정교성

- 작품을 자세히 관찰하여 보이는 것들을 모두 찾아보자.
- 두 작품을 비교하여 어떤 점이 다른지, 같은지 이야기해 보자.

독창성

- 작품의 제목을 재미있게 지어보자.
- 작품을 보고 친구들이 쉽게 발견하지 못한 점을 찾아보자.

융통성

- 작품을 다양하게 관찰해 보자. 느낌이 어떻게 다르니?
- 네가 작품을 다시 재구성한다면 어떤 점을 바꾸고 싶니?

민감성

- 오감을 이용해 작품을 관찰해 보자.
- 작품에서 어떤 냄새, 어떤 소리가 들리는지 이야기해 보자.

2) 미술감상활동과 인성

다양한 예술교육 중 특히 미술활동은 다양하고 세련된 인간 감정의 느끼게 할 수 있는 자극원이며 자유롭게 표현하고 감상하는 것은 인성교육의 가장 효과적인 방법이 될 수 있다(한희진, 2010). 미술교육에 있어 중요한 것은 특히 미술작품의 제작이나 미술재료, 표현방법 등이 아니라 미술을 통해 자신의 생각과 느낌을 표현하고 그 과정에서 조화로운 인격을 형성하는 것이다.

미술은 의미심장한 창작물로 문제가 있을 때 조력자로서 인간의 상태와 그 상태에 직면하고 이겨내기 위한 수단으로서 다루기 힘든 혼란스러운 외부 현실로부터 피난처를 제공하는 데 도움이 된다(Arnheim, 1992). 미술감상을 통한 과정에서 유아는 긍정적 정서뿐만 아니라 슬픔, 불안 등 부정적 정서를 일으키는 경험들을 밖으로 표출할 수 있게 된다.

따라서 미술감상활동은 유아에게 정서적 안정을 제공한다. 자신의 감정을 자유롭게 표출하고 부정적인 감정들을 파괴적이며 공격적인 방법에 의한 것이 아닌 미술활동을 통한 긍정적인 방법으로 발산할 수 있게 한다(김현자, 2013).

또한 유아들에게 있어 미술작품을 감상한다는 것은 작품의 아름다움을 느끼는 정서적 반응과 미술작품이 내포하고 있는 시대적 · 문화적 가치를 이해하는 지성적인 반응의 두 가지 내적 작용이 모두 요구된다(장영숙 · 황윤세, 2003). 또한 유아들은 다양한 미술작품에 표현되어 있는 다양한 상황이나 사건들을 간접적으로 접해 봄으로써 사회성 발달을 도모할 수 있다(윤혜란, 2004). 따라서 미술작품활동은 유아들로 하여금 현시대가 요구하는 도덕적 · 사회적 · 문화적 가치관을 형성하는 데에도 도움이 된다.

다음은 미술감상활동을 통한 유아의 인성을 함양시킬 수 있는 교사의 발문예시이다.

배려

- 친구들과 재료들을 나누어 가며 작품을 만들어 보자.
- 친구들이 필요한 재료들을 서로 양보해 가며 작품을 만들어 보자.

존중

- 친구들 작품 중에 어떤 부분이 가장 마음에 들었나요?
- 친구들과 함께하는 활동에 인상 깊었던 부분은 무엇이 있었나요?

협력

- 친구들과 함께 만든 작품을 예쁘게 전시해 보자.
- 친구들과 함께 활동한 후 뒷정리를 깨끗하게 해보자.

나눔

- 친구들과 공동으로 주어진 재료를 서로 나누어 가며 만들기해 보자.
- 친구들과 함께 서로의 의견을 나누며 작품을 만들어 보자.

질서

- 미술활동을 할 때 선생님과 약속한 규칙을 잘 지켜보자.
- 활동시간을 잘 지켜볼까?

효

- 이번 시간에는 부모님을 위한 만들기를 할 거야.
- 너희들을 위해 재료를 준비해 주신 부모님께 감사한 마음을 가지자.

Ⅱ. 명화 기반 미술감상활동을 통한 유아 창의 · 인성교육

1. 명화 기반 미술감상활동의 목적

명화 기반 미술감상활동을 통해 다양한 긍정적 효과를 얻을 수 있다.
명화 기반 미술감상활동의 목적을 정리해 보면 다음과 같다.

- 다양한 기법과 화풍의 명화를 경험하게 함으로써 논리적 기법과 비판적 · 창의적 사고를 증진시키는 데 기여할 수 있다.
- 개별, 소그룹, 대그룹 등 다양한 형태의 학습활동을 통해 그룹원과의 친밀감, 소속감 등을 증진시킴으로써 대인관계 기술을 습득하고 긍정적 정서를 함양할 수 있다.
- 다른 교과과정에서 경험하지 못했던 학문적 즐거움과 성취감을 느낄 수 있다.

2. 명화 재구성하기

명화를 유아 나름대로 변화시키는 활동은 명화에 대한 이해와 감상 능력을 증진시키고, 미적 형식에 대한 인식을 높이며 새로운 문화를 창조하는 방법을 익힐 수 있는 기회이다. 즉, 미디어 기기를 이용해 선택한 명화 보기, 미술관 견학, 책에 나와 있는 작품사진을 활용하여 유아 나름대로 표현하고 변형시켜 보도록 한다.

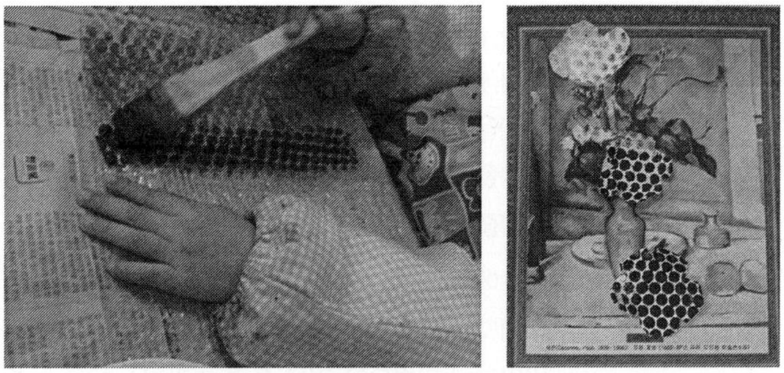

[그림 6-2] 세잔의 '푸른 꽃병' 명화를 재구성하는 모습

명화선정의 기준은 다음과 같다.

- 유아가 이해하기 쉬운 그림
- 고전에서 현대에 이르기까지 각 시대를 나타낼 수 있는 적절한 그림
- 다양한 표현기법과 화풍의 그림

다음은 명화선정의 기준을 바탕으로 작품을 선정한 것이다.

작 가	작 품	주요 활동
파울 클레 (Paul Klee)	고양이와 새	자연의 소리 듣기 동물을 만졌을 때 느낌 표현하기 동화 만들기 파스텔을 이용한 고양이와 새 그리기 새를 다른 동물로 바꾸어 그리기
강익중	3인치 그림	사방 3인치 측정하여 우드락 자르기 3인치 조각에 자기 이름 구성하고 꾸미기 3인치 조각에 주제에 맞는 그림 그려 꾸미기 벽에 어울리게 배치하여 장식하기
안토니 가우디 (Antoni Gaudi)	건축물	다양한 지붕 모양 생각해 디자인하기 다양한 채색재료를 사용하여 그림 그리기 다양한 찍기 기법으로 건물 표현하기 1리터 우유곽을 이용해 입체적이고 개성 있는 건축물 모형 만들기

폴 세잔 (Paul Cézanne)	사과	사과 만지고 느끼고 관찰하기 사과 잘라 먹어보기 껍질을 이용해 글자 만들기 찰흙을 이용해 사과의 질감 재현해 만들기 사과즙으로 그림 그리기, 사과 관찰해 그려보기
헨드릭 아베르캄프 (Hendrick Avercamp)	겨울 풍경	사포에 눈사람 그리기(영아) 찍기 기법으로 겨울 풍경 그리기 비밀그림 기법으로 겨울 풍경 그리기 지퍼백 그림으로 겨울 표현하기
에두아르 마네 (Edouard Manet)	피리 부는 소년	명화 이해 및 활용을 통한 무대 디자인 계획 세우기(평면) 무대 만들어 디자인 경험하기(입체)

창의 · 인성 활동에 사용된 명화는 미술사에서 그 가치가 인정되고, 유아들이 쉽게 이해할 수 있으며 재구성이 용이한 작품을 중심으로 선정되어야 한다.

다음 각 명화가 가진 특징을 잘 이해하고 수업이 진행될 수 있도록 적당한 발문을 지도해야 하며 유아들이 작품을 관찰하고 느낄 수 있도록 해야 한다.

또한 시청각 매체를 적절히 이용하여 재구성을 위한 발상에 도움을 주어야 한다. 명화를 활용한 창의 · 인성에서 명화의 세부적인 묘사에 집중하기보다는 명화의 세부적인 느낌과 표현방식에서 받은 인상을 더 중요하게 생각할 수 있도록 지도해야 한다.

읽을거리

'나는 한 알의 사과로 파리를 놀라게 할 것이다.'

폴 세잔(Paul Cézanne)은 남 프랑스인 엑상 프로방스 출신, 즉 지중해 사람이다.

세잔은 엑상 프로방스의 유복한 집안에서 태어났다. 인상주의의 선두주자였던 세잔은 모네(Monet)나 드가(De Gas)와 같은 동시대 예술가들이 파리에서 그림을 그릴 때 엑상 프로방스로 다시 내려올 결심을 했다. 아마도 파리가 답답했을 것이다.

19세기 말 파리에서 엑상 프로방스로 가는 길이 얼마나 멀었을까? 지금 테제베(TGV)로 세 시간이 걸리는 거리이다. 마차로 간다고 했을 때 족히 사나흘은 걸렸을 것이다. 예술의 도시에서 시골로 내려가면서 세잔은 불안하지 않았을까? 새로운 사조에 대한 자극은 모두 몽마르트에서 이뤄지고 있는데 말이다.

그런데 세잔은 시골로 가면서 확신한다. 나는 정물에만 집중하겠다. 너희들이 파리에서 어떤 자극을 주고받을지 모르지만 나는 그곳에서 정물에 집중해서 그림의 새로운 지평을 열어 보이겠다.

"나는 한 알의 사과로 파리를 놀라게 할 것이다."

〈출처 : 박웅현, 책은 도끼다〉

「가우디처럼」 교육계획안

생활 주제	세계 여러 나라	주 제	세계 여러 나라 사람들의 생활과 문화유산	소주제	세계 여러 나라 이야기 알아보기	활동 일시	2014. ○. ○
활동명	가우디처럼	활동 형태	소집단 활동	유형 (영역)	음악, 명화 감상	연 령	만 5세

활동 목표	• 여러 나라의 건축물을 알아보고 다양한 형태에 관심을 가진다. • 건축물에 대한 느낌을 자유롭게 표현한다. • 자신의 느낌이나 생각을 표현하는 과정을 즐긴다.
누리 과정 관련 요소	• 의사소통 : 말하기 – 느낌, 생각, 경험 말하기 • 사회관계 : 사회에 관심 가지기 – 세계와 여러 문화에 관심 가지기 • 예술경험 : 예술적 표현하기 – 미술활동으로 표현하기 • 예술경험 : 아름다움 찾아보기 – 미술적 요소 탐색하기
창의 · 인성 관련	• 창의성 : 인지적 요소 – 사고의 확장 • 인성 : 존중 – 다른 사람들과 다른 문화에 대한 존중, 관심 가지기
활동 자료	색도화지, 크레파스, 사인펜, PPT 자료, 음원자료, 명화그림 자료

활동 방법	활동내용	자료 및 유의점
도 입	1. '멋쟁이박수' 손유희로 주의집중을 한다. 바르고 바르고 짝짝 빗고 빗고 짝짝 바르고 짝 빗고 짝 바르고 빗고 짝짝 (바르고 : 분을 얼굴에 바르는 동작, 빗고 : 한 손에 든 거울을 보며 머리 빗질하는 모양) – 친구들, 모두 자리에 앉았나요? 2. 흥미를 유발하고 스페인의 건축가 '안토니오 가우디'의 사진을 보며 소개를 한다. – 무엇을 하는 사람일까요? – 스페인의 건축가 중 '안토니오 가우디'라는 건축가예요.	

	3. 안토니오 가우디의 건축물을 소개한다(미디어 자료를 보여준다).   – 건축물이 어떤 모양인가요? – 건축물을 본 느낌이 어떤가요? – 무엇으로 지었나요? – 건물의 용도는 무엇이었을까요? **4. 가우디 대성당(사그라다 파밀리아)과 그의 다른 건축물에 대해 설명하고 느낌이 어떤지 이야기를 나눈다.** – '가우디의 대성당과 그의 건축물' 중에 가장 마음에 드는 건축물은 무엇인가요? – 마음에 드는 이유는 무엇인가요? **5. 활동을 소개한다.** – 오늘은 선생님과 함께 친구들이 가우디처럼 건축가가 되어 멋진 건축물을 그려볼 거예요.	가우디의 건축물을 보며 전체와 부분을 민감하게 관찰하고 느낌을 이야기 나누도록 지도한다.
전 개	**1. 활동자료를 소개한다.** – 가우디처럼 멋진 건물을 짓기 전에는 무엇을 해야 할까요? – 맞아요. 미리 건축물을 그려봐야겠죠? 그래서 선생님이(색도화지를 보여주며) 이렇게 색도화지를 준비해 왔어요. **2. 아이들이 직접 가우디 같은 건축물을 짓는다면 어떤 용도의 어떤 모양의 건축물을 지을 것인지 생각하는 시간을 갖게 하고 또 그것에 대해 이야기를 나눈다.** – 친구들이 건물을 직접 짓는다면 어떤 건물을 짓고 싶은지 이야기해 봅시다. – 그 건물은 누구를 위한 건물인가요? – 건물이 가진 특별한 점은 무엇이 있나요? – 건물의 색은 어떤 색을 칠하고 싶으며 왜 그런지 이야기해 봅시다.	• 아이들의 경우 전체 건물의 디자인에 어려움을 느낄 수 있으므로 주로 지붕의 디자인을 어떻게 만들 것인지 생각하게 한다. • 자유로운 표현이 되도록 색채의 제한을 두지 않는다.

	3. 가우디처럼 멋진 건축물 그리기 활동을 한다. • 종이를 가로 또는 세로를 4등분으로 접어 각 부분마다 다양한 지붕을 가진 건물을 그리게 한다. 지붕을 자유롭게 스케치할 수 있도록 유도한다. 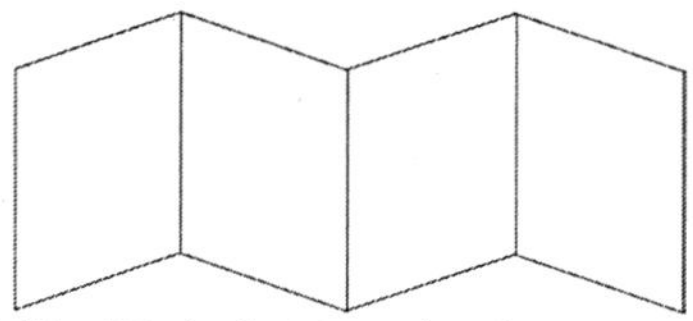 – 한 부분마다 한 건물이 되도록 그려보세요. – 건축물 벽면에 원하는 모양을 그려보세요. – 지붕을 여러 가지 다양한 모양으로 그려보세요. – 뾰족뾰족한 지붕, 울퉁불퉁한 지붕, 둥글둥글한 지붕 등 여러 가지 지붕이 있어요. – 창문도 그려보세요. – 창문도 둥근 창문, 네모 창문, 뾰족한 창문, 길쭉한 창문 등 다양한 모양이 있어요. • 벽면의 색과 창문의 색을 어떤 색으로 색칠할 것인지 어떤 모양을 표현할 것인지 이야기하고 그리게 한다. • 건축물 벽면 또한 원하는 모양을 그릴 수 있도록 자유롭게 둔다. 4. 병풍처럼 그림을 세워 유아들과 함께 작품을 감상한다.	
마무리	1. 작품을 정리하고 서로의 작품을 평가한다. – 자기가 그린 건물 중 어떤 건물이 제일 마음에 드나요? – 마음에 드는 이유가 무엇인가요? – 이 건물에서 누구와 살고 싶은가요? – 빌려준다면 누구에게 빌려주고 싶나요? 2. 차시를 예고한다. – 다음 활동 때는 명화를 감상하고 재미있는 활동을 해볼 거예요.	건물이 여러 개가 마음에 들 경우에는 마음에 드는 건물을 모두 소개하도록 지도한다.
활동 평가	• 개성 있는 건물로 디자인 되었는가? • 색과 형태가 조화로운가?	건물의 전체, 건물의 부분을 나누어 평가한다.
확장 활동	• 우유팩으로 창의적 건물 만들기 활동을 한다. • 자신이 그린 건물 중에 가장 마음에 드는 건물을 우유팩으로 만들어 본다.	

Ⅲ. 명화 기반 미술감상활동을 통한 유아 창의 · 인성 활동의 실제

활동 1

파울클레처럼…

– 고양이와 새를 다른 동물이나 사물, 사람 등으로 바꾸어 그린 뒤 무엇을 표현하였는지 이야기해 보세요.

❖ 준비물 : 파스텔, 활동지, 색연필

❖ 활동방법

1. 교사는 아이들에게 명화와 작가를 소개한다.
2. 고양이 머리 위의 '새'를 다른 것으로 바꾸어 그린다. 고양이가 아닌 다른 동물을 그려도 좋다.
3. 파스텔을 이용해 재료의 특성을 살려 채색한다.
4. 자신이 완성한 명화에 제목을 붙여본다.

창의성 증진을 위한 발문하기

Tip 창의성

1. 유창성 : 고양이는 무슨 생각을 하고 있을까요?
   고양이와 새가 먹는 먹이는 어떤 것이 있을까요?
2. 민감성 : 어떤 색을 쓰는 것이 더 부드러운 느낌이 들까요?

인성 함양을 위한 발문하기

Tip 인성

1. 배려 : 우리 친구들은 새와 고양이에게 어떤 얘기를 해주고 싶나요?
2. 존중 : 고양이가 사냥하는 것에 대해 어떻게 생각하나요?

❖ 활동결과물

<table>
<tr><th>감상작품</th><th>파울클레의 고양이와 새</th><th>이 름</th><th>김채은</th><th>나 이</th><th>만 4세</th></tr>
<tr><td colspan="2">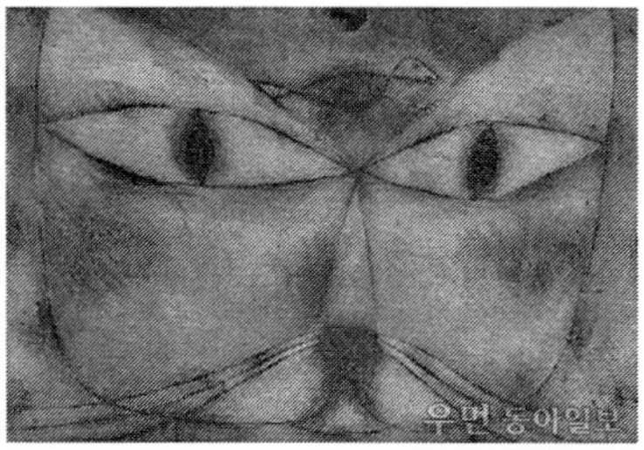
</td><td colspan="4">스위스 추상화가 파울클레의 작품 '고양이와 새'이다.

이 작품은 알록달록한 색채와 단순한 형태, 귀여운 고양이의 얼굴이 유아의 상상력을 자극하기에 충분하다.
먹이에 대한 고양이의 열망이 보여진다.
작품에서 영감을 얻어 자신만의 작품을 그리기에도 적당한 작품이다.
고양이의 이마 위에 앉아 있는 새가 재미있으며 유아들과 많은 이야기를 나눌 수 있는 부분이다.</td></tr>
<tr><td>작품제목</td><td colspan="5">사냥에 실패한 고양이</td></tr>
<tr><td colspan="6">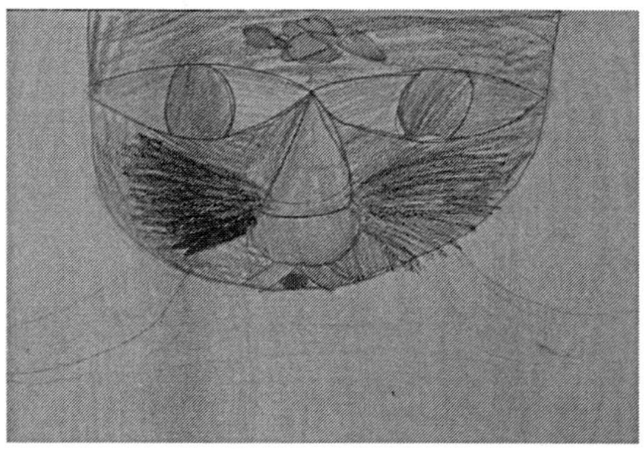</td></tr>
<tr><td>표현의도</td><td colspan="5">명화와 다르게 그리기는 너무 어려워 그대로 보고 표현하였다.
새가 잡히지 않아 너무 화가 나서 고양이의 얼굴이 빨개졌다.
고양이는 수염이 예민하다고 하는데 너무 예민한 고양이라 수염을 많이 그렸다.
새는 결국 잡히지 않고 도망갔다. 김채은은 그림은 명화와 비슷하게 그렸으나 의도와 해석을 다르게 하였다.
파스텔은 처음 써보는 재료라 그림엔 쓰지 않았고 평소 즐겨 사용하는 색연필로만 그림을 그렸다.</td></tr>
</table>

활동 2

강익중처럼… 3인치 그림

– 자기의 이름을 한 글자씩 그리고 꾸밉니다. 내 이름과 친구의 이름을 매트릭스 안에 배치하여 공동작품을 만들 수도 있습니다.

❖ 준비물 : 우드락, 유성사인펜, 목공용 본드, 물감

❖ 활동방법

1. 강익중의 3인치 그림을 감상한다.
2. 3인치 우드락 조각을 여러 개 준비한다.
3. 우드락 조각에 자기의 이름을 어떻게 꾸밀지 생각한다.
4. 빈 조각이 있으면 이름 이외 다른 글자나 그림을 그려 작품을 완성한다.
5. 유아의 작품을 모두 모아 공동 작품을 만들 수 있다.

창의성 증진을 위한 발문하기

Tip 창의성

1. 유창성 : 같은 글자라도 그리는 사람에 의해 다르게 표현됩니다.
2. 독창성 : 많은 글자들이 모두 개성 있게 예쁘게 그려졌어요.
3. 융통성 : 매트릭스에 배치하는 방법 외 예쁘게 전시할 수 있는 방법이 있을까요?

인성 함양을 위한 발문하기

Tip 인성

1. 존중 : 어떤 글자가 예쁘게 꾸며졌는지 칭찬하는 시간을 가져요.
2. 협력 : 우리 친구들의 이름을 모두 모아 아름다운 작품을 만들 수 있어요.
3. 효 : 친구들에게 예쁜 이름을 지어주신 부모님에 대해 생각하는 시간을 가져요.

❖ 활동결과물

<table>
<tr><th>감상작품</th><th>강익중의 ‘3인치 그림’</th><th>이 름</th><th>구윤주, 장대현,
김채은</th><th>나 이</th><th>5~8세</th></tr>
<tr><td colspan="2"></td><td colspan="4">3인치 그림으로 관객과 연결하는 작가 ‘강익중’은 뉴욕에서 활동하는 대표적인 한인작가이다. 강익중 작가는 1997년 47회 베니스 비엔날레에서 특별상을 수상하였다.
경제적 · 공간적인 사정으로 시작한 3인치 그림이 현재는 세계 각국 유아들의 그림을 모은 글로벌적인 작품으로 발전하였다. 현재는 개인작품보다 공공미술로 관객들에게 다가가고 있으며 ‘달항아리’, ‘한글’을 이용한 작품으로 우리 정서를 세계에 알리고 있다.</td></tr>
<tr><td>작품제목</td><td colspan="5">내 이름을 꾸미자</td></tr>
<tr><td colspan="6">  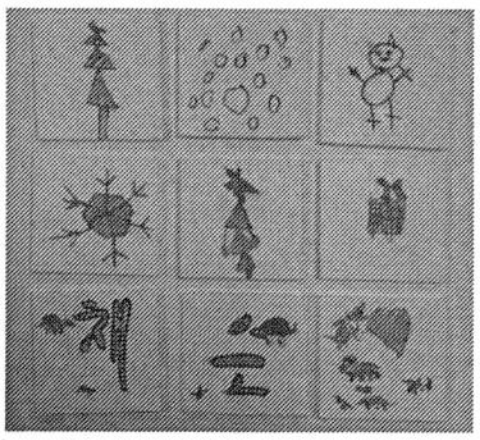
</td></tr>
<tr><td>표현의도</td><td colspan="5">강익중 작가의 한글을 응용한 작품을 감상한 후 그 영향으로 유아들 모두 자신의 이름을 이용한 그림을 그리기를 원했다.
크리스마스를 앞둔 시기였으므로 자신의 이름과 크리스마스와 관련된 이미지를 생각하고 작품을 제작했으며 주로 유성펜을 사용하였다.
색연필이나 수성사인펜은 주어진 우드락에 색이 연하게 표현되거나 유연하여 흠이 생기는 우드락의 특성으로 인해 유아들 모두 유성펜과 수성펜 등을 이용하여 그림 그리기를 원했다.
한꺼번에 벽에 붙여 놓은 뒤 감상하면서 벽면 전체를 3인치 그림으로 채우면 멋있을 것 같다고 나름의 의견을 나누었다.</td></tr>
</table>

활동 3

아베르캄프처럼… 지퍼백 그림

– 헨드릭 아베르캄프의 겨울 풍경들을 감상한 후 지퍼백에 물감을 넣어 손으로 문질러 자신만의 겨울 풍경을 표현해 봅니다.

❖ 준비물 : 유성매직, 물감, 물, 지퍼백

❖ 활동방법

1. 헨드릭 아베르캄프의 겨울 풍경들을 감상한다.
2. 지퍼백에 겨울 풍경과 어울리는 물감의 색을 짠 후 손으로 문지르거나 비벼본다.
3. 지퍼백에 자연스럽게 퍼진 색을 바탕으로 지퍼백 위에 겨울 풍경을 매직을 사용하여 그려본다.
4. 완성 후 자신의 그림에 대해 소개한다.

창의성 증진을 위한 발문하기

Tip 창의성

1. 유창성 : 그림 속의 옛날 사람들은 무엇을 하고 있을까요?
2. 독창성 : 그때의 놀이들을 지금 한다면 어떤 느낌일까요?
   규칙을 어떻게 바꿀 수 있을까요?
3. 민감성 : 만약 내가 말할 수 없거나 들을 수 없다면 어떤 느낌일까요?

인성 함양을 위한 발문하기

Tip 인성

1. 배려 : 듣지도 말하지도 못하는 화가는 불편한 점이 많았을 거예요. 몸이 불편한 친구들에게 어떤 도움을 줄 수 있을까요?
2. 협력 : 겨울에 친구들과 함께할 수 있는 놀이는 어떤 것이 있을까요?
3. 효 : 예쁘게 낳아주신 부모님께 감사하는 마음을 가져요.

❖ 활동결과물

<table>
<tr><td>감상작품</td><td>헨드릭 아베르캄프의
'겨울풍경'</td><td>이 름</td><td>최인영, 황윤서</td><td>나 이</td><td>만 4세,
만 5세</td></tr>
<tr><td colspan="2"></td><td colspan="4">17세기 네덜란드 태생의 헨드릭 아베르캄프는 듣지도 말하지도 못하는 장애를 가진 화가였다.
겨울 풍경을 주로 그렸으며 침묵과 고요 속에 살았으나 그림은 활기차고 역동적이였다.
겨울을 배경으로 한 민중들의 일상 모습을 담아내었으며 우리 화가 김홍도의 '풍속화'를 보는듯하다. 사람들의 각기 다른 모습을 찾아보는 즐거움이 있는 작품이다.</td></tr>
<tr><td>작품제목</td><td colspan="5">눈이 옵니다.</td></tr>
<tr><td colspan="6"> 
 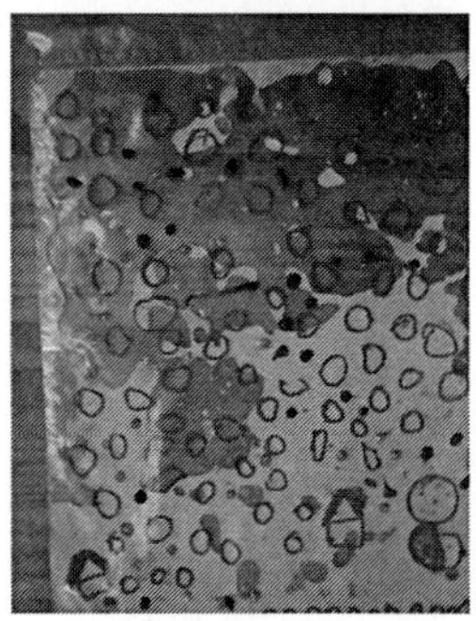</td></tr>
<tr><td>표현의도</td><td colspan="5">찍기 기법으로 눈사람을 그린 최인영은 그림 설명을 같이 써 붙이기를 원했다. 글을 배우기 시작하는 유아의 경우 그림의 예와 같이 글자를 그림처럼 배치하는 경우가 있는데, 각각의 눈사람을 누구를 생각하고 만들었는지 설명하고 있다.
크레파스와 물감의 반발기법을 이용해 겨울 풍경을 그린 황윤서는 크레파스에 물감이 묻지 않는 현상을 신기해하며 공들여 흰색 물감을 칠했다.
지퍼백 그림을 그린 유아는 비닐 속에서 변화하는 물감의 모습을 무척 신기해 하였다.</td></tr>
</table>

참고문헌

김하영(2012). 명화를 활용한 중등 미술교육의 수업방안. 영남대학교 교육대학원 석사학위논문.

김현자 외(2013). **활동중심 아동미술**. 서울 : 창지사.

류재만(2004). **초등미술교수법**. 경기 : 교육과학사.

문세라(2005). 통합적 미술감상활동이 유아의 미술표현력과 창의성에 미치는 영향. 연세대학교 교육대학원 석사학위논문.

박휘락(2009). **미술감상과 미술비평교육**. 서울 : 시공사.

신재한(2012). **다중지능을 활용한 명화감상 프로그램**. 서울 : 교육과학사.

월간미술 編(1999). **세계미술용어사전**. 서울: 중앙일보사.

윤혜란(2004). 명화감상이 유아의 미술능력에 미치는 영향. 조선대학교 교육대학원 석사학위논문.

이정욱 외(2012). **통합적 유아미술교육**. 서울 : 정민사.

장영숙 · 황윤세(2003). 통합적 유아 교수 · 학습 방법으로서의 명화감상활동에 관한 연구. **한국영유아보육회**, 35, 163-187.

장혜진 · 이성희(2006). 명화감상과 연계된 확장활동이 유아의 미술능력과 창의성에 미치는 영향. **인문논총**, 13-37.

최혜원(2013). 명화감상과 연계된 확장활동이 유아의 창의성과 정서지능에 미치는 영향. 경성대학교 교육대학원 석사학위논문.

한희진(2010). 놀이미술교육 프로그램에 관한 연구. 한남대학교 대학원 석사학위논문.

참고 그림

파울클레 '고양이와 새'. http://news.donga.com/3/all/20120503/45950385/2

강익중 '행복한 세상'. http://terms.naver.com/entry.nhn?docId=1540284&cid=46721&categoryId=46885

가우디 '구엘공원 관리인의 집'. http://cheeeez.blog.me/220294966406

가우디 '카사 칼베트'. http://terms.naver.com/entry.nhn?docId=1582362&cid=47318&categoryId=47318

핸드릭 아베르캄프 '겨울 풍경'. http://jesuisc.blog.me/90129532734

창의적 신체표현을 통한 유아 창의 · 인성교육

Ⅰ. 유아동작교육과 창의 · 인성교육

Ⅱ. 창의적 신체표현을 통한 유아 창의 · 인성교육

Ⅲ. 창의적 신체표현을 통한 유아 창의 · 인성 활동의 실제

CHAPTER

07 창의적 신체표현을 통한 유아 창의 · 인성교육

유아기는 신체, 언어, 인지, 정서, 사회 발달이 빠르게 이루어지는 시기이며, 특히 이 시기의 신체활동 경험은 유아의 전인적인 발달에 기초적 경험을 제공한다(Piaca, 1995). 유아기는 상상력이 풍부하고 호기심이 많으며, 끊임없이 움직이며 자발적으로 주위를 탐색함으로써 자신감, 성취감, 환경과의 관계를 인지하므로 학습의 최적시기이며 기초운동 기술 습득하는 데 이상적인 시기이다. 특히 유아가 자신의 신체를 인식하고 동작에 영향을 주는 노력, 공간, 시간 등의 요소들에 대한 인식을 발전시킴으로써 창의적 · 효율적인 움직임을 만들어 낼 수 있고, 운동능력을 기르며, 유아들의 감정이나 느낌을 자유롭게 표현하여 결과적으로 의미 있는 생활을 영위할 수 있도록 도와준다(정미영, 2004). 유아기의 발달 특성 중 두드러진 것은 유아가 끊임없이 탐색하며 움직이고 자기의 생각과 감정을 표현하고 싶어 하기 때문에 동작은 유아에게 창의적이고 비언어적 의사소통의 수단이 되기도 한다. 따라서 유아교육현장에서 유아교사가 창의적 신체표현을 통한 창의 · 인성교육을 실천하는 것은 매우 중요하다.

Ⅰ. 유아동작교육과 창의 · 인성교육

1. 유아동작교육과 창의성

유아는 동작활동을 통해 자신이 알고 있는 지식을 자기 나름대로 즐겁게 표현하면서 창조적인 기쁨을 느낀다. 동작활동은 무엇보다 사고와 감정, 정신과 신체 간의 관계를 표상해 봄으로써 창의성을 함양시킬 수 있다(Goleman, Kaufman & Ray, 1992).

마예스키(Mayesky, 1995)는 창의적 동작은 유아가 탐색하는 과정을 통해 유아 나름대로 독특한 표현을 나타낼 수 있는 활동이라고 했다(김은심, 1996). 즉, 시범과 설명을 통해 모방하도록 하는 동작활동이 아니라, 유아가 상상을 하여 동작으로 반응해 내는 자기표현을 돕기 위한 창의적 활동인 것이다.

창의적 신체표현활동은 음악과 함께, 음악 없이 또는 음악감상 후에 이루어질 수 있고, 창작활동과 함께 행해지며 음악에 맞추어 창의적으로 움직일 수 있도록 상상력을 자극하는 사건이나 이야기를 활용하는 것이다(황순각, 2000).

창의적 신체표현활동은 자연상태를 묘사한 음악을 활용해 나뭇잎이 떨어지는 장면, 물이 흐르는 장면 등을 자유롭게 표현할 수 있고, 사람이나 동물의 움직임을 표현해 주는 음악을 활용하여 다양한 사람, 동물, 사물 등을 신체 또는 소도구를 활용하여 표현해 보는 활동 등으로 이러한 신체표현활동을 통해 유아의 상상력, 창의성이 발현될 것이다.

다음은 신체활동을 통한 유아의 창의성을 계발시킬 수 있는 교사의 발문예시이다.

유창성

- 신체로 여러 가지 동물을 흉내 내보자.
- 음악을 듣고 다양한 동작을 만들어 보자.

융통성

- 신체로 이야기할 수 있는 방법을 생각해 보자.
- 도구 없이 신체로만 할 수 있는 놀이를 생각해 보자.

독창성

- 음악에 어울리는 재미있는 동작을 만들어 보자.
- 친구들이 쉽게 만들지 않는 독특한 동작을 만들어 보자.

정교성

- 바람에 흔들리는 나무를 신체로 자세히 표현해 보자.
- 동물의 모습을 자세히 신체로 표현해 보자.

민감성

- 친구의 동작을 보고 똑같이 따라 해보자.
- 이 동작은 무엇을 나타내는 것인지 생각해 보자.

유아의 창의성 증진을 위해 교사는 다양한 영역에서 창의적인 신체표현을 할 수 있는 환경을 조성하고, 창의적 표현의 기회를 제공해야 하며, 유아의 창의적 신체표현능력을 확장할 수 있도록 독창성, 민감성, 유창성, 융통성, 정교성을 요구하는 활동을 제공해야 한다.

[그림 7-1] 달팽이처럼 되어보기 활동을 하는 유아

유아에게 있는 무한한 잠재적 능력으로 지적 · 인성적 요소를 포함한 내재적 요소와 물리적인 환경을 포함하는 외부적인 요소 간의 상호작용으로 창의적인 신체표현이 표현되므로 포괄적이고 통합적으로 이루어져야 한다.

2. 유아동작교육과 인성

유아기에 형성된 인성은 그 사람의 전 생애에 걸쳐 생활양식에 많은 영향을 미친다. 러셀(Russell, 1987)은 인간의 성격은 전통적으로 인식되어온 것보다 더 많이 유아기 교육에 의해 좌우된다는 것과 함께 유아기 인성교육의 중요성을 강조하였다. 또한 유아기는 기초성, 적기성, 누적성을 지닌 전 영역 발달의 기초 시기이며 이 시기의 인성발달은 가장 중요한 의미를 지닌다.

유아들은 흉내 내기, 놀이, 동극, 율동 등 다양한 움직임으로 자신의 감정과 의견을 표현한다. 또한 유아의 꿈 속 이야기와 같은 상상 속의 세계를 여러 가지 신체의 움직임으로 나타낼 수 있다. 움직임의 욕구가 강한 유아기는 몸이 유연하고 신체에 대한 도전의식과 호기심이 많아 여러 가지 신체활동을 통해 자신의 신체를 탐색하고 신체활동능력을 발견 · 습득한다. 유아의 동작활동은 외부 세계와 상호 교류하는 중요한 수단이 되고 신체능력 발달에 효과적이다(이미진, 2007).

동작활동은 신체건강의 증진뿐만 아니라 유아들이 동작활동을 성공적으로 수행함으로써 긍정적인 자아개념을 형성하여 자존감을 향상된다고 했다. 그리고 동작활동은 대부분 유아들이 그룹을 지어 활동하기 때문에 유아들의 문제를 협동적으로 해결할 수 있으며 친사회적인 행동이 증가하게 한다(Dougherty, 1979).

유아들은 짝과 함께 또는 소그룹, 대그룹 활동을 통해 타인과 협력하고 긍정적인 신체접촉, 아이디어를 공유함으로써 문제해결, 창의적 탐색, 나눔, 배려, 책임, 소통, 존중, 질서 등을 습득할 수 있다.

다음은 신체활동을 통한 유아의 인성을 함양시킬 수 있는 교사의 발문예시이다.

배려

• 친구들이 만든 동작을 감상해 보자.
• 친구들의 신체표현을 보고 느낀점을 이야기해 보자.

존중

• 친구가 표현한 신체표현 중 무엇이 기억에 남나요?
• 친구가 만든 동작을 함께 따라 해봐요.

협력

• 친구들과 함께 신체표현을 해보자.
• 친구들과 의논하여 신체를 이용하여 문제를 해결해 보자.

나눔

• 친구들과 다양한 생각을 나누어 보자.
• 친구들과 소도구를 나누어 가면서 음악에 맞추어 활동해 보세요.

질서

• 신체표현을 할 때 지켜야 할 규칙은 무엇이 있니?
• 동작을 보고 어떤 규칙이 있는지 이야기해 보자.

효

• 부모님이 좋아하시는 음악에 맞추어 창의적인 동작을 만들어 보자.
• 부모님을 존경하는 마음을 동작으로 만들어 보자.

읽을 거리

행위예술의 대모 – 마리아 아브라모비치

마리나 아브라모비치(Marina Abramovic)는 21세기 세계 대중에게 가장 추앙받는 행위예술가다. 마리나 아브라모비치는 행위예술의 대모로 불리는 미술계의 국제 스타이며, 2012년 레이디 가가(Lady Gaga)와 같이 앨범작업을 하고, Sex and the City의 한 에피소드에 영감을 줄 정도로 대중적 인지도도 있고, 뉴욕 현대미술관(MoMA : Museum of Modern Art)에서의 전시에는 샤론 스톤(Sharon Stone), 이사벨라 로셀리니(Isabella Rossellini) 등도 참여한 바 있다.

〈2010년 뉴욕현대미술관에서 열린 퍼포먼스 '예술가가 여기 있다'에서 아브라모비치(오른쪽)가 독일 작가이자 동료 행위예술가인 울라이와 손을 맞잡고 있다〉

하지만 행위예술은 회화나 조각 등 작품의 소장이 가능한 여타 미술장르와는 달리 판매나 재생이 불가능하다. 행위예술은 신체를 매개로 삼아 공연에서 모든 것을 소진하는 순수하고 순간적인 속성을 가지며, 공연의 기록을 사진이나 영상으로 남기지만 본래 공연은 당시 참가한 각 관객의 반응, 그들의 감각이나 기억에 생생하게 남아 있는 것이므로 관객은 행위예술의 가장 중요한 필수불가결한 요소이다.

2010년 뉴욕 현대미술관(MoMA)에서 이뤄진 작업 '예술가가 여기 있다(artist Is present)'는 평론가들에 의해 뉴밀레니엄을 대표하는 작품으로 선정되었다. 이 작업에서 아브라모비치는 미술관이 열리는 아침부터 문이 닫히는 저녁까지 꼼짝 않고 찾아오는 관객과 마주 앉아 침묵으로 소통했다. 736시간의 퍼포먼스가 이어지는 동안 아브라모비치를 찾은 관객은 뉴욕시민보다 많은 850만 명이었다. 도시 전체를 작품 속으로 끌어들였다는 평이다. 예술가 한 명이 이끌어 낸 개인들의 변화가 번져가며 거대 도시 뉴욕을 깨웠다. 그녀는 현대인들은 내면과 단절되어 자신이나 타인과 소통 못해 예술가는 관객의 거울이 되어 그들이 마음 열고 깰 수 있도록 창작활동하는 것이 소임이라 여겼다. 한 예술가의 신체를 통한 예술혼이 우리에게 주는 메시지는 강렬하고도 대단하다 하겠다.

〈출처 : 경향신문. 안희경의 [문명, 그 길을 묻다 – 세계 지성과의 대화] 행위예술가 마리나 아브라모비치 중에서〉

II. 창의적 신체표현을 통한 유아 창의 · 인성교육

1. 전래놀이 기반 창의적 신체표현을 통한 창의 · 인성교육

유아가 자라면서 하는 소꿉놀이, 상징적 놀이, 자전거 타기, 놀이터에서 다른 유아들과 노는 행동 등은 정신적 · 신체적 발달, 사회적인 인간으로 성숙할 수 있도록 많은 도움을 준다. 유아는 태어나는 순간부터 놀이를 통해 수없이 많은 능력을 발달시키고, 사회적 역할을 연습하고 불안을 해소하며 갈등을 처리한다. 따라서 또래들과 어울려 놀면서 사회적 역할을 배우고 경험할 수 있는 환경적 여건이 유아의 정상적인 발달을 위해 필요하다.

유아들은 규칙과 방식을 만들어 가면서 마음껏 상상력을 키우고 표현하는데 이것이 바로 창의성 개발의 시초가 되는 것이다. 유아는 자신도 모르는 사이에 세계의 중심으로 들어가게 된다. 따라서 21세기 세계화 · 정보화 시대를 살아나갈 새로운 가치를 창출하기 위해서는 우리 문화에 대한 이해가 바탕이 되어야 한다.

전래놀이란 고대로부터 지속적으로 행해지면서 민간에 의해 전승되어 오는 여러 가지 놀이로서 역사성, 전통성, 고유성, 지속성을 지닌 놀이를 말한다(김성배, 1983; 이은화, 1989). 유안진(1981)도 옛날부터 민간에 의해 전승되며 전통적으로 해마다 행해져 오는 향토색이 짙은 여러 가지 놀이로서 조상의 얼과 슬기가 담겨 있다고 했다. 조상들의 삶에 대한 전통적인 가치를 공유할 수 있다는 점에서 전래놀이는 문화적으로나 교육적으로 커다란 의의를 지닌다.

전래놀이는 공동체 의식과 사회 · 언어 발달을 돕는다. 신체적인 측면에서 유아는 전래놀이를 하면서 목적물을 맞추고, 달리고, 뛰고, 뒹굴고, 쫓고, 숨고, 밀고, 당기고 여러 명이 함께 움직이면서 신체적으로 건강하게 성장한다(이은화 · 홍용희 · 조경자 · 엄정애, 2001). 사회적 측면에서 유아는 규칙 있는 전래놀이를 통해 역할이행, 양보, 경쟁, 공정성과 같은 사회적 태도와 기능을 자연스럽게 터득한다. 또래들과 어울려 놀이규칙을 만드는 과정에서 자신의 생각과 행동을 조절하고 규칙을 따르는 과정에서 상호의존성과 존중의 가치를 자연스럽게 깨닫는다(교육부, 1993). 정서적인 측면에서 전래놀이는 여유 있는 심성을 기르고 자연친화적이어서 인성교육의 주요한 기제가 될 수 있다(심우성, 1998).

전래놀이의 교육적 가치를 살펴보면 다음과 같다(유안진, 1981; 이은하, 2000).

- 전래놀이는 어린이의 신체적 건강과 운동능력을 증진시킨다.
- 전래놀이는 어린이의 정서를 풍요롭게 하고 자아존중감을 발달시킨다.
- 전래놀이를 통해 공동체 의식과 사회성 발달이 촉진된다.
- 전래놀이는 언어발달을 촉진시킨다.
- 전래놀이는 인지발달을 촉진시킨다.
- 전래놀이를 통해 우리나라의 전통문화에 대한 관심을 가지고 친숙해질 수 있다.

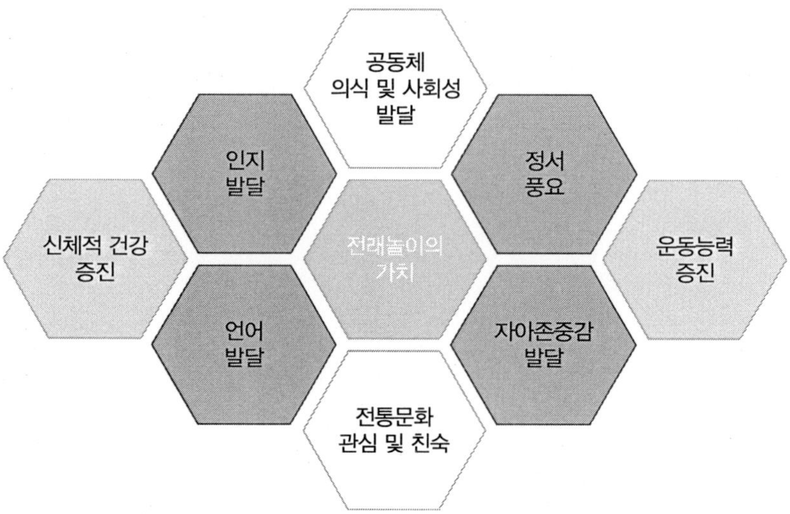

[그림 7-2] 전래놀이의 교육적 가치

유아기의 전래놀이의 특징은 놀이와 노래가 분리되기 시작하고, 대부분 규칙 있는 게임의 형식으로 진행되며, 운동능력과 인지능력의 발달을 기본 전제로 하는 놀이가 대부분이다. 또한 성별의 차이, 집단놀이, 놀이에 대한 협조자가 사라지고 대부분 놀이도구를 사용한다(유안진, 1981).

우리나라 고유의 민족성이 고스란히 녹아 있는 전통 민속놀이인 윷놀이는 기존에 행해오던 그대로를 수업에 활용해도 배울 것이 많다. 창의적이고 인성적인 측면에서는 더 그러하며 전통 여가놀이로 옛날 우리 선조들이 즐겨하던 재미와 예(禮)가 깃들여 있는 멀티적인 성격의 고유 스포츠이자 놀이이다.

윷놀이는 개인으로 겨루기도 하고 편을 먹고 겨루기도 하는 놀이로 남녀노소 가리지 않고 행하였던 우리나라 대표적인 놀이다. 유아들은 윷판에서 말의 움직임을 통해 수 개념을 익히고, 윷을 던지는 신체의 움직임에서 나타나는 결과에 따라 다양하게 신체움직임의 변화를 시도하게 된다(정경원, 2008).

유아들은 윷놀이를 통해 수세기, 공간 개념, 포함관계와 같은 논리수학적 개념과 윷가락을 던지는 높낮이의 결과에 따라 윷가락이 흩어지는 모양 등을 통해 물리적인 지식을 습득할 수 있다. 윷놀이는 전래놀이라는 장점을 살려 상호 간의 예절을 지키는 차원에서 큰 절을 하도록 하여 상대에 대한 예의를 최대한 표현하고 경기에 임할 수 있게 하도록 한다.

「윷을 던져라」 교육계획안

<table>
<tr><td>생활
주제</td><td>우리나라</td><td>주 제</td><td>우리나라의
놀이와 예술</td><td>소주제</td><td>우리나라의
전통놀이 즐기기</td><td>활동
일시</td><td>2014. ○. ○</td></tr>
<tr><td>활동명</td><td>윷을 던져라</td><td>활동
형태</td><td>소집단</td><td>유형
(영역)</td><td>신체</td><td>연 령</td><td>만 5세</td></tr>
<tr><td>활동
목표</td><td colspan="7">• 전래놀이(윷놀이)에 대해 이해한다.
• 장구가락에 맞춰 다양한 모양을 창의적으로 표현한다.
• 친구들과 협동하여 적극적인 태도로 놀이에 참여한다.</td></tr>
<tr><td>누리
과정
관련
요소</td><td colspan="7">• 신체운동 · 건강 : 신체활동에 참여하기 – 자발적으로 신체활동에 참여하기
• 예술경험 : 예술 감상하기 – 전통예술 감상하기
• 사회관계 : 나와 다른 사람의 감정 알고 조절하기 – 나와 다른 사람의 감정 알고 표현하기</td></tr>
<tr><td>창의 ·
인성
관련</td><td colspan="7">• 창의성 : 인지적 요소 – 사고의 확장, 문제해결력
• 인성 : 협력, 나눔</td></tr>
<tr><td>활동
자료</td><td colspan="7">• 윷가락, 윷판, 말
• 장구, ‘윷놀이’ 노래</td></tr>
<tr><td>활동
방법</td><td colspan="5">활동내용</td><td colspan="2">자료 및 유의점</td></tr>
<tr><td>도 입</td><td colspan="5">1. ‘떡국’ 손유희로 주의집중을 한다.

하늘 천 따지/ 가마솥에 떡국을/ 팔팔 끓여서/
나도 한 그릇/ 너도 한 그릇/ “아이 맛있다!”/

– 친구들, 모두 자리에 앉았나요?
2. 흥미를 유발하고 사전경험을 회상한다.
• 궁금이 상자를 이용하여 ‘윷가락’에 대한 흥미를 유발한다.
– 친구들 궁금이 상자 속에 무엇이 들었을까요? 소리를 들어볼까요?</td><td colspan="2"></td></tr>
</table>

<table>
<tr><td></td><td>- ○○이가 나와서 냄새를 맡아보고 친구들에게 설명해 줄까요?
- ○○이가 나와서 만져보고 친구들에게 설명해 줄까요?
- 윷놀이를 해본 경험에 대해 이야기 나눈다.
- 윷놀이를 해본 적이 있나요?
3. 활동을 소개한다.
- 선생님과 함께 다양한 방법으로 인간 윷놀이를 해볼 거예요.</td><td></td></tr>
<tr><td>전 개</td><td>1. 활동자료(윷놀이)를 소개한다.
- 윷놀이를 하기 위해서 무엇이 필요할까요?
- (윷가락을 보여주며) 선생님이 윷가락을 준비해 왔어요. 윷가락이 몇 개인가요?
2. 윷놀이 도구를 이용하여 놀이방법을 알아본다.
• 도, 개, 걸, 윷, 모에 대해 알려준다.
• 윷판의 진행방향을 알려주고 말을 갖게 한다.
• 순서를 정하고 팀별로 던져진 윷만큼 말을 옮겨간다.
• 말을 옮겨가다가 상대편 말과 같은 자리에 놓이게 되면 상대편 말을 잡을 수 있다.
• 상대편 말을 잡으면 다시 한 번 윷을 던질 수 있고 상대편 말은 처음부터 다시 놓아야 한다.
• 윷이나 모가 나와도 다시 한 번 한다.
3. 사람이 윷이 되어 놀이하는 방법을 알아본다.
- 윷놀이를 새로운 방법으로 만들어 볼 거예요.
- 윷 대신에 무엇을 사용해서 던져볼까요?
- 윷판을 다른 모양으로 만들어 보면 어떨까요?
- 새롭게 만들어진 윷놀이를 어떤 이름을 붙여주면 좋을까요?
4. 윷놀이를 할 때 지켜야 할 규칙을 정한다.
- 사람 윷놀이를 하기 전에 친구들이 주의해야 할 점이 있어요! 어떤 점이 있을지 친구들이 말해볼까요?
- 맞아요! 우리 친구들이 말한 것처럼 친구를 밀면 안 되고, 친구와 부딪히지 않게 조심해야 해요. 또 즐겁고 신나게 표현해 보아요.
5. 활동을 한다.
• 유아들에게 장구장단에 맞춰 윷가락이 되어 던져본다.
• 빠르고, 느리고 속도를 조절하며 다양하게 표현하여 춤을 춘다.
• 선생님도 함께 유아들과 참여한다.</td><td>
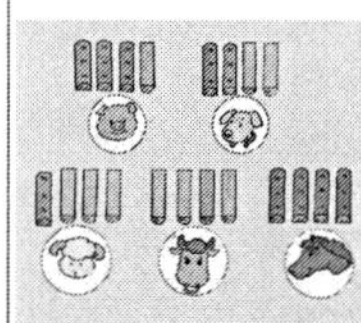
유아들이 다양하게 표현할 수 있도록 이끌어 주어야 한다.
윷가락을 던질 때 공간을 넓게 벌려 표현을 크게 할 수 있도록 해주어야 한다.

서로에게 밟혀 유아들이 넘어지지 않도록 안전에 유의해야 한다.</td></tr>
</table>

마무리	1. 놀이를 정리하고 활동을 평가한다. – 사람이 윷이 되어 윷놀이를 해보니 어떤 기분이 들었니? 2. 차시를 예고한다. – 다음 활동 때는 팽이치기를 해볼 거예요.	
활동 평가	• 윷놀이를 하고 난 후의 느낌에 대해 말로 표현할 수 있는가? • 윷놀이 할 때 음악에 느낌과 리듬을 살려 표현하는가? • 공간을 어느 정도 활용하는가? • 몸의 각 부분을 활용하는가?	
확장 활동	• 윷가락을 던져서 도가 나오면 돼지 흉내, 개는 개 흉내, 걸은 양 흉내, 윷은 소 흉내, 모는 말 흉내를 내며 말을 서보는 놀이로 확장할 수 있다.	

읽을거리

고대시대부터 '윷놀이 하고 놀았나?'

현재 한반도 곳곳에는 윷판이 그려진 바위 또는 고인돌이 남아 있다. 칠포리 암각화, 단양군 영춘면 하리의 윷판바위 수곡리 신선바위, 만주 집안현 고구려 고분 인근 바위 등에 윷판이 새겨진 것이 확인됐다. 이 가운데 윷판형 암각화의 경우 중국이나 일본에서는 발견되지 않는 우리만의 독특한 바위그림이다.

한 연구에 따르면 현재까지 200여 개소가 발견되었다는 얘기도 있다. 게다가 우리의 윷판 암각화는 최소 1만 년 전이란 오랜 역사와 아메리카대륙에 이르는 넓은 분포를 갖고 있다. 국내 최대 규모의 윷판 유적지가 임실군 신평면 가덕리 상가마을에 모두 39개의 '윷판'이 한 곳에 자리하고 있다.

윷판형 암각화는 BC 4~3세기 한반도 철기시대 초기에 성립된 것으로 이해되는 표현물이다. 이 같은 표현물의 유존 사실은 가덕리 윷판 유적의 첫 제작 시기가 비교적 초기에 이루어졌다는 점을 확인할 수 있게 하고 있다.

이러한 소중한 유적을 바탕으로 우리나라 전통놀이 기능으로 전승되고 있는 무형유산으로서의 윷놀이의 문화적 중요성을 보다 학문적으로 규명하고 계승해야 할 필요가 있겠다.

가덕리 윷판형 암각화

별면(농로에서 유적으로 접어드는 길목 주변)의 윷판 유적지

〈출처 : http://www.sjbnews.com/news/articleView.html?idxno=467341〉

2. 표현 기반 창의적 신체표현을 통한 유아 창의 · 인성교육

유아기의 기본동작 유형은 일반적으로 이동 동작, 비이동 동작, 조작적 동작 등 세 가지로 나눌 수 있다(Gallahue, 1993). 조작적 동작은 대근육과 소근육 운동에 해당되는 운동으로 물체 또는 사람과의 관계에서 상호작용하여 이루어지는 동작이다. 사람과 물체와의 결합을 통해 공간 속에서 유아가 사람과 물체와의 움직임의 관계를 탐색하고 유지는 방법을 터득하게 된다.

신체표현활동은 유아의 신체적인 표현을 통해 자신이 경험한 내적인 세계와 타인과의 관계, 외부 사물과의 관계 등을 표현할 수 있는 기회를 제공해 주기 때문에 유아기에 중요한 활동이라고 할 수 있다. 유아들은 신체표현을 통해 새로운 생각을 창출해 내고, 심미적 발달을 도모하며, 리듬을 느끼고, 음악, 타악기의 박자 등을 즐길 수 있다(김미중, 2004). 여러 가지 동작과 음악, 그림자료, 이야기 나누기 자료 등을 제시하여 유아에게 동작의 주제에 대해 탐색하고, 해석하고, 리듬에 맞추어 움직여 볼 수 있는 기회를 제공해 줄 때 유아들은 다양한 신체표현을 할 수 있을 것이다(이미진, 2007).

신체표현활동의 유형으로는 기본 움직임 표현, 구조적 움직임 표현, 창의적 움직임 표현으로 나눌 수 있다. 특히 풍부한 상상력과 창의력을 발휘하여 즉흥적으로 표현하는 창의적 움직임 표현은 움직임을 통하여 음악에 대한 자신의 느낌이나 생각을 표현해 내는 것을 말하며, 유아 스스로가 새롭게 음악에 맞는 움직임을 만들어 보는 것을 말한다. 이러한 활동은 동작의 구성요소와 기본동작 기술이 연결되어 구성되는 동작이며, 시간적 요소와 공간적 요소를 포함하는 입체적 움직임이라고 할 수 있다(교육부, 1998).

창의적 움직임 표현은 음악에 대한 아이디어, 생각, 느낌들을 나타내기 위한 목적으로 음악의 구성요소와 관련된 특정한 움직임 요소들을 조작하고 강조하여 표현하는 과정을 거치도록 한다. 이 과정에서 동작의 완성이나 연습에 중점을 두

기보다는 움직임 탐색과정을 통해 유아들 나름대로 음악을 해석하고 그에 대한 독특한 표현을 나타내는 활동에 의미를 두어야 한다. 그리고 유아 스스로가 끊임없이 자신의 능력을 발견하고 환경과의 관계를 인식할 수 있게 해야 한다. 이를 위해 교사는 음악과 움직임 관계에 대한 적절한 질문이나 안내를 통해 유아들이 어떻게 움직임으로 표현할 수 있을지 깨닫도록 도와주어야 한다(석문주, 2003, 심숙진, 2011 재인용).

「스카프 춤추기」 교육계획안

생활 주제	세계 여러 나라	주 제	세계 여러 나라의 놀이와 예술	소주제	세계의 음악과 춤 경험하기	활동 일시	2014. ○. ○
활동명	스카프 춤추기	활동 형태	소집단	유형 (영역)	신체	연 령	만 5세
활동 목표	• 스카프의 특성에 대해 이해한다. • 공간의 개념과 흐름에 대한 개념을 경험해 본다. • 스카프를 이용하여 자신의 생각이나 느낌을 창의적으로 표현한다.						
누리 과정 관련 요소	• 신체운동 · 건강 : 신체조절과 기본운동하기 – 신체 조절하기 • 예술경험 : 예술적 표현하기 – 움직임과 춤으로 표현하기 • 사회관계 : 나와 다른 사람의 감정 알고 조절하기 – 나와 다른 사람의 감정 알고 표현하기						
창의 · 인성 관련	• 창의성 : 동기적 요소 – 호기심/ 흥미 • 인성 : 배려						
활동 자료	• 다양한 재질과 모양의 스카프 • 여러 장르의 음악(비발디 – 사계/ 드보르자크 – 유모레스크 G/ 요한슈트라우스 – 아름다운 푸른 도나우 강/ 요한스트라우스 2세 – 왈츠 봄의 소리/ 동요 – 나처럼 해봐요/ 동요 – 둥글게 둥글게)						

활동 방법	활동내용	자료 및 유의점
도 입	1. '오른손 왼손' 손유희로 주의집중을 한다. 오른손 올려 왼손 올려 까딱까딱 손목 춤추고 두 손을 머리 위로 손뼉 쳐봐요. 짠! – 친구들, 모두 자리에 앉았나요? 2. 흥미를 유발하고 사전경험을 회상한다. – 친구들! 혹시 스카프를 본 적이 있어요? – 스카프를 만져보니깐 어땠어요? – 그럼 스카프를 흔들어 본 적 있어요? – 어떻게 흔들어 보았나요? 3. 활동을 소개한다. – 오늘은 선생님과 함께 다양한 방법으로 친구들과 스카프 춤추기를 해볼 거예요.	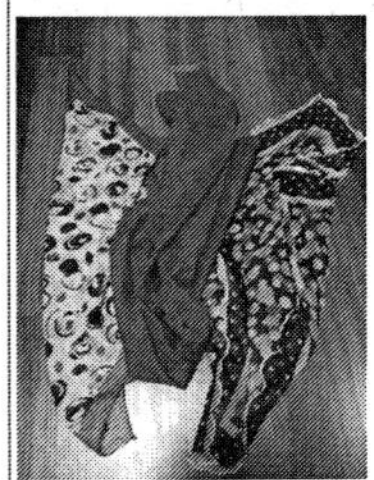
전개	1. 활동자료(스카프)를 소개한다. – 스카프 춤추기를 하기 위해서 무엇이 필요할까요? – (스카프를 보여주며) 선생님이 스카프를 준비해 왔어요. 2. 스카프 춤추기 할 때 지켜야 할 규칙을 정한다. – 스카프 춤추기를 하기 전에 친구들이 주의해야 할 점이 있어요! 어떤게 있을지 친구들이 말해볼까요? – 맞아요! 친구를 밀면 안 되고, 친구와 부딪히지 않게 춤춰야 해요. 또 춤을 즐겁고 신나게 표현해 보아요. – 이제 선생님과 스카프 춤추기를 할 건데 먼저 모두 뒤를 돌아보아요. 선생님이 바닥에 큰 원을 그려 놓았어요. 활동을 하기 전에 친구들이 일어나서 선생님과 '둥글게 둥글게' 노래를 듣고 신나게 춤을 추면서 ○○○부터 둥글게 둘러 서보아요('둥글게 둥글게' 노래를 틀어준다). 3. 스카프에 대한 탐색을 해본다. – 선생님이 한 사람에게 스카프 2장을 줬어요. 친구들이 잘 받았는지 스카프를 머리 위로 들어볼까요? – 자신이 손에 든 스카프를 가지고 먼저 마음껏 표현해 보는 시간을 가질 거예요('나처럼 해봐요').	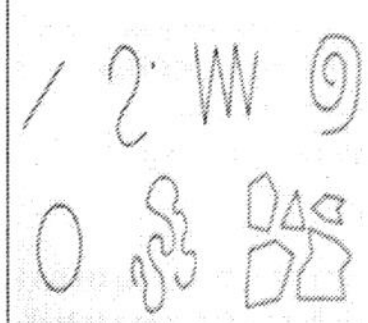 유아들이 다양하게 표현할 수 있도록 이끌어 주어야 한다. 스카프 춤을 출 때 공간을 넓게 벌려 표현을 크게 할 수 있도록 해주어야 한다.

	– 머리 위로 두 팔을 높이 올려 스카프를 흔들어 봐요. – 스카프를 위에서 아래로 떨어뜨려볼까? 위로 던져보아요. – 스카프를 천천히 흔들어 볼까요? – 스카프를 빠르게 흔들어 볼까요? 물결 모양을 만들어 보아요. – 두 팔을 머리 위로 들어서 흔들고 다리를 동동 굴러도 볼까? – 또 어떤 동작을 해볼까? ○○는 어떤 동작을 해볼지 표현해 볼까? – 친구들이 표현한 동작을 같이 해볼까요? **4. 스카프 춤추기 활동을 한다.** – 이제 친구들이 원 밖에 서 있다가 선생님이 여러 가지 장르의 음악을 들려줄 거예요. 한 명의 친구가 먼저 들어가서 추고 다음에 같이 추고 싶은 친구가 들어가서 춰보는 거예요. 음악을 들려주면 원 안으로 들어와 음악에 맞춰 춤을 추는 거예요. 친구와 같이 춤을 추어도 되고, 자기 혼자 표현하고 싶은 춤을 춰봐도 되요. **• 유아들에게 여러 장르의 다양한 음악을 틀어준다.** **• 여러 장르의 음악을 이용하여 빠르고, 느리고 속도를 조절하며 다양하게 표현하여 춤을 춘다.** **• 선생님도 함께 유아들과 참여한다.**  	스카프에 밟혀 유아들이 넘어지지 않도록 안전에 유의해야 한다. 유아들이 처음 시작할 때는 쉬운 것부터 시작해서 단계를 올려가며 활동하도록 한다.
마무리	**1. 스카프를 정리하고 활동을 평가한다.** – 스카프를 가지고 음악에 맞춰 활동을 해봤는데, 어땠어요? – 스카프 춤추기를 하면서 힘들었던 점은 없었어요? – 오늘 선생님과 스카프 춤추기 활동을 해보았는데 친구들 모두 잘 춰 주었어요! **2. 차시를 예고한다.** – 다음 활동 때는 이번 활동보다 다른 춤추기 활동을 해볼 거예요.	

활동 평가	• 스카프 춤을 추고 난후의 느낌에 대해 말로 표현할 수 있는가? • 스카프 춤을 출 때 음악에 느낌과 리듬을 살려 표현하는가? • 공간을 어느 정도 활용하는가? • 몸의 각 부분을 활용하는가?	
확장 활동	• 우리나라 전통음악의 경우엔 한삼을 준비하여 스카프 대신 소품으로 활용한다. – 전통음악을 들으면서 한삼을 끼고 다양한 춤을 추어보는 활동	

III. 창의적 신체표현을 통한 유아 창의 · 인성 활동의 실제

활동 1

종이(신문지)처럼 몸을 움직여 보자

– 종이(신문지)처럼 몸을 굽혔다 펴면서 창의적으로 움직이기

❖ 준비물 : 신문지 또는 종이, CD 플레이어, 음악

❖ 활동방법

1. 신문지를 가지고 어떤 놀이들을 할 수 있는지 이야기를 나눈다.
2. 교사가 신문지를 접었다 펴기, 흔들기, 구기기, 찢기를 할 때마다 유아도 신문지처럼 몸을 움직인다.
3. 음악에 맞추어 신문지처럼 움직여 보도록 한다.
4. 신문지를 1장씩 나누어 주고, 음악에 맞추어 2의 활동을 하면서 신문지춤을 추도록 한다.
5. 신문지를 잘게 찢어서 공중으로 뿌리는 활동 후 신문지 조각을 모아 공을 만든다.

창의성 증진을 위한 발문하기

Tip 창의성

1. 유창성 : 신문지를 가지고 어떤 놀이를 할 수 있을까요?
2. 정교성 : 신문지의 움직임을 자세히 살펴보고 움직여 보자.
3. 독창성 : 여러 음악에 맞추어 신문지처럼 움직이는 모습을 표현해 보자.
4. 상상력 : 신문지 조각을 모아서 만들 수 있는 것은 무엇일가요?

인성 함양을 위한 발문하기

Tip 인성

1. 공감 : 친구들이 표현한 움직임을 보니 어떤 느낌이 들었나요?
2. 협동 : 친구들과 함께 신문지 조각을 빨리 모을 수 있는 방법을 생각해 봐요.
3. 소통 : 친구들과 신문지를 잘게 찢어서 공중으로 신나게 뿌려보아요.

활동 2

신체 가위

– 사물의 형태를 모방하면서 신체를 창의적으로 움직이기

❖ 준비물 : 신문지 또는 종이, CD 플레이어, 음악(흥겨운 음악 또는 가위소리 효과음)

❖ 활동방법

1. 가위의 형태와 쓰임새에 대해 이야기 나눈다.
2. 유아의 몸이 가위가 되어 변신해 본다.
   ex) 헤어숍에서의 가위 모습, 두꺼운 종이를 자르는 가위의 모습, 가위질을 빠르게 하는 모습 등
3. 음악에 맞추어 가위가 되어 신문지를 잘라본다.
4. 친구와 짝이 되어 가위가 되어본다.
5. 잘라진 종이의 개수를 세어 친구들이 자른 개수와 비교해 본다.

창의성 증진을 위한 발문하기

Tip 창의성

1. 유창성 : 손으로 종이를 찢지 않고 온몸이 가위가 되는 방법을 생각해 보자.
2. 정교성 : 어떻게 하면 온몸이 가위가 되어 종이를 잘 찢을 수 있을까요?
3. 독창성 : 다양한 방법 중에서 가장 독특한 방법을 생각해 보자.

인성 함양을 위한 발문하기

Tip 인성

1. 약속 : 손을 사용하지 않는 규칙을 지키기 위해서 어떤 노력을 했나요?
2. 공감 : 음악과 함께 신체 가위 활동을 해보니 어떤가요?
3. 소통 : 친구와 짝이 되어 신체 가위가 되어 종이를 찢어보니 어떤 느낌이 드나요?

활동 3

내 몸은 그림책

– 그림과 이야기의 내용을 신체만을 이용하여 창의적으로 표현 · 전달해 보기

❖ 준비물 : '이건 막대가 아니야' 그림책, 잔잔한 음악, CD 플레이어

❖ 활동방법

1. 교사는 유아들에게 그림책을 읽어준다.
2. 그림책의 내용에 대한 경험 대해 이야기 나누기
3. 그림책의 그림을 보면서 우리가 말을 할 수 없다면 신체를 이용하여 어떻게 그림책의 내용을 들려줄 수 있을지 유아들에게 표현해 보도록 한다.

❖ 유의사항 : 이야기를 몸으로 표현할 때는 말을 하지 않도록 유아와 약속을 한다. 글의 수가 적고, 등장인물들이 적은 그림책부터 선정한다.

창의성 증진을 위한 발문하기

Tip 창의성

1. 유창성 : 막대기로 할 수 있는 것은 무엇이 있을까요?
2. 민감성 : 음악을 들으면서 이야기를 몸으로 표현할 때 신체의 어떤 부분을 가장 많이 사용할까요?
3. 정교성 : 이야기에 나오는 장면들을 자세히 표현해 보아요.

인성 함양을 위한 발문하기

Tip 인성

1. 약속 : 이야기를 말 하지 않고 몸으로만 표현할 때 어떠했나요?
2. 절제 : 막대기의 안전하고 유용하게 사용하는 방법을 이야기해 보아요.
3. 존중 : 친구들이 이야기를 몸으로 표현할 때 재미있게 표현 된 부분은 어디인가요?

참고문헌

교육부(1993). 유아전통놀이 교육활동 지도자료. 서울 : 교육부.

______(1998). 유치원 교육과정 해설. 서울 : 대한교과서 주식회사.

김미중(2004). 통합적 동작활동이 유아의 창의적 신체표현능력에 미치는 영향. 한국교원대학교 대학원 석사학위논문.

김성배(1983). **한국의 민속**. 서울 : 집문당.

김은심(1996). **유아동작교육**. 서울 : 정민사.

석문주(2003). **교실에서의 음악 감상**. 서울 : 교육과학사.

심숙진(2011). 움직임 표현활동을 통한 음악의 구성요소 지도방안. 한국교원대학교 교육대학원 석사학위논문.

심우성(1998). **민속 문화론서설**. 서울 : 동문선.

유안진(1981). **한국 고유의 아동놀이**. 서울 : 정민사.

이미진(2007). 통합적 동작활동이 유아의 지각운동능력에 미치는 영향. 국민대학교 교육대학원 석사학위논문.

이은하(2000). 여아 선호 놀이감 제공이 쌓기놀이 참여도에 미치는 영향. 부산대학교 대학원 석사학위논문.

이은화(1989). 전통놀이의 유아교육현장 적용을 위한 연구. 연세대학교 대학원 박사학위논문.

이은화 · 홍용희 · 조경자 · 엄정애(2001). 한국의 전통아동놀이 고찰. **유아교육연구**, 21(1), 117-140.

정경원(2008). 전통놀이를 활용한 유아동작교육 연구: 전통적 유년놀이를 중심으로. 세종대학교 대학원 석사학위논문.

정미영(2004). 동작교육활동이 유아의 사회성 발달에 미치는 효과. 중부대학교 교육대학원 석사학위논문.

황순각(2000). 유아 신체활동 프로그램 구성 및 효과. 중앙대학교 대학원 박사학위논문.

Dougherty, N. J., & Bonanno, D.(1979). *Contemporary approaches to the teaching of physical education*. Minneapolis : Burgess Publishing Company.

Gallahue, D. L.(1993). *Developmental physical education for today's children*. Brown : Benchmark Publishers.

Goleman, D., Kaufman, P., & Ray, M.(1992). *The creative spirit*. New York : Penguin Books.

Mayesky, M.(1995). *Creative activities for young children*. Albany, NY : Delmar Publish-ers Inc.

Piaca, R.(1995). *Experiences in movement : Birth to age 8*(3rd ed.). 김은심 역(2004). 출생에서 8세까지 유아를 위한 동작교육. 경기 : 정민사.

Russell, J.(1987). *Creative dance in the primary school(3rd ed.)*. UK : Northcote house.

Seefelt. C.(1976). *Curriculums for the Preschool-Primary School Child*. A Review of the Research Columbus, Ohio.

창의적 발명악보활동을 통한 유아 창의 · 인성교육

Ⅰ. 유아음악교육과 창의 · 인성교육

Ⅱ. 창의적 발명악보활동을 통한 유아 창의 · 인성교육

Ⅲ. 창의적 발명악보활동을 통한 유아 창의 · 인성 활동의 실제

CHAPTER

08 창의적 발명악보활동을 통한 유아 창의 · 인성교육

일반적으로 유아를 위한 음악활동은 악기연주, 리듬 익히기, 작곡, 멜로디, 즉흥연주 등의 활동이 포함하는데, 특히 음악적 능력은 조기에 발현되며 만 3~5세에 가장 빠르게 발달하므로 유아기는 인간의 음악발달적인 측면에서 매우 중요한 시기이다. 창의성과 인성교육을 별개의 것으로 간주할 것이 아니라 동일한 것의 다른 표현이다. 인성은 사고활동을 하는 내적인 힘이며 창의성은 인간의 보편적 능력이므로, 창의성의 발휘는 인성에 의해 좌우된다(박영태, 2002). 음악은 창의 · 인성을 바탕으로 조화롭게 균형을 이루는 데 중요한 활동이다. 즉, 다른 사람의 음악과 연주를 듣는 과정에서 배려하는 태도로 감상할 수 있으며, 기존의 음악을 새로운 악기소리로 바꾸어 보거나 마음껏 연주함으로써 창의성을 발달시킬 수 있다. 따라서 유아교육현장에서 유아교사가 창의적 발명악보활동을 통한 창의 · 인성교육을 실천하는 것은 매우 중요하다.

I. 유아음악교육과 창의 · 인성교육

1. 유아음악교육과 창의성

21세기 현대사회는 각 분야에서 독창성과 창의성의 가치를 매우 높게 부각시키고 있다. 연령별 누리과정(교육과학기술부 · 보건복지부, 2013)에서도 음악과 창의성 개발의 중요성을 강조하면서 다양하고 의미 있는 활동의 적용을 제시하고 있다.

음악은 어떤 분야보다도 창의성과 예술성을 추구하고 유아의 내면 세계에 잠재되어 있는 창의성을 가장 자연스럽게 이끌어 낼 수 있다(이에스더, 2003). 또한 언어처럼 자신의 생각, 느낌, 감정, 정서를 표현하는 도구적 역할을 하므로(이성실 · 박희숙, 2004), 유아들에게 상상력과 창의력을 길러주며 자기표현의 수단으로서의 음악교육은 가치가 있다.

유아들에게 음악적 창의성은 음의 탐색, 음을 통한 신체표현활동, 느낌, 상상 등을 선율적인 표현을 통해 유아 자신의 생각을 구체적인 형상으로 표현하는 능력이며, 자유롭고 개성적인 음악활동을 통해 계발된다(권미란, 2000; 신영희, 2005). 그러한 음악적 활동은 남과 다른 새로운 아이디어, 전통적이고 전형적인 것으로부터 벗어난 음악적 사고와 자기만의 개성 있는 표현과 이것을 수용해 주는 분위기 내에서 발생한다. 또한 음악적 창의성은 음악적 현상을 파악하고 대처하는 데 있어서 음악적 아이디어의 창출력, 민감성, 새롭고 다양한 음악을 만들어 내는 독창성 등이 포함된다(이홍수, 1992).

웹스터(Webster, 1979)는 음악적 창의성은 창의적 음악사고로 확산적 사고와 수렴적 사고 모두를 필요로 하는 정신적인 과정이며 음악소리를 마음으로 들을 수 있는 음악적 상상력이 중요하다고 보았다. 음악적 창의성이 있는 사람은 그 자질이 중요한데 이것은 유아기에 개발될 수 있다. 유아의 음악적 능력은 조기에 발현되며 만 3~5세에 가장 빠르게 발달한다. 그래서 유아기는 인간의 음악발달적인 측면에서 매우 중요한 시기이기도 하다(박명숙, 1984). 이러한 점을 보면 유아기는 창의성이 두드러지면서 유아들이 다양한 수단을 사용하여 음악적 아이디어를 표현하고 심미적 만족감을 느끼기 때문에 유아의 음악적 창의성을 기르는 것은 매우 중요하다(양승희 · 임명희, 2011).

다음은 음악활동을 통한 유아의 창의성을 계발시킬 수 있는 교사의 발문 예시이다.

유창성

- 우리 주변에 아름다운 소리는 무엇이 있을까?
- 동요 중에서 동물이 나오는 노래 제목을 이야기해 보자.

정교성

- 생활 주변의 소리를 듣고 악기와 도구를 사용하여 소리를 비슷하게 만들어 보자.
- 노래를 듣고 노래가사 중 다듬어 보고 싶은 부분을 바꾸어 보자.

독창성

- 음악의 어떤 부분이 재미있게 표현이 되었니?
- 노래의 가사, 제목을 재미있게 바꿔보자.

융통성

- 음악을 듣고 신체로 표현해 볼까?
- 피아노가 없다면 어떤 악기로 이 음악을 연주할 수 있을까?

민감성

- 음악을 듣고 무슨 느낌이 들었니?
- 음악에서 어떤 악기의 소리가 연주되었니?

2. 유아음악교육과 인성

세계화가 한층 가속화되고 있는 사회에 들어서면서 창의성이 미래 인재들의 핵심역량으로 부상하였다. 개인의 창의력도 인성이 갖추어지지 않으면 사회에서 큰 리더로 성장하기 어렵다(문용린 · 최인수, 2010; 박영태, 2002; 박춘성, 2010; 안

범희, 2004; 조난심, 2004; 최미정, 2010). 또한 전문인력이 가지고 있는 창의성이 잘못 사용될 경우는 부정적인 영향을 미치는 것을 경제 · 과학 · 언론 · 예술 등의 분야에서 찾아볼 수 있다. 이러한 측면에서 글로벌 인재의 덕목으로는 창의성 교육뿐만 아니라 인성교육이 함께 해야 한다.

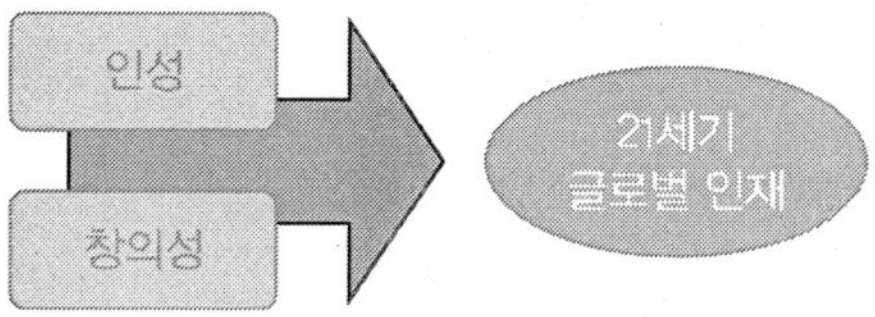

[그림 8-1] 21세기형 인재

출처 : 김형숙(2012).

우리나라 교육과정이 인성을 역량으로 규명할 때 이를 음악영역의 관점에서 적용하면 다음과 같다(교육과학기술부, 2012).

- 개인이 자율적으로 음악적 경험과 행동을 주관할 수 있는 능력
- 음악적으로 학습할 수 있는 능력
- 음악적인 방법으로 타인 · 사회적으로 소통할 수 있는 능력

바람직한 인성의 도야(陶冶)는 어느 시대에서든 음악과 음악교육이 추구하는 교육적 목적에 포함된다(김미숙 · 권혜인, 2013). 유아에게 음악은 성격형성에 영향을 주며 유아가 직간접적으로 경험하는 모든 음악적 경험도 유아기 인성발달에 영향을 미친다. 음악을 토대로 한 인성교육은 개별활동과 집단활동을 통해 타인에 대한 이해, 배려, 존중, 협동 개념을 익히고 발달할 수 있도록 한다.

음악의 인성적 요소를 살펴보면 다음과 같다(김미숙 · 권혜인, 2014).

〈표 8-1〉 음악의 인성요소

<table>
<tr><th>요 소</th><th colspan="2">요소 세부내용</th><th>유사 인성요소</th></tr>
<tr><td rowspan="2">존중
(respect)</td><td>자기</td><td>자아개념(정체성) 형성하기
자아존중감 및 자아효능감 증진하기</td><td rowspan="2">존경, 자부심, 자기계발</td></tr>
<tr><td>타인</td><td>다름(차이)에 대해 인정하기
수용하기</td></tr>
<tr><td>신뢰
(trustworthiness)</td><td colspan="2">정직하기, 꾸밈없이 진실하기</td><td>근면, 성실, 일관성</td></tr>
<tr><td>책임
(responsibility)</td><td colspan="2">약속을 이행하기
맡은 바에 성실하고 충실하기</td><td>약속, 소유</td></tr>
<tr><td>배려
(caring)</td><td colspan="2">상대의 입장으로 공감적 이해하기
용서하고 포용하기
도덕적 예민성 기르기</td><td>예의범절, 효, 용서, 관용</td></tr>
<tr><td>공정성
(fairness)</td><td colspan="2">당당하고 일관되기
도덕적 정의 세우기</td><td>정의, 질서, 준법정신</td></tr>
<tr><td>시민성 원리
(citizenship)</td><td colspan="2">공동체 의식 가지기
도덕적 판단력 · 의사결정능력 · 행동실천력 기르기</td><td>생명존중, 환경보호,
사회연대의식, 민주시민성,
세계시민의식</td></tr>
<tr><td>심미성
(aesthetics)</td><td colspan="2">미(美)의 가치 추구하기
행복의 가치 알기, 사랑하는 마음 가지기</td><td>사랑, 조화, 감수성,
아름다움(美)</td></tr>
</table>

음악활동에서 포함되는 인성요소를 토대로 실천할 수 있는 음악교육 내용을 살펴보면 다음과 같다(김미숙 · 권혜인, 2014).

〈표 8-2〉 음악의 인성적 학습활동 내용

요 소	내 용
존 중	스스로의 음악역량을 파악하고 이를 확신하며 자신감 있게 노래 부르거나 연주한다. 음악 연주 및 발표를 통해서 자아존중감과 자아효능감을 높인다. 나의 정서, 요구 등을 음악으로 표현한다. 다양한 음악문화의 가치를 존중한다.
신 뢰	성실하고 바른 자세로 음악을 표현한다. 악곡의 특징을 이해하고 작곡가의 작품의도를 존중하며 이를 충실히 살려 표현한다. 합창 · 합주와 같이 협력하는 음악활동에서 신뢰감 있게 행동한다. 타당하고 신뢰성 있는 평가기준에 따라 음악을 평한다. 우리 음악에 대한 올바른 가치관과 태도를 기른다.
책 임	다양한 음악활동에서 맡은 역할에 충실하게 임하여 표현한다. 다양한 소리의 조화와 균형을 살려 표현한다. 음악 문화유산의 가치를 이해하고 이를 보전, 발전시키려는 태도를 기른다. 음악이 생활에 미치는 영향력에 대해 이해한다.
배 려	다른 사람과 조화를 이루며 악곡의 특징을 살려 표현한다. 합창 · 합주활동에서 동료의 음악적 정서, 요구 등을 고려하여 조화롭게 표현한다. 음악에 담긴 다양한 음악적 정서를 감정이입하거나 공감하며 감상한다. 다른 사람이 연주하는 음악을 배려하는 태도로 감상한다. 음악의 다양한 쓰임과 역할을 이해하며 음악을 통한 화합과 통합에 참여한다.
공정성	음악활동에서 음악 표절 또는 타인의 저작권 침해가 일어나지 않도록 한다. 현대사회에서 음악의 다양한 쓰임에 대한 올바른 가치관과 태도를 기른다. 음악의 원리와 질서체계를 이해한다. 전통음악의 가치체계와 권위를 존중하고 따른다.
시민성	평화, 환경, 인류 등의 내용을 담은 악곡의 의미를 살려 표현한다. 예술 및 음악에 대한 거시적 안목과 통찰력을 기른다. 세계 음악 시민으로서의 자질과 태도를 기른다. 음악의 사회적 기능을 이해하며 감상한다.
심미성	다양한 음악활동을 통해 음악표현력을 기른다. 다양한 공간과 매체를 통해 음악을 경험하고 표현의 즐거움을 느낀다. 다양한 음색의 악기와 악곡을 활용하여 음악의 아름다움을 표현한다. 음악적 표현력과 창의력으로 풍부하고 예술적인 감수성을 기른다. 미적 가치를 이해하고 음악적 안목과 자질을 기른다.

다음은 음악을 통한 유아의 인성을 함양시킬 수 있는 교사의 발문예시이다.

배려

- 음악가를 생각하며 음악에서 느껴지는 느낌에 공감하며 감상해 보자.
- 친구가 만든 음악을 배려하며 감상해 보자.

존중

- 음악을 듣고 나의 느낌을 악보에 표현해 보세요.
- 음악을 듣고 음악의 특징, 좋은 점을 이야기해 보세요.

질서

- 악기의 사용법에 맞게 연주해 보자요.
- 나의 역할에 맞는 음악활동(연주, 감상, 악보 만들기)을 해보자.
- 자신이 만든 악보를 음악적 요소에 맞도록 충실하게 연주해 보자.

나눔

- 내가 만든 악보를 보고 친구들에게 선물해 보자.
- 내가 만든 소리를 친구들에게 소개해 주자.

협력

- 친구들과 악기를 이용하여 음악을 조화롭게 연주해 보자.
- 친구들과 의논하여 감상한 음악을 그림을 보고 연주할 수 있도록 음악을 창의적으로 그려보자.

효

- 오늘 들은 음악을 부모님께 들려주고 부모님과 함께 불러보자.
- 부모님과 함께 악기를 연주해 보는 시간을 가져보자.

II. 창의적 발명악보활동을 통한 유아 창의 · 인성교육

발명악보활동은 유아들로 하여금 음악을 보다 창의적이고 독창적인 상징체계로 표현할 수 있게 하고, 유아 스스로 선택할 수 있는 다양한 기회를 제공한다. 또한 유아의 느낌을 자유롭게 말하고 여러 가지 방식으로 표현할 수 있는 개방적인 분위기를 제공한다(김명순 · 조경자, 1998). 이러한 발명악보활동은 유아가 다양한 전략을 사용하여 음악을 기록할 수 있으며 깊이 있는 음악적 사고를 할 수 있는 존재임을 깨닫게 해준다. 음악을 기록한 유아들의 발명악보는 유아의 음악적 사고를 반영하고 격려하는 도구임을 고려할 때 유아교육현장에서 필요한 유아 창의 · 인성교육으로 발명악보의 다각적 활용이 요구되며 교육적 가치가 크다. 따라서 유아 창의 · 인성교육의 교수-학습 방법 중 하나로 창의적 발명악보활동은 매우 유용할 것이다.

1. 유아 발명악보활동

유아는 일상생활에서 수많은 청각적 자극을 경험하며 생활한다. 그 자극 중에서 음악적 요소들은 유아의 생활에 한 부분을 차지하며 언어와 다른 표상의 수단으로 사용되고 있다. 이러한 음악적 자극은 인지발달을 촉진하는 가장 중요한 요소 중 하나이다. 유아는 감각지각으로부터 음악을 받아들여 청각적인 심상화 및 기억의 과정을 거쳐 다양한 사고과정을 경험한다(김경희, 1995). 또한 유아는 음악적 이해와 음악적 사고를 통해 음악적 경험을 쌓아가며, 이로써 음악이라는 표현형식을 소통의 도구로 사용한다(백지혜 · 조형숙, 2010).

유아로 하여금 음악을 이해하게 하는 가장 적절한 방법은 유아의 자발적 흥미와 참여를 유도하는 것이다. 창의적으로 개발한 발명악보는 음악적 기억력에 매우 효과적인 도구로서, 유아의 유의미한 음악학습이 일어나도록 자발적 참여를 일으킬 수 있고 음악적 흥미를 유발하고 주의집중시킬 수 있는 교수매체이다.

1) 발명악보의 개념

음악교육 중 음악적 사고를 돕는 활동으로 유아가 음악을 듣고 음악적 정보를 기록하는 발명악보(invented notations)활동이 있다. 발명악보란 음악을 듣고 표상하는 활동 중 하나로, 음악적 느낌과 분위기를 표상하는 것에 그치지 않고 자신이 직접 고안한 상징기호를 이용하여 자신이 들은 음악적 개념과 정보를 창의적이며 정교하게 기록하는 활동을 의미한다(Bamberger, 1982). 유아는 발명악보 활동에서 자발적으로 음악개념을 발견하고, 흥얼거리며 기록하고, 자신이 기록한 것을 보고 다시 흥얼거리고, 기록을 재수정하는 등 다양한 음악적 역할을 수행하며 자연스럽게 음악적 사고를 경험한다. 콜웰(Colwell, 2011)에 따르면, 유아를 위한 음악교과 과정에 음악적 사고를 시각화, 언어화 할 수 있는 경험을 제공해야 한다고 하였다. 이처럼 보다 창의적이고 균형 잡힌 음악능력 신장과 음악을 본질적으로 경험하기 위해 유아가 기억의 과정을 거치면서 음악을 인지하는 음악적 사고과정 활동은 중요하다.

발명악보는 음악표상활동, 그림악보 등 여러 용어로 사용되어 지고 있다. 발명악보, 음악표상활동, 그림악보의 개념을 정리하면 **〈표 8-3〉**과 같다.

〈표 8-3〉 발명악보, 음악표상활동, 그림악보 개념 비교

용 어	개 념
발명악보	음악을 듣고 표상하는 활동의 일환으로 느낌과 분위기를 표상하는 것에 그치지 않고 유아가 직접 고안한 상징기호를 이용하여 유아가 들은 음악적 개념과 정보를 창의적이며 정교하게 기록하는 활동
그림악보	전통적인 악보체계를 학습하기 전 유아들이 쉽게 이해할 수 있는 친숙하고 쉬운 상징기호를 이용하여 교사들이 재구성한 악보
음악표상활동	단순히 음악을 듣고 자신의 느낌을 표현하는 활동

출처 : 백지혜 · 조혜숙(2010) 재구성.

그림악보 : 작은 별의 올라가는 음과 내려가는 음을 교사가 재구성한 그림악보

음악표상활동 : 생상스(Saint-Saëness)의 '동물의 사육제'을 감상하면서 자신의 느낌을 표현한 음악표상활동

[그림 8-2] 그림악보와 음악표상활동의 예시

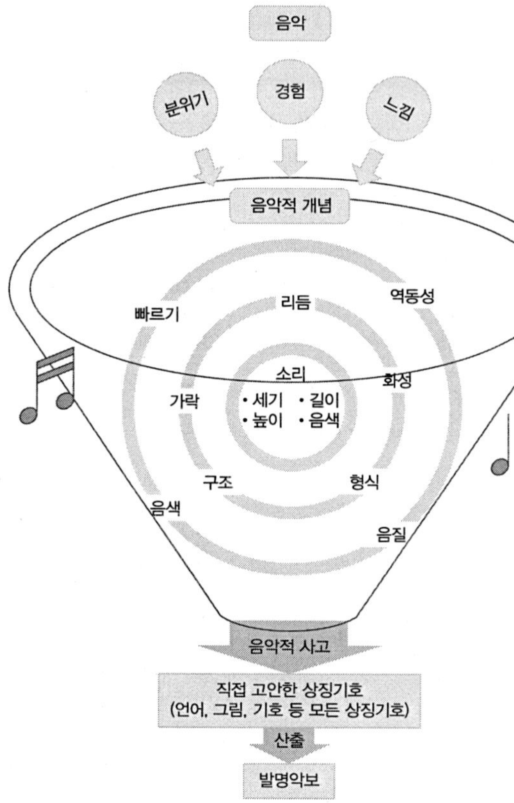

[그림 8-3] 발명악보의 개념

출처 : 백지혜 · 조혜숙(2010) 재구성.

발명악보는 종전에 행해져 왔던 음악활동들과 비교하였을 때 교사가 주체가 되어 간단한 상징을 사용하여 음악을 안내하는 그림악보와 다른 활동이며, 또한 음악에 대한 느낌을 표상하는 느낌표상활동과도 다른 종류의 활동임을 알 수 있다.

2) 발명악보의 유형

바렛(Barrett, 1997)은 발명악보의 유형을 유아들의 발달단계가 아닌 유아들이 필요에 따라 선택적으로 이용할 수 있게 다양성으로 해석했다. 위계적인 발달단계로 보기보다 유아가 음악의 성격에 따라 다양한 음악적 개념 중에 어떤 것에 집중하느냐에 따라 유아는 각기 다르게 표현하는 전략 유형으로 나누고 있다.

바렛(Barrett)의 발명악보 유형에 대한 구체적인 설명은 **〈표 8-4〉**와 같다.

〈표 8-4〉 Barrett의 발명악보 유형

바렛(Barrett)		
탐 색	음악적 요소와 관련 없는 무작위적 그림표현	
악기표상	연주에 사용된 악기의 외형적인 모습을 표현하는 그림	
음악개념이 담긴 악기표상	악기를 반복적으로 그리거나 크기를 다르게 나타냄으로써 음악적 개념들(길이, 강약, 음높이)을 표현한 그림	 (Caitlin : 우드블록, Belinda : 아고고 벨)
연주행동표상	소리를 만드는 행동, 즉 연주행동을 상징화하여 표현한 그림	 (Laura : 마라카스를 흔드는 모습을 그림)
추상적 표상	자신이 사용한 상징기호를 이용하여 제각기 다른 소리의 특징들, 음악적 개념들을 기록한 그림	

출처 : Barrett, M.(1997) 재구성.

3) 발명악보의 활동

발명악보활동이란 유아가 듣고 표상할 음악곡에 대하여 먼저 감상하거나 음악놀이, 신체표현 등을 통하여 그 음악곡을 충분히 경험한 후 기록하고 표상하는 활동으로 이어지며, 자신이 기록한 발명악보에 대하여 설명으로 이뤄진다.

〈표 8-5〉 발명악보의 활동순서

첫 번째 시간	음악곡 경험하기	음악곡을 감상, 음악놀이, 신체표현 등으로 익숙하게 경험
두 번째 시간	발명악보 기록하기	경험한 음악곡을 다시 회상한 후 종이와 연필, 블록 등 다양한 재료를 이용하여 자신만의 기호와 방법으로 음악곡을 기록
	발명악보 설명하기	발명악보에 대하여 유아의 설명을 들으며, 유아가 어떻게 음악적 개념을 기호로 기록하였는지 이야기 나눈다. 〈질문의 예〉 이 모양은 참 재미있는 모양이네, 이렇게 표현한 이유가 있니? 이 부분만 색깔이 다르네, 이 색깔로 표현하고 싶은 것이 있었니? 감상한 곡의 어떤 부분이 가장 그리기 힘들었니? 발명악보를 부면서 다시 노래불러 줄(연주해 줄) 수 있겠니?

출처 : 백지혜(2014).

4) 발명악보활동의 교육적 의의

발명악보활동이 갖는 교육적 의의를 살펴보면 다음과 같다.

- 유아에게 자발적으로 음악개념을 발견하도록 한다. 발명악보는 유아로 하여금 자신이 알고 있는 것 이상의 것을 표상하도록 요구하지 않는다(Davidson & Scripp, 1988). 유아는 외부에 방해 없이 자신에게 강하게 인식되는 음악 내용에 집중하여 자신의 표상방법에 따라 유아 자신만의 다양한 상징기호를 이용하여 스스로 표현한다.
- 발명악보는 음악적 문해형식(musical literacy)을 발전시키도록 돕는다. 유아는 감상한 음악을 기호화하고, 그 기호를 다시 연주하는 비언어적 표상하는 발명악보의 활동을 통하여 음악으로 소통하는 다양한 형식을 인지적으로 경험하고 음악적 문해형식을 이해시킨다.
- 유아는 발명악보를 통해 형식적 음악교육을 위한 준비를 하게 된다. 유아는 창의적이고 기발한 발명악보를 다른 또래들도 이해할 수 있도록 또래와의

의논된 기호들로 만들어 가며 이러한 상징기호에 대한 사회적 약속이 음악에서는 악보가 된다는 것을 깨닫게 된다. 그러므로 형식적 음악교육에서 요구되는 악보보기 개념이 발명악보를 통해 학습된다.

- 발명악보는 유아가 다양한 음악적 역할을 수행하도록 음악적 사고발달의 도구가 된다. 유아는 음악을 재료로 능동적으로 음악을 만드는 주체가 되어 음악적 특성에 따라 새로운 상징기호를 발명, 해석하는 과정을 통하여 유아는 발견자, 문제해결자, 사고자, 연주들의 다양한 음악적 역할을 수행하며 음악적 사고를 향상시킨다.

읽을거리

로슬린 성당의 비밀 '악보의 또 다른 모습'

영국 스코틀랜드 로디언주에 위치한 로슬린 마을에는 15세기에 지어진 작은 성당인 로슬린 성당이 있다. 그런데 1486년 완성된 이 성당에 이상한 소문이 돌기 시작했다. 로슬린 성당에 성배가 있다는 것이다. 또한 이후 로슬린 성당에서는 유령을 목격하는 현상, 환영 등 여러 가지 미스터리한 일들이 일어나기 시작했다. 그래서 성당을 연구하던 여러 연구자들에 의해 성당 안의 여러 무늬와 모습들에 규칙들이 있다는 것을 발견했다. 그러자 사람들은 로슬린 성당이 암호성당이란 수식어까지 붙여가며 관심을 멈추지 않았다.
그중 암호해독에 일가견이 있는 토마스 미첼(Thomas Mitchell)은 성당을 찾아왔을 때 성당제단을 누르는 석조기둥 위 아치형 구조물에 새겨진 13인의 천사음악가들과 213개의 정육면체를 보고 누군가 메시지를 전달하기 위해 만든 상징물임이 분명하다고 생각했다. 그래서 그는 아들인 스튜어트 미첼(Stuart Mitchell)과 함께 그 비밀을 풀기 위해 성당의 규칙성을 파악하는 작업을 시도하게 된다. 그렇게 시작된 그들의 노력은 무려 27년간 이어졌다. 그리고 27년 후인 2007년 두 사람은 드디어 비밀을 풀어내기에 이르렀다. 과연 그들이 풀어낸 성당에 숨겨진 비밀은 무엇이었을까? 그것은 바로 악보였다. 성당 주변 기둥에 돌출된 수많은 정육면체가 이루는 각기 다른 문양에 악보가 암호화되어 숨겨져 있다고 주장했다. 그들에 따르면, 성당의 조각을 분석하던 중 그들은 우연히 고대

음악체계인 클라드니 패턴을 알게 되었다. 그리고 오랜 세월이 흘러 토마스 미첼 부자는 클라드니가 남긴 책을 보게 되었고 아들인 스튜어트가 클라드니 도형에 로슬린 성당에 새겨진 조각을 대입했던 것이다. 그런데 놀랍게도 기둥마다 돌출된 213개의 정육면체 돌과 천사조각의 손가락이 십자가를 향하는 방향, 기둥과 이루는 각도를 클라드니 도형과 비교하여 그 수치를 음악적 코드로 옮긴 결과 악보가 완성되었다고 한다. 그러던 2007년 5월 18일 이 비밀스러운 로슬린 성당의 암호음악은 560년 만에 로슬린 성당에서 로슬린 모테트라는 이름으로 연주되었는데 암호를 풀어낸 토마스 미첼과 작곡가인 스튜어트 미첼이 직접 연주했다. 당시 이 음악을 들은 사람들은 신비로운 선율이 조각상의 천사들이 살아나서 연주하는 것처럼 아름다웠다고 회상했다. 그렇다면 신비로움이 감도는 이 음악은 정말 누군가가 숨겨둔 암호였을까? 아니면 단순한 상징물에 불과한 것일까? 한 암호해독가에 의해 재탄생한 악보. 하지만 누가 왜 복잡한 암호를 로슬린 성당에 숨겨둔 것인지 그 경위는 아직 밝혀지지 않고 있으며 학계에서는 악보의 발견에 이어 또 다른 신비한 비밀이 숨겨져 있을지도 모른다며 로슬린 성당의 비밀을 풀기 위해 지금도 노력 중이다.

〈출처 : TV 서프라이즈〉

2. 유아 발명악보활동과 창의성교육

유아의 음악활동은 다른 어떠한 활동보다도 창의성 발달에 효과가 크다는 것은 유아음악교육의 주요한 근거가 되고 있다(Arnoff, 1980).

유아들에게서 흔히 볼 수 있는 많은 행동 특성들은 창의적 표현과 관계가 깊다(Hendrick, 1992; Mayesky, 1990). 예를 들어, 배우고, 성장하고, 발견하고, 탐험하며, 친숙한 것을 만들고 싶어 하는 유아의 본래적 특성들은 본질적으로 학습되지 않은 직관적인 창의적 충동의 하나이다. 그래서 유아들로부터 독창적이며 새롭고 탐구적인 행동들을 쉽게 관찰할 수 있다. 또한 유아들의 많은 활동이 비형식적 탐구와 음악적 사고행동과 관련된 표현으로 볼 수 있는데, 이것들은 유아 자신의 독창적이며 익숙한 개인의 감정을 표현하는 것으로 유아의 통찰력, 감정, 상상력 등이 포함된 창의적 활동이라 하겠다(Greenberg, 1979; Torrance, 1983).

따라서 자신이 표상하고자 하는 음악적 개념을 기록한 발명악보활동은 유아들이 생성해 내는 직관적이고 자발적인 창의적 산물인 것이다.

1) 발명악보활동에서 음악의 구성요소

유아에게 있어 '소리를 듣는 것'만으로 유아가 음악을 지각하고 기억하는 것은 매우 어려운 일이다. 그러므로 발달이 미숙한 유아의 경우 자신의 아이디어를 창의적으로 표현하여 자신만의 상징체계를 만들어 가는 발명악보를 통한 교수법은 유아들에게 효과적인 창의적 활동이라 하겠다.

발명악보활동을 할 때 유아의 창의성을 증진시키기 위해 전제조건은 기존의 지식음악의 개념을 충분히 받아들이는 것이다. 즉, 음악의 창작은 음악개념의 이해 정도를 평가하는 척도로서 최선의 도구이기 때문에 창의적 음악표현력 증진과 심미감을 형성하기 위해 음악개념의 이해가 우선되어야 한다(김용희 · 방금주, 2000; 임은애, 2008; Greenberg, 1995; Wiggins, 1999). 특히 유아에게 음악의 지각이 없는 활동은 의미 없는 활동의 반복이거나 특정한 예술적 기능의 습득이 될 우려가 있다. 다음은 유아기에 습득할 수 있는 음악개념 및 기본적인 음악의 구성요소이다.

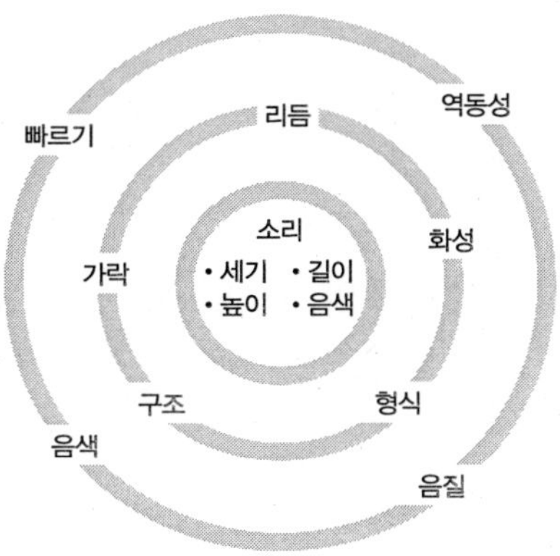

[그림 8-4] 음악의 구성요소

〈표 8-6〉 음악의 구성요소

구성요소	내 용
세기 (intensity)	음의 강하고 약함 : 유아는 어떤 음은 다른 음에 비해 크거나 작다는 것을 안다.
길이 (duration)	음의 길고 짧음 : 유아는 어떤 음은 다른 음에 비해 길거나 짧다는 것을 안다.
높이 (pitch)	음의 높고 낮음 : 유아는 어떤 음은 다른 음에 비해 높거나 낮다는 것을 안다.
음색 (tone color)	음의 색깔, 즉 물체의 재료, 구조, 크기에 따라 구별되는 소리의 차이 : 유아는 주변 환경의 소리, 사람의 목소리, 악기 소리들이 다르다는 것을 안다.
리듬 (rhythm)	음의 장단과 셈여림이 시간적으로 결합하여 진해하는 것
가락 (melody)	길고 짧은 음들이 높거나 낮게 이어지는 것. 가락은 '선율' 또는 '멜로디'라고도 함
화성 (harmony)	둘 또는 그 이상의 음이 동시에 소리 나는 것
빠르기 (tempo)	음악이 연주되는 속도
음질 (quality)	음에는 질이 있음 : 유아는 어떤 소리는 시끄럽고 어떤 소리는 맑으며 어떤 소리는 음직이 좋고 어떤 소리는 음질이 나쁘다는 것을 안다.
역동성 (dynamics)	소리의 표현으로 전반적인 소리의 크기, 어떤 음은 크게 또는 어떤 음은 작게 내거나 하는 악센트. 소리가 커지거나 작아지는 변화
형식 (form)	음악 개념들이 조직된 결과로 나타나는 음악적 형태

2) 발명악보활동과 창의성교육의 구성요소

발명악보활동을 통해서 증진될 수 있는 창의성을 구체적으로 살펴보면 다음과 같다.

- 유아들은 발명악보활동을 통해 접하게 되는 새로운 음악을 들으며 음악에 대한 호기심과 흥미를 갖게 된다.
- 유아들은 음악마다 각기 다른 음악적 현상을 파악하며 대처함으로써 민감성을 키울 수 있다.
- 유아들은 자신만의 상징체계를 음악과 연결시킴으로써 유아 내면에 잠재된 창의성을 자연스럽게 이끌어 내며 그것을 자신의 발명악보에 표출을 하며 독창성을 키울 수 있다.
- 유아들은 음악을 듣고 자신에게 가장 쉽고 인상 깊게 기억된 음악내용에 집중을 하여 음악을 통해 생각한 음악적 개념들을 발명악보에 표출함으로써 음악적 아이디어 창출력을 기른다.
- 유아들은 자신이 알고 있는 것 이상의 것들을 표상하도록 요구받지 않고 자발적으로 발견, 기록하는 과정을 통해 자신이 가지고 있는 충분한 기존 지식 안에서 자유로운 표출을 경험한다. 이는 창의성이 발현되기 위한 필수조건이라 하겠다.
- 유아들은 음악을 들으며 음의 높고, 낮음, 빠르기, 사용되는 악기 등 음악마다 다르게 표현되는 다양한 문제를 직면할 수 있다. 이처럼 음악마다 다양하게 표현되는 것을 발명악보활동을 통해 어떻게 표상을 할지 고심해 봄으로써 유아들이 능동적으로 문제를 해결할 수 있는 기회가 주어진다.
- 유아들은 자신만의 상징체계를 음악과 연결시키며 음악이 가지고 있는 특징과 어울리게 표상해 봄으로써 상상력을 기를 수 있다. 예를 들면, 피아노 소리를 어떤 상징기호로 표현해야 할지 상상해 보거나 갑자기 빨라지는 음은 어떻게 표상해 볼지 등을 생각해 볼 수 있다.

3) 발명악보활동 시 창의성의 저해요인

다음은 창의성 활동과정에서 유아의 흥미나 창의력을 저해시키는 여섯 가지 요인이다(Amabile, 1996).

- 활동의 결과가 평가될 거라는 생각 : 교사나 또래에게 평가를 염두에 두면 두려움 때문에 유아는 창의력을 발휘할 수 없다.
- 활동 중 교사의 지나친 관심 : 활동 중 교사의 지나친 관심은 감시당한다는 생각을 하게 되며 활동의 몰입을 떨어뜨린다.
- 또래들과의 경쟁하는 교실분위기 : 승자와 패자가 분명한 상황은 유아에게 절망감을 초래한다.
- 활동을 할 때 선택을 제한시키기 : 지나친 제한은 호기심과 열정을 잃게 하므로 과제에 대한 책임감을 떨어뜨린다.
- 외적인 동기유발에 집착하기 : 능력 이상의 동기유발을 기대할 경우 거부감을 들게 하여 활동참여의 의욕을 상실하게 한다.

따라서 교사는 유아들의 창의적인 활동을 격려하기 위해 위와 같은 요인에 주의하여 발명악보활동을 진행해야 한다.

3. 유아 발명악보활동과 인성교육

1) 발명악보활동과 인성교육

이처럼 음악적 인성의 내용을 반영하여 발명악보활동을 진행하면 다음과 같은 유아의 인성적인 측면을 발달시킬 수 있다.

- 유아는 스스로가 음악을 기록할 수 있는 능력을 알게 된다. 이를 통하여 나를 존중하는 인성을 배우게 된다.

- 발명악보활동 시 듣는 다양한 음악적 경험을 통하여 음악에 대한 거시적 안목을 기를 수 있는 시민성과 심미성의 개념을 배우며, 또한 음악에 담긴 다양한 음악적 정서를 감정이입하거나 공감하며 감상을 통하여 배려를 익힌다.
- 유아들의 실제적 발명악보의 예들은 성인들이 예측하는 것 이상으로 매우 다양하고 창의적인 방법으로 음악적 정보들을 기록하는데, 이를 통하여 음악의 원리와 질서체계를 이해를 경험하는 공정성, 음악적 표현력과 창의력으로 풍부하고 예술적인 감수성을 기를 수 있는 심미성을 익힌다. 또한 다양한 소리의 조화와 균형을 살려 발명악보에 표현하면서 책임의 개념에 대해서도 이해할 수 있다.
- 유아들에게 가장 도전이 되었다고 여겨지는 과제로 자신의 발명악보를 보고 다시 연주하는 과제에서 유아는 표상했던 음악을 재현하여 다시 연주하는 능력 또한 보여주었다. 이를 통하여 성실하고 바른 자세로 음악을 표현한 신뢰의 개념을 배우게 된다.

〈표상하기 전 소리 탐색하는 모습〉

〈발명악보를 보고 연주하는 모습〉

〈출처 : http://musicisanoun.weebly.com〉

또래친구들과 집단활동을 통해 조화를 이루며 악곡의 특징을 살려 서로의 다양한 아이디어를 나누고 의논하며 서로를 배려, 존중하게 되며 창의적이고 풍부한 감성을 기를 수 있는 심미성을 기른다.

[그림 8-5] 발명악보를 통한 인성교육활동 모습

읽을 거리

존 스텀프의 희귀한 악보 '이런 악보가 있어?'

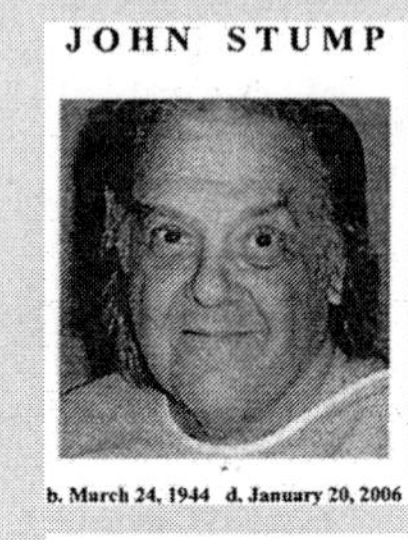

작곡가 존 스텀프(John Stump)가 사람들의 호기심을 자극하는 이유는 그가 그린 악보 때문이다. 존 스텀프가 작곡한 이 곡의 정확한 곡명은 요정의 아리아와 죽음의 왈츠. 연주하는 순간 연주자의 손가락이 끊어지고 연주하기 위해서는 수십 개의 손가락이 필요한 악보다. 그렇기 때문에 아무도 솔로로 연주할 수 없다.

제목부터 오싹한 이 악보를 들여다보면 오선지 위로 빽빽하게 그려진 음표와 어지럽게 정리된 음악기호들 사이로 음표를 형상화해 만든 "Help me"라는 문자와 곳곳에 숨겨진 숫자 '6'도 발견할 수 있다.

존 스텀프 악보에는 특이한 점이 있다. 연주를 멈추고 엄마를 외쳐라, 연주 도중 공 던지기, 코끝으로 연주하기 등 연주자에게 요구하는 수많은 사항들이 있다. 그리고 존 스텀프의 악보에서 쉽게 사람들의 눈에 띄는 것이 그림이다. 독특한 그림들이 눈에 띄고 숫자도 보이기 때문에 이에 얽힌 괴담도 있다. 하지만 죽음의 왈츠 외의 존 스텀프의 작품들에서도 다른 형태의 그림들이 보이기 때문에 괴담과 달리 그는 단지 이런 식의 익살스럽고 위트 있는 작업을 즐기는 작곡가였다고 보여진다.

〈출처 : KBS 2TV '스펀지 2.0'〉

4. 창의적 발명악보활동을 통한 유아 창의 · 인성 활동

1) '소리의 기호화' 창의적 발명악보활동

창의적 발명악보활동 –'소리의 기호화'

활동명	소리가 보여요.	활동일시	2014. 01. 10
		대 상	A, B, C
활동목표	• 자신이 만들고 싶은 소리를 다양하게 만들어 본다. • 자신이 만들어 낸 소리를 창의적인 기호를 사용하여 표현해 본다.		
활동자료	『쏴아쏴아 무슨 소리지?』 그림책, 생활도구, 활동지, 크레파스, 색연필 등		
활동절차	활동내용		
동기 유발하기	1. 유아들의 동기와 흥미를 유발시킬 수 있는 도입으로 유아들을 집중시킨다. – 『쏴아쏴아 무슨 소리지?』 그림책을 읽어준다. 2. 『쏴아쏴아 무슨 소리지?』 그림책 내용에 대해 이야기 나눈다. – 그림책에서 어떠한 소리들이 나왔었니? – 우리도 그림책에 나오는 소리를 만들 수 있을까?		
소리 만들고 표현하기	1. 생활도구를 사용하여 그림책에 나오는 소리를 만들어 본다. – 어떤 소리를 만들고 싶니? – 만들어 낸 소리를 점점 크게, 점점 작게 내어보자. – 만들어 낸 소리를 점점 빠르게, 점점 느리게 소리를 내어보자. – 그림책에 나오는 소리 말고 어떤 소리를 만들고 싶니? 2. 유아가 만든 소리를 활동지에 그릴 수 있도록 한다. – 자신이 만든 소리를 내가 만든 기호를 사용하여 악보를 만들어 보자. – 자신이 만든 악보를 보며 똑같이 소리를 내어본다.		
친구들에게 소개하기	1. 나만의 기호로 만든 악보를 친구들에게 소개한다. – 너희들이 만든 악보를 친구들에게 소개해 보자. 2. 악보를 환경구성판에 게시하여 유아들이 감상할 수 있도록 한다.		

2) '음악곡 표상' 창의적 발명악보활동

창의적 발명악보활동 – '음악곡 표상'

<table>
<tr><th rowspan="2">활동명</th><td rowspan="2">감상곡 : 뻐꾹 왈츠(클래식)
나도 음악가!</td><th>활동일시</th><td>2014. 07. 15</td></tr>
<tr><th>대 상</th><td>A, B, C</td></tr>
<tr><th>활동목표</th><td colspan="3">• 음악을 감상한 느낌을 듣고 신체로 표현해 본다.
• 음악을 주의 깊게 듣고 이해한 것을 자신이 만든 기호로 창의적으로 표현해 본다.</td></tr>
<tr><th>활동자료</th><td colspan="3">요나손의 '뻐꾹 왈츠' CD, 뻐꾸기 사진, 활동지, 크레파스, 색연필, 색연필(악보를 표현할 다양한 재료 재공)</td></tr>
<tr><th>활동절차</th><th colspan="2">활동내용</th><th></th></tr>
<tr><th>동기유발
및
음악곡
경험하기</th><td colspan="2">1. 동물카드가 들어있는 편지봉투를 보여주며 음악감상을 한다.
– 편지봉투 안에는 어떤 동물이 들어 있을까?
– 음악을 잘 들어보고 어떤 동물일지 생각해 보자.
2. 음악을 감상한 후 뻐꾸기 알아맞히기를 한다.
– 어떤 동물의 소리를 들었니?
– 어떤 소리가 반복적으로 들렸니?
3. 뻐꾹 왈츠의 작곡가와 제목을 소개한다.
– 이 음악의 제목은 무엇일까?
– 이 음악은 누가 만들었을까?
– 내가 요나손이라면 어떤 제목을 붙였을까?
4. 음악의 전곡을 신체를 이용하여 다양하게 표현하면서 다시 감상한다.
– 뻐꾸기 소리가 나는 부분에서는 어떻게 표현할까?
– 음악이 빠른 부분에서는 어떻게 표현할까?</td><td>음악에 집중하여 충분히 활동을 한다.</td></tr>
</table>

음악곡 창의적 표상하기	**1. 유아가 감상한 음악을 활동지에 그릴 수 있도록 한다.** – 음악을 들으니 어떤 느낌이 드니? – 음악의 어떤 부분이 기억이 나니? – 이 음악을 네가 기억할 수 있도록 종이 위에 내가 생각나는 모든 것을 이용해 만들어 보자. – 이 음악을 듣지 않은 친구들도 네가 적은 발명악보를 보고 음악을 연주할 수 있도록 만들어 보자.	
친구들에게 소개하기	**1. 내가 만들 발명악보를 친구들에게 소개한다.** – 너희들의 발명악보를 친구들에게 소개해 보자. – 발명악보를 보며 친구들에게 다시 불러보자. **2. 각기 다른 발명악보를 환경구성판에 게시하여 유아들이 감상할 수 있도록 한다.**	

3) '시계 노래가 보여요' 창의적 발명악보활동

「시계 노래가 보여요」 교육계획안

생활 주제	기계와 생활	주 제	다양한 생활도구	소주제	생활도구 알아보기	활동 일시	2014. ○. ○
활동명	시계 노래가 보여요	활동 형태	자유선택활동	유형 (영역)	음률	연 령	만 5세
활동 목표	• 도구에서 나는 다양한 소리에 관심을 가진다. • 시계 동요를 감상하고 음악의 느낌과 특징에 맞게 자신이 만든 기호로 창의적으로 표현해 본다.						
누리 과정 관련 요소	• 예술경험 : 아름다움 찾아보기 – 음악적 요소 탐색하기 • 예술경험 : 예술적 표현하기 – 미술활동으로 표현하기						

창의 · 인성 관련	• 창의성 : 성향적 요소 – 독립성 • 인성 : 존중	
활동 자료	『시끄러운 그림책』, 시계 동요, 시계, 상자(시계 크기보다 큰), 도화지, 색연필, 사인펜, 색종이, 가위, 풀 등	
활동 방법	활동내용	수업연구
사전 활동	【 동화 – 시끄러운 그림책 】 1. **『시끄러운 그림책』 동화내용을 듣고 이해할 수 있다.** (의사소통 : 듣기 – 동요, 동시, 동화 듣고 이해하기 – 동요, 동시, 동화를 다양한 방법으로 듣고 이해한다) 2. **『시끄러운 그림책』 동화 장면에 어울리는 소리를 만들 수 있다.** (예술경험 : 아름다움 찾아보기 – 음악적 요소 탐색하기 – 다양한 소리, 악기 등으로 강약, 속도, 리듬 등을 탐색한다)	• 핵심내용  동화를 듣고 일상생활에 나는 소리에 관심을 가진다. 동화장면에 맞는 소리를 만들 수 있다.
도 입	1. **사전 활동시간에 배운 시끄러운 그림책에 대해 회상한다.** – 저번 시간에 어떤 그림책에 대해서 이야기 나누었죠? – 어떤 내용의 그림책이었나요? – 어떤 소리들이 시끄럽게 했나요? – 우리 주변에서 들을 수 있는 소리는 무엇이 있나요? – 그 소리를 들으면 기분이 어떤가요? 2. **활동을 소개한다.** – 오늘은 선생님과 함께 '시계노래가 보여요'라는 활동을 해볼 거예요.	• 핵심내용 사전 활동시간을 회상하며 그림책 이외의 우리 주변에서 들을 수 있는 소리는 무엇이 있는지 관심을 가진다.

전 개	**1. 상자 안에 시계를 숨겨놓고 스무고개를 하여 알아맞히기를 한다.** – 20개의 질문을 하여 상자 안에 있는 것을 맞춰야 해요. 상자 안에는 무엇이 있을까요? **2. 시계를 보며 시계의 특징, 소리, 움직임, 본 경험 등에 이야기를 나눈다.** – 시계를 본 적이 있니? 어디에서 보았니? – 시계는 어떻게 움직일까? – 시계는 어떤 소리를 낼까? – 시계가 없다면 어떻게 될까? **3. 동요의 제목을 소개하고 노래를 감상한다.** – '시계'라는 노래를 주의 깊게 들어보자. **4. 노래에 대한 느낌을 이야기 나눈다.** – 노래를 들어보니 어떠니? – 어떤 부분이 생각나니? **5. 다양한 방법으로 노래를 2~3번 감상한다.** – '똑딱' 부분에 손뼉을 치면서 감상하자. – 몸을 좌우로 흔들면서 감상하자. – 음의 높낮이에 따라 몸을 움츠렸다 펴며 감상하자. **6. 발명악보 그리기에 대한 설명을 한다.** – '선생님 공책이야. 선생님 공책에는 수진이집 전화번호, 진호네 전화번호가 적혀 있어. 생각이 나지 않으면 공책을 보고 알 수 있게 말이야. 그래서 우리가 오늘 들은 시계 음악을 종이 위에 잊어버리지 않도록 그려볼 거야. 그 음악이 생각이 안날 땐 종이를 보고 '따다단 따따따~~' 하고 불러볼 수 있도록 너희가 원하는 모양을 이용해서 만들어 보는 거야.' **7. 여러 재료를 주고 감상한 음악의 악보를 도화지에 만든다.** – 이 음악을 네가 기억할 수 있도록 종이 위에 내가 생각나는 모든 것을 이용해 만들어 보자. – 이 음악을 듣지 않은 친구들도 네가 적은 발명악보를 보고 음악을 연주할 수 있도록 만들어 보자.	**게임방법** '스무고개'란 문제를 내는 사람이 마음속으로 한 가지 사물을 생각하면, 다른 사람들이 20번까지 질문으로 해서 문제를 낸 사람이 마음속으로 생각한 사물을 알아맞히는 게임 **핵심내용** 시계 동요를 감상하고 음악의 느낌과 특징에 맞게 자신이 만든 기호로 창의적으로 표현해 본다. **활동 시 유의점** 충분한 음악 감상을 하여 음악을 이해하도록 한 후 악보 그리기 활동을 한다. 발명악보 그리기 활동에 대하여 쉽게 설명한다.
마무리	**1. 내가 만들 악보를 친구들에게 소개한다.** – 어떤 부분을 악보로 만들었니? – 만들 때 재미있었던 점, 힘들었던 점은 무엇인가요? – 다음에는 어떤 음악으로 악보 만들기를 하고 싶나요? **2. 환경구성판에 게시하여 유아들이 감상할 수 있도록 한다.**	

활동 평가	• 활동에 적극적으로 참여하였는가? • 유아의 수준에 맞는 음악이었는가? • 음악을 이해하고 창의적으로 표현하였는가?	
확장 활동	**【 미술영역 - 내 손목 위에 시계 】** **1. 「내 손목 위에 시계」 시계 꾸미기를 즐긴다.** (예술경험 : 예술적 표현하기 – 미술활동으로 표현하기 – 미술활동에 필요한 재료와 도구를 다양하게 사용한다) **2. 「내 손목 위에 시계」 미술활동을 통해 자신의 생각과 느낌을 창의적으로 표현한다.** (예술경험 : 예술적 표현하기 – 미술활동으로 표현하기 – 다양한 미술활동으로 자신의 생각과 느낌을 표현한다)	

Ⅲ. 창의적 발명악보활동을 통한 유아 창의 · 인성 활동의 실제

활동 1

소리가 보여요.

– 주변의 소리를 나만의 기호로 표현하기

❖ 준비물 : 생활도구, 색연필, 사인펜

❖ 활동방법

1. 각각의 생활도구의 명칭과 용도에 대해 이야기 나눈다.
2. 생활도구를 이용하여 소리를 내어볼 수 있는 다양한 방법에 대해 이야기 나눈다.
   예 던져보기, 긁어보기, 흔들어 보기 등
3. 충분히 탐색을 한 후에 교사가 들려주는 소리는 어떤 도구인지 맞추어 본다.
4. 생활도구 중에 마음에 드는 도구를 골라 소리의 특징에 맞게 나만의 기호로 표현해본다.
5. 활동 후 다른 친구들의 악보를 감상하고 마음에 드는 친구의 악보를 한 번 그려본다.

창의성 증진을 위한 발문하기

Tip 창의성

1. 유창성 : 페트병(생활도구)을 소리 내는 방법에는 무엇이 있나요?
2. 민감성 : 지금 들리는 소리는 어떤 생활도구의 소리인가요?
3. 독창성 : 생활도구의 소리를 알아볼 수 있도록 나만의 특별한 기호로 표현할 수 있나요?

인성 함양을 위한 발문하기

Tip 인성

1. 존중 : 친구들의 악보 중에 기발하거나 흥미로운 것이 있나요?
2. 협동 : 친구들과 생활도구를 소리 내는 다양한 방법을 생각할 수 있나요?
3. 질서 : 생활도구가 망가지지 않도록 소리를 내어 보세요.

주변의 소리를 나만의 기호로 표현하기

준비물 : 생활도구, 색연필, 사인펜

1. 생활도구를 이용하여 소리를 만들고 소리의 특징을 나만의 기호로 그려봅시다.

2. 나와 다르게 표현한 친구의 악보 중 마음에 드는 악보를 그려보자.

활동 2

소리의 힘겨루기

– 음악적 요소를 나만의 기호로 표현하기

❖ 준비물 : 연필 또는 색연필(사인펜), 활동지

❖ 활동방법

1. 주변에 큰 소리, 작은 소리가 무엇이 있는지 이야기해 본다.
2. 우드블록 악기를 소리 내어 보고 악기모양과 소리가 비슷한 것이 무엇이 있는지 연상해본다.
3. 우드블록을 가지고 다양하게 소리를 내어본다(크게, 작게, 빠르게, 느리게, 자유롭게).
4. 교사가 연주하는 우드블록 소리를 듣고 큰 소리, 작은 소리를 구별하여 나만의 기호로 표현해 본다.
5. 큰 소리, 작은 소리를 들을 때의 기분이 어떨지 표정을 지어 보고 이유를 이야기해 본다.

창의성 증진을 위한 발문하기

Tip 창의성

1. 유창성 : 우리 주변에서 큰 소리/ 작은 소리는 무엇이 있나요?
2. 민감성 : 우드블록의 모양과 닮은 것이 주변에 무엇이 있나요?
3. 융통성 : 우드블록이 없다면 대신할 수 악기나 물건은 무엇이 있을까요?
4. 독창성 : 우드블록의 소리의 세기를 듣고 나만의 특별한 기호로 표현할 수 있나요?

인성 함양을 위한 발문하기

Tip 인성

1. 존중, 질서 : 적극적으로 소리를 듣고 소리의 특징에 맞게 나만의 기호로 악보를 만들어 보세요.
   차례를 지키며 우드블록을 연주해 보아요.

음악적 요소를 나만의 기호로 표현하기 준비물 : 우드블록, 색연필 또는 사인펜

1. 교사가 들려주는 우드블록 소리를 듣고 큰 소리, 작은 소리를 구별하여 나만의 기호로 표현해 보세요.

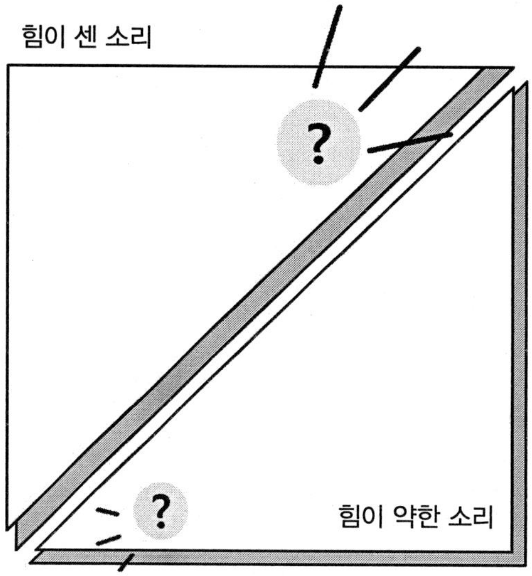

2. 큰 소리, 작은 소리를 들을 때의 기분을 표정으로 나타내 보세요.

힘이 센 소리	힘이 약한 소리

활동 3

나는 음악 해독가

– 재미있는 기호를 보고 연주하기

❖ 준비물 : 여러 가지 악기, 기호카드

❖ 활동방법

1. 여러 가지 악기의 이름을 알아보고 소리를 탐색해 보세요.
2. 기호를 보고 어울리는 악기를 선택하고 알맞게 연주해 보세요.
3. 연주를 끝내고 나서 어떻게 연주를 했는지 이야기해 보세요.
4. 내가 연주한 것 중 가장 마음에 드는 것을 찾아 제목을 붙여주세요.

창의성 증진을 위한 발문하기

Tip 창의성

1. 유창성 : 내가 알고 있는 악기는 무엇이 있나요?
2. 독창성 : 기호를 보고 악기를 선택하여 음악적 요소(빠르기, 강/ 약, 멜로디 등)의 특징을 연결지어 창의적으로 악기를 연주할 수 있나요? 내가 연주한 것 중에 마음에 드는 것에 제목을 붙여볼까요?

인성 함양을 위한 발문하기

Tip 인성

1. 존중 : 친구들의 연주 중에 가장 마음에 드는 친구의 연주는 무엇이었나요?
2. 협력 : 친구와 함께 친구가 만든 악보를 함께 연주해 볼까요?

나는 음악해독 전문가 : 재미있는 기호를 보고 연주하기 준비물 : 여러 가지 악기, 기호카드

1. 그림에 그려져 있는 기호를 보고 어울리는 소리를 연주해 봅시다.

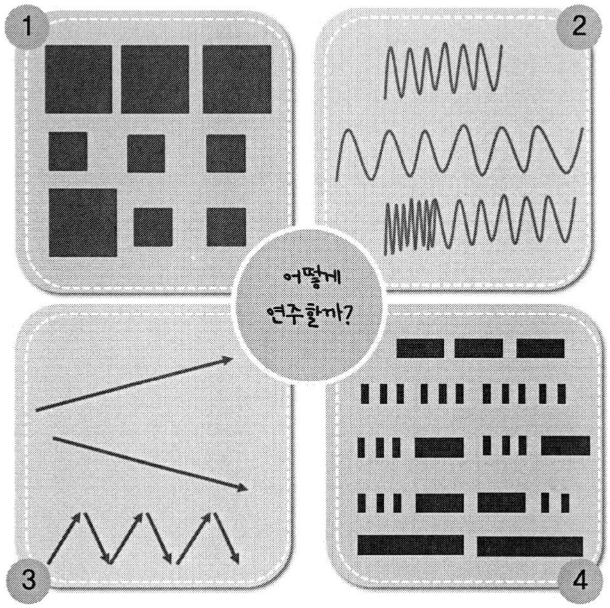

2. 내가 연주한 것 중 가장 마음에 드는 것을 찾아 제목을 붙여주세요.

마음에 든 연주 : ____________________(4개 중 하나를 골라 적어주세요)

연주자 : ________________

연주 제목 : ____

참고문헌

교육과학기술부(2012). 미래사회 대비 국가수준 교육과정 방향 탐색 : 음악(2012년 교육과정 개정 후속지원 사업). 서울 : 교육과학기술부.

교육과학기술부 · 보건복지부(2013). 3~5세 누리과정. 서울 : 교육과학기술부 · 보건복지부.

권미란(2000). 음악감상활동에서 신체표현이 유아의 창의력 향상에 미치는 영향. 계명대학교 교육대학원 석사학위논문.

김경희(1995). 음악적 사고에 대한 이론적 고찰. **음악교육연구, 14**, 179-205.

김명순 · 조경자(1998). **유아를 위한 음악 교육의 이론과 실제**. 서울 : 다음세대.

김미숙 · 권혜인(2013). 음악교과에서의 인성개념과 인성교육. **음악교육연구, 42**(3). 41-69.

____________(2014). 음악교과에서의 인성요소 고찰. **음악교육연구, 43**(1), 21-40.

김애옥 · 홍지명(2014). 그림악보를 활용한 노래 부르기 활동이 유아의 음악능력 및 음악적 창의성에 미치는 효과. **아동교육, 23**(1), 119-135.

김형숙(2012). 예술교육을 통한 창의 · 인성교육. **미술교육연구논총, 32**, 1-29.

문용린 · 최인수(2010). 창의 · 인성교육의 총론. **인하대학교 교육연구소 심포지움, 10**, 21-29.

박명숙(1984). 유아의 음색. 음개념 발달에 관한 실험 연구. 이화여대대학교 대학원 석사학위논문.

박영태(2002). 창의적 인성 교육 프로그램 개발. **지방교육경영, 7**, 235-264.

박춘성(2010). 창의,인성의 특성과 학교에서의 발현을 위한 방안 탐색. **창의력교육연구, 10**(2), 61-72.

방금주 · 김용희(2000). **음악 창작 아카데미**. 서울 : 학문사.

백지혜(2010). Gordon의 학습이론에 기초한 오디에이션 활동이 유아의 음악적성에 미치는 영향. **아동교육, 19**(1), 179-196.

_____(2014). 발명악보활동에서 나타난 유아의 음악적 및 수학적 사고의 의미. **유아교육**

학논집, 18(2), 289-311.

백지혜 · 조형숙(2010). 유아의 음악적 사고 이해를 위한 발명악보에 관한 고찰. 한국유아보육학회, 65(1), 79-103.

송유리 · 이종희(2005). 그림악보를 활용한 유아음악활동이 유아의 리듬개념과 선율개념 형성에 미치는 효과. 미래유아교육학회지, 12(2), 1-31.

신영희(2005). 신체표현과 연계된 음악감상활동이 유아의 창의성 발달에 미치는 영향. 덕성여자대학교 교육대학원 석사학위논문.

양승의 · 임명희(2011). 그림책 이야기를 활용한 창작음악활동이 유아의 음악적 창의성에 미치는 효과 탐색. 한국보육학회지, 11(1), 19-39.

이성실 · 박희숙(2004). 5세 유아의 음악청취력 향상 프로그램 개발과 그 효과에 관한 연구. 서울여자대학교 대학원 박사학위논문.

이에스더(2003). 음악적 창의성 신장을 위한 달크로즈의 교육방법에 대한 고찰. 아동교육, 12(2), 237-349.

이창순 · 김미경(2014). 배경음악 유형에 따른 유아의 인성과 그림표현의 차이분석. 복음과 상담, 22(1), 196-220.

이홍수(1992). 느낌의 통찰의 음악교육. 서울 : 세광음악출판사.

임은애(2008). 음악적 이해를 돕기 위한 통합 음악교육활동 과정에서 나타난 유아의 반응 탐색. 음악교육연구, 35. 75-105.

정나영 · 김수영(2010). 유아의 창의성과 음악능력이 음악적 창의성에 미치는 영향. 육아지원연구, 5(2), 25-48.

최미정(2010). 창의 · 인성교육을 위한 교사교육 모형 개발. 학습자중심교과교육연구, 10(3), 501-526.

최정현(2004). 음악적 창의성을 향상시키는 교수-학습 지도안. 영재와 영재교육, 3(1), 85-103.

한국과학창의재단(2010). 미래사회 영재를 위한 창의 · 인성교육 방안연구. 서울 : 한국과학창의재단.

허순희(1997). 유아의 음악적 창의성과 일반적 창의성의 관련성에 관한 이론적 기초. 아동교육, 6(1), 150-167.

Bamberger, J.(1982). Revisiting children's descriptions of simple ryhthms: A function for reflection–in–action. In S. Strauss(ed.). *U–shaped behavioural growth*(pp. 191–226). New York : Academic Press.

Barrett, M.(1997). "Invented notations : A view of young children's musical thinking". *Research Studies in Music Education, 8* : 2–14.

Davidson, L., & Scripp, L.(1988). Young children's musical representations: Windows on cognition. In J. A. Sloboda(ed.). *Generative processes in music : The Psychology of performance, improvisation, and cognition*(pp. 195–230). Oxford : Clarendon Press.

____________________(1988). "Happy birthday" : Evidence for conflicts of perceptual knowledge and conceptual understanding." *Journal of Aesthetic Education, 22*(1), 65–74.

Greenberg, M.(1979). 유아음악교육. 이기숙 · 김영주 역(1985). 경기 : 교문사.

__________(1995). *Your Children Need Music*. Englewood Cliff, NJ : Prentice Hall.

Webster, P. R.(1979). Relationship between creative behavior in music and selected variables as measured in high school students. *Journal of Research in Music Education, 27*(4), 227–242.

CHAPTER 09

창의적 과학활동을 통한 유아 창의 · 인성교육

Ⅰ. 유아과학교육과 창의 · 인성교육

Ⅱ. 창의적 과학활동을 통한 유아 창의 · 인성교육

Ⅲ. 창의적 과학활동을 통한 유아 창의 · 인성 활동의 실제

CHAPTER 09

창의적 과학활동을 통한 유아 창의 · 인성교육

유아는 생래적으로 주변 세계의 사물, 사람, 자연현상들을 민감하게 인식하며 탐색하고 탐구하는 과학자적인 특성을 가지고 있다(Chaill & Britain, 2003). 유아들은 특정한 현상이나 자극에 관심을 갖게 되면 그것을 기꺼이 받아들여 흥미로운 반응을 보이고, 지속적으로 활동을 계속하려는 동기가 생기며, 주변 세계의 사물, 사람, 자연현상들과 끊임없이 상호작용하는 활동을 통해 행복과 즐거움을 느낀다. 또한 유아는 이러한 다양한 경험을 통해 세상의 변화를 알게 되고 그것을 해석함으로써 세상을 더 정확하게 이해하게 되며, 새로운 문제를 해결할 수 있게 된다. 이러한 창의적 성취는 개인의 자아실현 과정이며 인간사회를 새롭게 발전시키는 원동력이 된다. 뿐만 아니라 과학은 유아의 호기심을 유발시키는 근원이 되며 새로운 것을 발견하게 하는 원천이 된다는 점에서 본질적으로 창의성을 촉진시킨다(Lynch & Harris, 2001). 따라서 유아교육현장에서 유아교사가 창의적 과학활동을 통한 유아 창의 · 인성교육을 실천하는 것은 매우 중요하다.

Ⅰ. 유아과학교육과 창의 · 인성교육

1. 유아과학교육과 창의성

최근 유아과학교육을 비롯하여 창의성 교육은 결과보다는 과정을 강조하고 있다. 이는 지식이 형성되는 절차나 사고기능에 중점을 두는 관점과 그 맥락을 같이 한다. 즉, 주변 세계에 호기심을 가지고 스스로 탐구하고 발견하여 새롭고 유용한 지식과 산출물을 생산해 냄으로써 미래사회에 대처하는 소양과 능력을 기른다는 유아과학교육의 목적 및 목표가 창의성 교육에서 지향하는 바와 유사하다.

1) 과학 창의성의 구성요소

과학교육자들은 유아들이 문제를 창의적으로 해결하도록 하기 위해서 창의성을 개발하고 확장을 조장한다고 하였으며, 이에 김연홍(2004)이 제시한 과학 창의성에 포함되는 능력은 다음과 같다.

- 정신적 이미지를 가시화하여 만들어 내기
- 새로운 방식으로 구체물과 아이디어를 조합하기
- 대상을 대안적이고 독특하게 사용하도록 만들기
- 결과를 예상하기
- 기계를 디자인하기
- 정의하기
- 분리하기
- 몰입하기

- 확산시키기
- 수렴하기

창의성의 구성요소를 토대로 과학분야에서 정의되고 있는 과학 창의성 구성요소를 살펴보면 다음과 같다.

(1) 과학내용 지식

과학영역에서 창의적 사고가 발현되기 위해서는 과학내용 지식과 연계되어야 한다는 점에서 과학 창의성 교육활동에 과학내용 지식을 포함하는 것이 중요하다. 유아에게 적합한 과학내용의 준거로, 만 3~5세 연령별 누리과정에서의 자연탐구 영역에서는 물체와 물질 알아보기, 생명체와 자연환경 알아보기, 자연현상 알아보기, 간단한 도구와 기계 활용하기를 제시하고 있다.

(2) 과학적 탐구기능

과학적 탐구기능이란 과학활동을 하는 데 필요한 사고기능으로, 유아들에게 구체적인 경험을 통하여 새로운 정보를 획득하게 하고 과학학습뿐만 아니라 유아들의 일상생활에 필요한 탐구기능을 제공해 주는 필수적인 능력을 의미한다(Martin, 1997).

과학적 탐구기능의 구성요소는 학자들에 따라 다양하게 제시되고 있다. 유아기에 적합한 과학적 탐구기능은 관찰하기, 분류하기, 측정하기, 예측하기, 토의하기, 자료수집 및 해석하기 등이 공통적으로 제시되고 있다.

〈표 9-1〉 과학적 탐구기능 구성요소

구성요소	설 명	내 용
관찰하기	• 유아가 오감각 기관 중 한 가지 이상의 감각기관이나 도구를 사용하면서 주의를 집중하여 물체의 특징과 변화를 주의 깊게 살펴보는 과정을 의미	• 사물을 주의집중하여 파악하기 • 한 개 이상의 감각 사용하기 • 모든 적절한 감각 이용하기 • 특성을 정확하게 묘사하기 • 도구 사용하기
분류하기	• 유아가 관찰하고 수집한 다양한 자료들을 물체의 색, 모양, 크기 등과 같은 보편적인 속성이나 기능에 의해 정리하고 조직하는 과정을 의미	• 분류할 수 있는 사물의 주요 특징 추출하기 • 사물들의 유사점 추출하기 • 준거에 의해 두 집단으로 정확하게 분류하기 • 다양한 방법으로 정확하게 분류하기 • 분류준거 설명하기
측정하기	• 주어진 물체의 길이, 들이, 무게, 온도, 시간 등을 오감각을 이용하거나 도구를 사용하여 정량적으로 살펴보는 것을 의미	• 적절한 측정유형 선택하기 • 적절한 측정단위 선택하기 • 적합한 측정 • 도구 사용하기 • 측정기술 적절하게 적용하기
예측하기	• 자료를 가지고 탐색하거나 실험할 때 이미 알고 있는 지식을 이용하여 앞으로 일어날 일을 예상하는 사고과정을 의미	• 알고 있는 지식에 기초하여 예측하기 • 새로 얻은 지식에 기초하여 예측하기
토의하기	• 과학활동을 하는 과정에서 유아와 유아 간, 유아와 교사 간에 서로 생각을 주고받거나 질문하는 과정을 의미	• 사물을 정확하게 묘사하기 • 생각을 주고받기 • 타인에게 사물 설명하기 • 정보 교환하기 • 질문하기 • 조사 완료 후 자료 해석하기 • 결과를 다른 사람이 이해할 수 있도록 설명하기 등

자료수집 및 해석하기	• 자신이 의도하는 과학활동을 하기 위해 수집해야 할 자료와 자료수집 방법을 결정하며 이렇게 수집한 자료를 근거로 타당한 결론을 내리기 위해 자료를 어떻게 조직하고 분석할 것인가를 결정하는 과정을 의미	• 표로 만들기 • 그래프로 그리기 • 그림으로 그리기 등

출처 : 조부경 · 고영미 · 남옥자(2007) 재구성.

(3) 창의적 사고

창의적 사고는 유창성, 독창성, 융통성, 정교성, 민감성 등을 포함한다. 각 사고의 기능이 가진 특징을 바탕으로 각각의 창의적 사고력을 증진시킬 수 있는 교사의 발문을 구체적으로 살펴보면 다음과 같다.

유창성

- 비누하면 떠오르는 것은?
- 고무줄(탄성력)을 이용한 물건에는 어떤 것들이 있을까?
- 거품기를 어디에 사용하니?
- 냉장고의 단점을 찾아보자.

정교성

- 냉장고의 단점을 보완할 수 있는 방법은?
- 조금 더 멀리 날아갈 수 있는 종이비행기를 만들려면 무엇을 보완해야 할까?

독창성

- 어떻게 하면 동그란 모양의 비눗방울 말고 네모, 세모 비눗방울을 만들 수 있을까?

융통성

- 냉장고에 넣는 방법 말고 물을 얼릴 수 있는 다른 방법은 없을까?
- 바람을 일으키는 것 말고 스티로폼 공을 위로 띄울 수 있는 다른 방법은?

민감성

- 우유와 물의 차이점을 관찰해 보자. 눈으로만 관찰하지 말고, 냄새도 맡아보고, 손으로도 만져보고, 끓여도 볼까?

(4) 창의적 성향

창의적 성향이란 창의적인 사람이 일반적으로 지니고 있는 공통된 특성이나 경향을 의미하며, 호기심, 자발성, 과제 집착성, 개방성 등을 포함한다. 이 같은 창의적 성향은 과학과 관련된 태도에서의 정의적인 측면인 '과학적 탐구태도'와 유사한 특성으로 볼 수 있다.

이를 구체적으로 살펴보면 다음과 같다.

자발성 : '난 할 수 있어요'

유아가 문제해결에 적극적이며 주어진 과제 이외의 문제에도 자신해서 임하는 것을 자발성이라 한다.

자발성을 나타내는 행동 :
활동에 스스로 참여하기, 문제해결에 적극적으로 임하기, 의문 나는 점을 해결하려고 시도하기 등

호기심 : '난 궁금한 것이 많아요'

신기한 것을 탐구하려고 하는 태도, 어떤 현상의 이면에 끊임없는 질문을 제기하고 궁금증을 갖는 태도를 호기심이라 한다.

호기심을 나타내는 행동 :
질문 자주하기, 새로운 대상에 관심 기울이기, 문제가 있을 때 원인을 찾으려고 노력하기 등

집착성 : '난 끝까지 할 수 있어요'

해결되지 않은 문제를 포기하지 않고 지속적으로 해결하려고 노력하는 태도를 말한다.

집착성을 나타내는 행동 :
실험 도중 실패했을 때 반복하여 실험결과를 찾으려고 노력하기, 해결되지 않은 문제는 계속해서 해결하려고 노력하기, 한 문제가 해결되면 또 다른 문제를 해결하려고 노력하기 등

개방성 : '난 새로운 것, 다른 것도 알고 싶어요'

새로 밝혀진 근거에 따라 자신의 주장을 변경하거나 다른 의견도 기꺼이 수용하고 새로운 아이디어 및 방법을 추구하려는 태도를 개방성이라 한다. 유아들은 자신들이 예측했던 것을 뒤엎는 새로운 결과를 경험하며 문제를 해결할 때 가능

한 한 긍정적인 면과 부정적인 면을 모두 고려하는 개방적인 태도를 경험한다.

개방성을 나타내는 행동 :

자기 주장에 대한 비판을 수용하기, 실패한 것에 대해 기꺼이 수용하기, 한 가지 문제에 대해 여러 가지 의견 듣기 등

이와 같이 과학 창의성은 과학지식과 과학탐구 기능과 창의적 사고가 융합되어 과학 분야의 문제를 창의적으로 해결하는 능력이나 행동 특성을 말한다.

2) 과학활동을 통한 창의성교육

과학은 본질적으로 창의성을 촉진한다(Lynch & Harris, 2001). 카인(Cain, 2002)은 탐구 · 발견하는 과학활동은 급격히 변화하는 현대사회에 대처하고 새로운 지식을 형성하는 데 효과적이라고 하였다. 즉, 과학은 유아의 주변 세계에서 일어나는 여러 가지 사건과 현상들을 발견하게 하는 원천이 된다. 스트라코(Strako, 1995)는 유아가 주변 사물이나 현상에 대한 호기심과 자신이 당면한 문제를 해결하는 과정에서 창의성이 발현된다고 보았다.

과학활동은 일시적 호기심으로 분절된 활동들을 단편적으로 경험하게 하는 것보다 유아가 자신이 알고자 하는 것을 지속적으로 과학적 현상을 탐구해 보는 과정을 통해 과학적 탐구태도를 기르게 하며, 창의성을 증진시키는 방향으로 초점이 맞추어져야 한다(교육과학기술부, 2013).

다양한 영역 중 특히 과학활동은 창의성과 관련성이 높다(장경혜, 1994; 조연순 · 조석희 · 홍용희 · 김정효, 1996; Mayesky, 1995; Strako, 1995; Torrance, 1990). 과학적 문제해결은 문제인식, 가설설정, 실험설계, 관찰 및 자료수집, 결과해석, 결론의 도출과정으로 이루어지는데(조연순 외 1996), 이는 문제의 인지, 기존 지식 중 상황에 적절한 단서의 탐색, 문제해결이 가능하리라고 기대되는 가설형성,

결과의 검토과정과 같은 창의적 문제해결 과정에도 유사하게 적용된다(Torrance, 1990).

특히 과학의 교수-학습 방법은 유아로 하여금 '왜 그럴까?' 하는 의문을 갖게 함으로써 능동적으로 문제를 해결하도록 동기를 제공할 수 있다(Forman, Kuschner, 1977). 이러한 과정이 바로 지식의 내용과 질을 궁극적으로 좌우하게 된다. 즉, 해결을 요구하는 명확한 문제상황에 유아를 직면하게 함으로써 유아의 창의적인 문제해결능력을 증진시키는 것이다.

읽을거리

뉴턴의 '사과나무' 전설

우리에게 알려진 '뉴턴의 사과' 일화에 따르면, 케임브리지대학교 재학시절 뉴턴(Newton)은 당시 페스트를 피해 고향 마을에 있으면서 사과나무 밑에서 우주에 작용하는 근본적인 힘에 대한 생각에 잠겨 있다 떨어지는 사과를 보는 순간 '순식간에' 지구와 사과를 포함한 세상의 모든 물체가 서로 질량에 비례하고 거리의 제곱에 반비례하는 힘으로 끌어당긴다는 사실을 깨달았다고 한다.

그런데 이 일화가 사실이라면 뉴턴이야 말로 엄청난 '천재'였다는 사실일 것이다. 인류가 사과나무를 키우기 시작한 이래 수많은 사람들이 사과가 떨지는 것을 보았을 터인데 오직 뉴턴만이 위대한 법칙을 뚫어볼 수 있었으니 말이다. 하지만 뉴턴이 중력의 법칙에 도달한 과정은 훨씬 현실적이었다. 뉴턴을 자신이 공부한 내용이나 생각한 내용을 늘 꼼꼼하게 기록해 두는 학자였는데, 뉴턴의 대학시절 노트를 보면 사과나무나 보편중력에 대한 어떠한 언급도 찾아볼 수 없다. 게다가 뉴턴은 세상의 모든 물질현상을 눈에 보이지 않는 입자의 운동과 충돌로 설명하는 데카르트주의자였다. 데카르트주의 관점에서는 질량을 가진 물체가 중간에 아무런 매개 없이 서로 끌어당긴다는 생각은 도저히 받아들일 수 없는 터무니 없는 것이었다. 하지만 뉴턴은 데카르트주의의 한계를 인지하고 여러 해에 걸친 오래 노력을 통해 자신의 운동법칙과 보편중력 개념에 도달할 수 있었다. 뉴턴의 업적은 분명 근대 역학 전체를 뒤바꾼 위대한 것이지만 결코 떨어지는 사과를 보는 순식간에 얻어낸 것이 아니었다. 뉴턴처럼 천재적인 업적을 쌓은 과학자도 결코 초인적인 존재는 아니었던 것이다.

〈출처 : 이상욱, 과학철학〉

2. 유아과학교육과 인성

현대사회의 경쟁적인 사회풍토로 인해 유치원에서부터 대학입시를 준비하고 있는 학벌 위주의 분위기는 교육을 지식 위주로 만들어 가고 있다. 이러한 분위기가 지속될 때 과학적 지식 및 기능이 우수한 인재를 양성할 수는 있지만, 인성이 밑거름이 되지 않았을 경우 이러한 과학인재들은 개인적인 이익을 위해 '신약의 부작용을 속이는 것'에서부터 '버튼 하나로 국가 기밀정보를 타국에 넘기는 범죄'에 이르기까지 국가에게 엄청난 손해를 가져오는 과오를 저지르고 있다. 따라서 과학교육에 앞서 올바른 과학적 태도를 기르도록 하거나 올바른 인성교육에 기초하는 것은 매우 중요하다.

따라서 과학교육과 관련된 인성의 개념은 창의성을 촉진하고 창의성을 발현하는 데 도움이 되는 능력으로서의 인성적인 측면을 말한다.

1) 과학적 탐구태도와 인성의 구성요소

과학활동에서 인성 하위요소인 정직과 공정은 협동학습이나 탐구 · 발견학습을 통해 도모할 수 있다. 즉, 실험수행, 자료조사 및 해석, 결론도출 등의 탐구과정을 통해 다른 사람의 의견에 치우침 없이 수용하는 것을 말한다. 또한 약속은 토론이나 시나리오 수업을 통해 함양시킬 수 있다. 즉, 연구자의 윤리라는 약속이 결핍된 사례에 대해 생각하고 토론하거나 연구자의 윤리를 지켰을 때와 지키지 않았을 때의 결과에 대해 시나리오를 만들어 볼 수 있다(창의 · 인성모델학교 워크숍 자료집, 2011).

몇몇 선행연구들(김경미 외, 2010; 안경숙, 2003; 이경민, 2000)에서 제시한 과학적 탐구태도를 기초로 구성한 인성요소와 과학적 탐구태도와의 관계를 구체적으로 설명하면 다음과 같다.

〈표 9-2〉 인성요소와 과학적 탐구태도와의 관계

인성요소	인성내용	과학적 탐구태도	
정 직	객관적인 기준에 따라 있는 그대로의 결과를 인정하고 받아들이는 것	정직성	관찰 및 실험 결과를 왜곡하거나 선택적으로 취하지 않고 관찰사실에 대해서 편견 없이 제시하거나 인정하려는 태도 예) 얼마나 더 넓었는지 사실대로 이야기해 보자.
책 임	주인의식으로서의 적극적으로 과제를 수행하는 것	정확성	사물을 정확하게 보고 판단하거나 사건을 정확하게 표상하는 태도 예) 이것이 저것보다 얼마나 더 긴지 정확하게 재보자.
배 려	다문화, 다학문 등의 다양성을 받아들이고, 상충되는 의견을 합의에 이르는 것	겸손과 회의	자신의 이론만 옳다고 하거나 자신의 주장만 정당하다고 생각하지 않는 태도 예) 다른 친구들은 어떻게 했는지 들어보자.
용 서	타인의 입장과 견해를 이해하고 받아들일 수 있는 열린 마음을 갖는 것	개방성	새롭게 밝혀진 근거에 따라 자신의 주장을 변경 · 수정하려는 태도, 반대의 견해나 결론도 기꺼이 수용하고 새로운 아이디어, 방법을 기꺼이 수용하려는 태도 예) 네 생각대로 해보자.
존 중	타인의 입장과 의견을 귀중하게 대하고 행동하는 것	객관성	자신의 주관적인 생각이나 가설에 치우치지 않고 가설에 반대되는 증거도 수집하며, 결론을 내리기 전에 가능한 많은 자료를 수집하여 결론을 내리려는 태도 예) 다른 친구들도 너처럼 되었는지 살펴보자.
소 통	생각이나 뜻이 서로 통하여 오해가 없도록 하는 것	비판성	다른 사람의 결론이나 설명, 의견에 대해 옳고 그름을 판단하기 위해 증거를 요구하려고 논쟁하거나 토론할 수 있는 태도 예) 너는 왜 그렇게 생각하는지 설명해 보자.
협 동	마음과 힘을 합해 좋은 결과를 위해 노력하는 것	협동심	개인보다는 집단의 이익을 먼저 생각하고 행동하며 다른 의견이 있을 때 서로 협의하고 서로 돕는 태도 예) 친구와 함께 해보자.

2) 과학활동을 통한 인성교육

이론중심의 암기식 교육은 유아들로 하여금 과학에 대한 흥미를 떨어뜨리게 한다. 하지만 과학활동 시 인성교육의 측면을 접목시킨다면, 이러한 과학교육의 문제점은 어느 정도 해결될 수 있다. 즉, 과학활동에서 긍정적인 과학적 태도를 기르고 유아들의 흥미와 호기심을 유발시키는 데 인성교육이 유용한 도구로 사용될 수 있을 것이다.

또래 간 협동을 통한 과학활동을 통해 유아들은 서로의 생각을 교환하고 새로운 생각을 확장시킬 수 있으며, 정서적인 안정감을 제공하여 활동을 심화시킬 수 있다(교육인적자원부, 2003). 과학활동의 경험은 유아의 자아개념을 확고하게 해주며, 또래 간의 활동과정에서 자신감과 타인에 대한 이해능력 등 사회적 기술을 기를 수 있으므로 배려, 존중, 협력 등과 같은 인성을 함양시킬 수 있다.

다음은 과학활동을 통한 유아의 인성을 함양시킬 수 있는 교사의 발문예시이다.

배려

- 과학자들이 개발한 발명품의 좋은 점을 찾아보자.
- 친구들은 어떻게 해결했는지 생각을 들어보자.

존중

- 친구들이 해결한 것 중 어떤 부분이 가장 마음에 들었나요?
- 네가 발명한 도구가 우리에게(일상생활에) 어떤 도움이 될까요?

협력

- 친구들과 함께 협력하여 실험계획을 세운 후 실험해 보자.
- 친구들과 함께 활동을 하니 어떤 점이 좋았니?

나눔

- 친구들과 공동으로 주어진 재료는 서로 나누어 쓰며 실험해 보자.
- 친구들과 함께 서로의 의견을 나누며 실험해 보자.

질서

- 이 실험에서 지켜야 할 규칙에 대해 이야기해 보자.
- 실험의 순서를 잘 지켜 해보자.

효

- 부모님을 도울 수 있는 편리한 도구를 개발해 보자.

읽을거리

과학자의 실수

노벨(Novel)의 다이너마이트는 광산이나 토목, 건설현장 등에서 아주 유용하게 사용되었고 다이너마이트의 발명은 거의 혁명에 가까웠다. 하지만 다이너마이트의 주 원료인 니트로글리세린은 액체로 되어 있어 외부의 작은 자극에도 쉽게 잘 터지는 치명적인 단점이 있었다. 이에 노벨은 안전하게 만들 수 있고 보다 강력한 다이너마이트를 만들기 위해 연구를 했다. 그러던 어느 날 드디어 노벨은 자신이 원하던 강력한 다이너마이트를 만들게 되었는데 그것은 바로 작은 실수에서 비롯된 것이었다. 실험을 하던 중 노벨은 실수로 손가락을 베이게 되었고 연구를 중단할 수 없었던 그는 당시 널리 쓰이던 액체 반창고를 상처 부위에 바른 채 실험을 이어갔다. 그런데 이때 액체상태의 니트로글리세린이 투명한 젤리 모양의 껌처럼 변했던 것이었다. 당시 액체 반창고의 주 성분은 콜로디온으로 니트로글리세린이 이 콜로디온과 만나면 투명한 젤리 모양의 껌처럼 변하게 되는데, 이때 모양만 바뀌는 것이 아니라 성능 또한 기존의 다이너마이트보다 3배 이상의 폭파력을 가지게 되었다. 이후 노벨은 투명한 젤리 모양으로 변한 니트로글리세린으로 새로운 다이너마이트를 제조하기 시작했으며 그 생김새에서 이름을 따 폭파 젤라틴이라고 부르게 되었고 폭파 젤라틴으로 인해 노벨은 세기의 과학자라는 명예를 얻게 되었다.

20세기 초 하버드 대학 강사였던 월리스 캐러더스(Wallace Carothers)는 연구팀원들과 함께 고분자에 대한 연구를 하고 있었다. 그런데 그의 조수 줄리언 힐(Julian Hill)은 시험관에 남아 있는 찌꺼기를 닦기 위해 애를 먹어야 했다. 그러던 어느 날 줄리언 힐은 실험관에 열을 가해 찌꺼기를 녹인 후 유리막대로 긁어 내야겠다는 생각을 한 후 유리막대로 긁어보니 뜻밖에도 막대 끝에서 실크처럼 가느다란 실이 끝없이 나왔던 것이다. 마침 그 광경을 목격한 캐러더스는 자신이 만든 합성물질로 실처럼 가늘게 늘어나는 인공화학섬유인 나일론을 개발하게 된 것이었다.

이외에도 1839년 찰스 굿이어(Charles Goodyear)라는 청년이 황을 끓이다가 실수로 고무 위에 엎질러 합성고무를 만들었는데, 이것이 고무 타이어의 시작이었다. 뿐만 아니라 전자레인지는 전투기 부품을 만들기 위해 레이더 실험을 하다가, 그리고 치클 껌은 고무를 만들다 실패해서 만들어졌다. 그들의 실수를 통해 위대한 발견이 이루어졌고 우리는 그들에게서 실수마저 놓치지 않는 통찰력과 부단한 노력, 끈기의 중요성을 배우게 된다.

〈출처 : 김희정, 과학향기 재구성〉

Ⅱ. 창의적 과학활동을 통한 유아 창의 · 인성교육

1. 창의적 과학활동을 통한 유아 창의 · 인성교육의 원리

과학활동을 통한 창의 · 인성교육을 위한 일반적인 원리는 개방의 원리, 수용의 원리, 자율성의 원리, 사고존중의 원리, 개별화의 원리, 다양화 경험의 원리가 있다(신건권, 2001). 이를 구체적으로 살펴보면 **〈표 9-3〉**과 같다.

〈표 9-3〉 과학활동을 통한 창의 · 인성교육을 위한 일반적인 원리

구 분	설 명
개방의 원리	기존 지식이나 기술 등을 그대로 답습시킴으로써 유아를 어떤 틀 속에 예속시키기보다는 자신의 생각을 스스로 창안할 수 있도록 분위기와 기회를 제공하고 유아의 의견을 존중하고 실수를 인정하는 용기를 가지도록 격려해야 한다는 것
수용의 원리	유아에게 자기 자신의 주장만 내세우는 것이 아니라 타인의 의견을 수용할 수 있는 포용력을 가지도록 교육해야 한다는 것
자율성의 원리	유아에게 지시에 대한 복종이나 질서만을 강조하기보다는 가능한 한 간섭을 배제시킴으로써 유아 스스로 문제의식을 가지고 참여할 수 있도록 교육해야 한다는 것
사고존중의 원리	창의성이란 스스로 생각하고 스스로 터득할 때 발현되기 때문에 유아에게 문제의식을 심어주는 교육을 해야 한다는 것 인성이란 타인의 사고를 존중하는 과정에서 시작되기 때문에 유아에게 다른 사람의 관점을 이해할 수 있는 교육을 해야 한다는 것
개별화의 원리	문제의 획일적인 해결책만을 요구하기보다 모든 개별 유아를 존중해서 존중해야 한다는 것
다양한 경험의 원리	다양하고 풍부한 경험 속에서 교육해야 한다는 것

출처 : 김미진(2010) 재구성.

과학활동을 통한 창의 · 인성교육이란 과학적 문제를 해결하기 위해 유아가 창안한 다양하고 새로운 방법을 관찰, 분류, 측정, 예측, 토의하기 등의 다양한 과학적 탐구기술들을 적용하여 실행해 보는 탐구활동이며(김미진, 2010), 정직성, 개방성, 협동심, 겸손과 회의 등 다양한 과학적 탐구태도를 함양시키는 활동이다.

이러한 과학활동이 효과적으로 이루어지기 위해서는 먼저 일반적인 창의 · 인성교육의 원리와 함께 교수–학습 방법, 자료준비, 교사의 역할 등 다양한 요소들이 구체적으로 고려되어야 한다(교육과학기술부, 2013; 방인옥, 1997; 신건권, 2001; 전경원, 1999; Copley, 1992).

효과적인 과학활동을 위한 방법을 구체적으로 설명하면 다음과 같다.

- 유아 창의 · 인성교육에서 기본적인 환경은 유아의 생각이 존중되고 서로 우호적이며 새로운 생각을 격려받고 지지받는 교실분위기의 조성이다. 이는 유아가 자신의 엉뚱하고 독특한 생각들이 거부되지 않고 교사나 친구들에게 수용된다는 느낌을 갖게 한다는 것이다.
- 과학활동 내용은 유아 자신의 직접적인 조작에 의해 결과가 관찰 가능한 것이 적절하다. 특히 정답이 있는 주제보다는 다양한 반응이 나타나거나 다양한 방법이 적용 가능한 개방적인 주제를 선정해야 한다.
- 과학활동을 위한 자료는 기능과 목적이 정형화되어 있는 것보다 의도하는 목적에 따라 다양하고 독특한 방법으로 조작이 가능한 개방적이며, 구조화되지 않은 것이 적절하다(김효진, 2005). 한편 인지발달 특성상 전조작기 유아들은 여러 가지 변인을 동시에 고려하지 못한다. 따라서 변인이 통제되지 않은 다양한 과학자료는 오히려 문제해결을 위한 사고를 분산시킬 수 있으므로 주어지는 자료의 양과 종류를 조절하여 제공하도록 한다(교육과학기술부, 2013).
- 활동형태는 과학활동의 모든 과정에서 일관성 있게 유지하기보다 상황에 따

라 유동성 있게 조절해야 한다. 예를 들어, 탐색단계에서는 유아들로 하여금 자신의 생각을 다양한 방식으로 적용해 볼 수 있도록 개별활동의 형태를 제공하는 것이 적절하며, 또래 간 상호작용이 필요한 경우에는 집단으로 구성해 줄 수 있다.

- 유아에게 반복적 · 지속적 경험을 제공하고, 충분한 시간을 준다. 즉, 유아가 자신의 아이디어를 실행하면서 나름대로 의미 있는 결과에 도달하기 위해서는 일회적이고 분절된 경험보다는 반복적이고 지속적인 경험이 필요하다. 또한 유아가 너무 긴 시간 동안 활동을 성급하게 마무리하지 않도록 충분한 활동시간을 제공해야 한다(김미진, 2010).
- 교사의 발문은 과학활동에서 유아의 사고를 확장하는 중요한 변인이다. 특히 활동의 도입단계에서 개방적 질문을 사용할 때 유아는 문제해결을 위한 다양한 방법을 모색하면서 자신만의 독특한 방법으로 문제를 해결해 나간다. 한편 과학활동에 몰입되는 심화 · 확장단계에서 교사는 수렴적 질문을 함으로써 사물이나 현상간의 유사점과 차이점을 비교하고 문제해결의 단서에 초점을 맞출 수 있도록 유도한다. 이러한 수렴적 질문은 유아가 문제의 핵심요소를 발견해 내고, 이들 간의 관계를 이해하는 능력을 증진시켜 준다(김미진, 2010).
- 발문에 대한 유아의 반응에 따른 교사의 행동은 창의 · 인성 신장에 중요한 요인이다. 교사는 유아의 반응을 즉각 요약할 것이 아니라 유아 스스로 생각해 낼 수 있게 기다려 주어야 한다. 또한 교사는 유아의 반응이 실망스럽다 하더라도 진지하고 적극적으로 반응해 주어야 한다. 교사는 유아가 문제를 해결하는 과정에서 자신의 아이디어가 한 번의 시도로 목표에 도달했을 때 인과관계를 바로 결론을 내리기보다는 다른 방법도 시도해 볼 수 있도록 격려해야 한다. 또한 유아가 계속해서 시행착오를 반복할 때 다른 관점, 변인의 성질, 과학자료의 조건 등을 다르게 하여 실행해 볼 수 있도록 한다(김미진, 2010).

2. 창의적 과학활동을 통한 유아 창의 · 인성교육의 지도방법

창의적 과학활동을 통한 유아 창의 · 인성교육의 지도방법을 구체적으로 제시하면 다음과 같다.

- 유아가 과학활동과 관련 있는 다양한 활동, 과학박람회 및 전시회 등 여러 가지 과학활동을 직접 스스로 선택하고 참여할 수 있도록 그들에게 개방적인 분위기를 제공한다.
- 과학작품이나 실험결과를 발표함으로써 자신을 표현하고 타인을 이해할 수 있는 기회를 제공한다.
- 활동은 가급적 적은 인원의 소집단 활동으로 진행하며, 소집단 활동 시 또래 간의 상호작용을 격려하여 협력의 중요성을 인식하게 한다.
- 유아중심의 탐구활동과 토론 및 토의가 원활하게 이루어지도록 하며, 토론 시 다른 사람의 의견을 존중하는 태도와 자신의 의견을 명확히 표현하려는 태도를 갖게 한다.
- 교사는 유아에게 과학자 이야기, 시사성 있는 과학내용이나 최신 과학활동 등을 과학활동 시간에 소개하여 유아의 과학적 흥미와 호기심을 유도한다.
- 유아가 생물이나 생명체를 다룰 때는 생명을 아끼고 존중하는 태도를 갖게 한다. 혹시나 생명에 해를 입혔을 경우에는 사후 처리에 유의하도록 지도하며, 생명의 존중과 생태계 및 환경 보전에 관심을 가질 수 있도록 안내한다.
- 실험 이후 발생하는 폐기물이나 오염원이 환경을 오염시키지 않도록 유의하여 지도해야 한다.

「공기 중에 공을 띄워 보아요」 교육계획안

<table>
<tr><td>생활주제</td><td>생활도구</td><td>주 제</td><td>다양한 생활도구</td><td>소주제</td><td>생활도구 유용하게 활용하기</td><td>활동일시</td><td>2014. ㅇ. ㅇ</td></tr>
<tr><td>활동명</td><td>공기 중에 공을 띄워 보아요</td><td>활동형태</td><td>자유선택활동</td><td>유형(영역)</td><td>과학영역</td><td>연 령</td><td>만 5세</td></tr>
<tr><td>활동목표</td><td colspan="7">• 손으로 던지지 않고 공중에 공을 띄우는 방법을 탐색해 본다.
• 빨대를 이용하여 공을 띄우는 방법을 탐색해 본다.
• 공기의 압력에 따라 공의 높이가 달라지는 것을 안다(구멍의 크기, 용기의 크기).</td></tr>
<tr><td>누리과정 관련요소</td><td colspan="7">• 자연탐구 : 과학적 탐구하기 – 간단한 도구와 기계 활용하기
• 자연탐구 : 탐구하는 태도 기르기 – 탐구기술 활용하기
• 의사소통 : 말하기 – 느낌, 생각, 경험 말하기</td></tr>
<tr><td>창의 · 인성 관련</td><td colspan="7">• 창의성 : 동기적 요소 - 호기심/ 흥미
• 인성 :</td></tr>
<tr><td>활동자료</td><td colspan="7">• 빨대, 스티로폼 공(여러 가지), 빈 마요네즈나 케첩 용기(여러 크기), 다 쓴 휴지롤, 호일롤, 칼, 가위, 송곳, 청색 테이프
〈배치〉
중앙에 작은 스티로폼 공을 놓아둔다. 보조책상에 빨대, 빈 마요네즈 용기, 휴지롤 등을 준비해 둔다.</td></tr>
<tr><td>활동방법</td><td colspan="5">활동내용</td><td colspan="2">자료 및 유의점</td></tr>
<tr><td>도 입</td><td colspan="5">1. ‘공기’에 관련된 수수께끼로 주의집중을 한다.
– 눈에는 보이지 않지만, 없으면 숨을 쉴 수가 없고, 우리에게 꼭 필요한 것이에요. 자동차나 도시보다 숲이나 나무가 많은 곳에서 나는 더욱 깨끗해요. 나는 누구일까요?
– 공기를 눈에 보이도록 하는 방법은 무엇이 있을까?
2. 활동을 소개한다.
– 오늘은 선생님과 함께 친구들이 손을 이용하지 않고, 공을 띄워보는 활동을 해볼 거예요.</td><td colspan="2"></td></tr>
</table>

<table>
<tr>
<td>전 개</td>
<td>
1. 공의 모양, 공의 특징, 주변에 공과 비슷한 물건들을 찾아본다.
– 다양한 종류의 공의 모양을 관찰해 보아요. 어떤 모습들이 있나요?
– 다른 공들과 다른 점은 무엇일까요? (모양, 크기, 질감, 색, 재질 등)
– 이 공처럼 우리 주변에 비슷한 물건을 찾아보아요.
2. 손으로 공을 위로 던져보자.
– 공을 내 키보다 더 높이 올릴 수 있는 방법은 무엇이 있을까요?
– 손, 도구를 이용하여 공을 위로 던져보아요.
– 어떻게 하면 손으로 던지지 않고 공을 띄울 수 있을까?
3. 공을 빨대를 이용하여 다양한 높낮이로 움직여 본다.
– 빨대를 사용해 공을 띄울 수는 없을까요?
– 입으로 불지 않고 공을 띄울 수 없을까요?`
– 더 높이 공을 띄우려면 어떻게 해야 할까요?
– 빨대를 사용해서 공을 띄워보아요.
– 빨대 위에 공을 올려놓고 띄워보아요.
– 빨대에 칼집을 내어 공 받침대를 만들어 보아요.
– 더 큰 공을 띄우려면 어떻게 해야 할까요?
– 입으로 불지 않고 공을 띄우려면 어떻게 해야 할까요?
4. 활동재료를 탐색해 보며 활동방법을 알아본다.
• 손으로 공을 위로 던져본다.
• 빨대를 입에 물고 불어서 공을 띄어본다.
• 다양한 크기의 마요네즈 용기와 휴지롤을 이용하여 공기총을 만들어 본다.
• 마요네즈 용기의 크기에 따라 공의 높이가 어떻게 다른지를 살펴본다.
• 롤에 연결한 구멍의 크기에 따라 공의 높이가 어떻게 다른지 살펴본다.
• 여러 높이의 끈끈이가 붙은 표적지를 향해 공을 쏘는 게임을 한다.
– 마요네즈 용기에서 공기가 나오는 것을 확인해 보아요.
– 마요네즈 용기와 휴지롤 등의 준비된 재료를 탐색해 보아요.
– 이 재료를 이용해서 공을 띄우려면 어떻게 해야 할까요?
– 더 높이 공을 띄우려면 어떻게 해야 할까요?
– 어떻게 하면 바람이 더 세게 나올까요?
– 만든 공기총으로 누가 더 높이 올라가는지 게임을 해보아요.
– 마요네즈 용기가 더 큰 것은 왜 공이 더 높이 올라갈까요?
5. 유아가 활동을 마쳤을 때 끝났는지 확인하고 격려한다.
– 어떻게 만든 공기총이 더 높이 올라갔을까요?
– 마요네즈 용기뿐만 아니라 어떤 재료를 바꾸어 만들어 볼 수 있을까요?
</td>
<td>
교사는 유아가 충분히 생각하고 재료를 탐색하여 표현해 볼 수 있도록 한다.

유아들의 풍부한 상상력을 교사는 허용적인 태도로 받아들이고 지도하여 유아가 발명에 대한 접근을 보다 쉽게 느끼도록 지도한다.

게임활동을 진행했을 경우 유아들은 활동을 안전하게 진행하며 잘 띄워지지 않는 것은 왜 그런지 함께 알아보도록 한다.
</td>
</tr>
</table>

마무리	**1. 친구들에게 공기총을 소개해 보며 활동을 평가한다.** – 친구들의 공기총을 소개해 보면서 얼만큼 이동하는지 알아본다. – 공기총 만들기를 하며 힘들거나 아쉬웠던 점은 어떤 것이 있었나요? – 공기총 만들기를 하며 재미있거나 기억에 남는 점을 어떤 것이 있었나요? **2. 차시를 예고한다.** – 다음 활동 때는 마요네즈 용기뿐만 아니라 다른 도구를 이용하여 공기총 만들기 활동을 해볼 거예요.	
활동 평가	• 공기압력의 세기에 따라 공이 높이 올라감을 알 수 있는가? • 공기압력의 세기가 달라지는 원인으로 공기의 양(마요네즈 용기의 크기)과 공기 방출구의 크기(구멍의 크기)가 있음을 알 수 있는가? • 마요네즈 용기를 한 쪽만 눌렀을 때 날아가지 않는 이유는 밀린 공기가 다른 쪽 마요네즈 용기 쪽으로 움직여서 공을 밀어낼 힘이 충분하지 않는 것을 알 수 있는가?	탐구기술을 활용하여 공기총 만들기에 적극 참여할 수 있도록 하고, 유아들이 잘 진행되지 않는 경우 이유를 알아보도록 한다.
확장 활동	• 다양한 도구와 재료를 이용한 공기총 만들기를 해본다. • 친구들과 나의 공기총의 높이를 측정해 본다.	

Ⅲ. 창의적 과학활동을 통한 유아 창의 · 인성 활동의 실제

활동 1

공중에 뜬 공

– 다양한 방법 예상하기

❖ 준비물 : 빨대, 스티로폼 공(여러 가지), 빈 마요네즈나 케첩 용기(여러 크기), 다 쓴 휴지롤, 호일롤, 칼, 가위, 송곳, 청색 테이프

❖ 활동방법

1. 공기 중에 공을 띄울 수 있는 다양한 방법에 대해서 브레인스토밍을 한 후 그중 가장 잘 띄워질 방법을 그림으로 그려본다.
2. 빨대, 크기가 다른 케첩 용기, 길이가 다른 롤 등을 가지고 공을 띄우는 실험을 해본다.
3. 결과에 따라 내가 생각한 방법을 수정하여 그려본다.

창의성 증진을 위한 발문하기

Tip 창의성

1. 유창성 : 공을 띄울 수 있는 다양한 방법을 생각해 보세요.
2. 융통성 : 준비된 재료 이외에 공을 띄울 수 있는 재료는 무엇이 있을까요?
3. 독창성 : 실험결과에 따라 생각한 아이디어의 아쉬웠던 부분을 수정하여 나만의 공기총을 만들어 보세요.

인성 함양을 위한 발문하기

Tip 인성

1. 협력, 존중 : 친구들과 실험을 통해 발견된 생각을 존중하여 듣고 서로의 의견을 소통한 것을 바탕으로 새로운 공기총을 만들어 보세요.

내가 만든 공기총 : 다양한 방법 예상하기 준비물 : 연필, 색연필

1. 어떻게 하면 공기 중에 공을 띄울 수 있을까요? 자신이 생각한 방법을 아래에 그려 보세요.

활동 2

구슬이 어디로 여행을 할까요?

– 물체의 특성 알아보기

❖ 준비물 : 구불구불한 길이 그려진 우드락, 가위, 마분지, 색지, 골판지, 청테이프, 요구르트병, 재활용품 등

❖ 활동방법

1. 구슬의 특성에 대해 관찰한다.
2. 구슬이 굴러다닐 수 있는 재미난 길을 상상하여 그려본다.
3. 친구들과 다양한 재활용품을 이용하여 구슬이 지나가고 구슬이 막히는 길을 창의적으로 만들어 본다.
4. 완성 후 친구들과 구슬을 굴려본다.
5. 구슬을 굴려본 후 아쉬운 점에 대해 이야기 나눠본다.

창의성 증진을 위한 발문하기

Tip 창의성

1. 유창성 : 우리 주변에 구슬과 비슷한 모양인 것들은 무엇이 있나요?
2. 융통성 : 만일 구슬을 잃어버렸다면 어떤 것으로 대체할 수 있을까요?
3. 독창성 : 재미있는 구슬길을 완성해 보세요.

인성 함양을 위한 발문하기

Tip 인 성

1. 협력 : 친구들과 의논하여 구슬이 굴러갈 수 있는 길을 만들어 보세요.
2. 존중 : 서로의 의견을 존중하며 모든 친구들의 생각을 담아 구슬길을 만들어 보세요.

꼬불꼬불 구슬길 : 물체의 특성 알아보기 준비물 : 색연필, 연필

1. 굴러가는 구슬의 특성에 맞게 손을 데지 않고 구슬을 아래 길까지 빨리 굴러갈 수 있게 길을 만들어 보세요.

❖ 활동모습

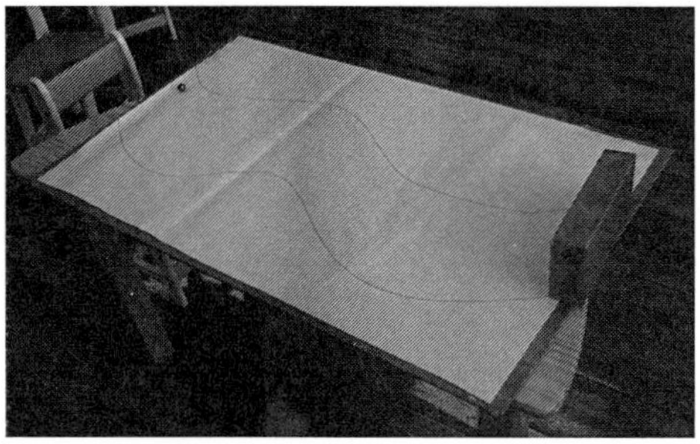

구슬길 그림 :

친구들과 함께 만들 구슬길 도안 작업

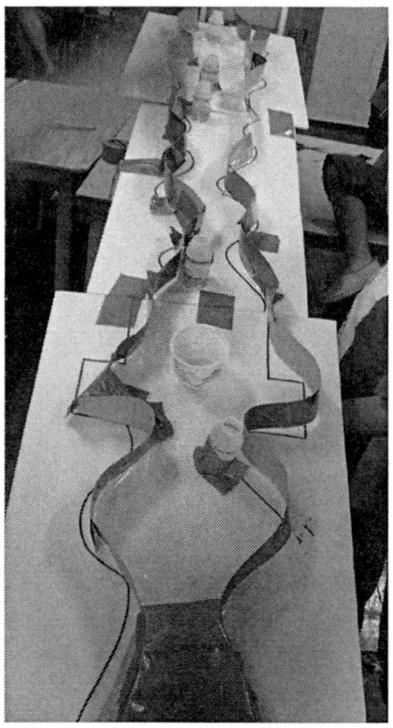

구슬길 :

재활용품과 다양항 재료를 사용하여 구슬길을 만들어 보고 구슬을 굴려보고 있는 모습

활동 3

크레파스의 눈물

– 물질의 변화 알아보기

❖ 준비물 : 전지, 도화지, 크레파스, 다리미(드라이기, 촛불)

❖ 활동방법

1. 도화지 위에 크레파스 가루를 뿌려본다.
2. 그 위에 전지를 덮고 종이가 움직이지 않도록 잡은 후 다림질을 한다.
3. 다림질을 했을 때 크레파스가 어떻게 변화되는지 관찰한다.
4. 크레파스가 녹은 모습을 보고 생각나는 그림을 그려서 올린 후 꾸며본다.
5. 내가 녹이고 싶은 부분만 녹일 수 있는 방법에 대해 생각해 보고 이야기 나눠본다.

창의성 증진을 위한 발문하기

Tip 창의성

1 .유창성 : 우리 주변에 뜨거운 것과 만나면 녹는 것은 무엇이 있는지 이야기 해 보자.

2. 민감성 : 크레파스가 녹은 모습을 보고 무엇이 떠오르나요?

3. 독창성 : 크레파스가 녹은 그림을 이용하여 연상되는 그림을 그려보세요.

인성 함양을 위한 발문하기

Tip 인성

1. 질서 : 뜨거운 것에 다치지 않도록 질서를 지키며 실험을 해요.

2. 존중 : 친구들의 작품 중 마음에 드는 작품은 무엇인가요? 그 작품이 마음에 드는 이유에 대해 이야기해 보세요.

물질의 변화 알아보기

준비물 : 사인펜

1. 내가 표현하는 그림이 어떻게 변했을까요?
크레파스 그림과 녹인 전, 후 그림을 그려보세요.

녹이기 전 그림	녹인 후 그림

2. 어떻게 하면 내가 녹이고 싶은 부분만 녹일 수 있을까요? 그림으로 표현해 보세요.

❖ 활동모습

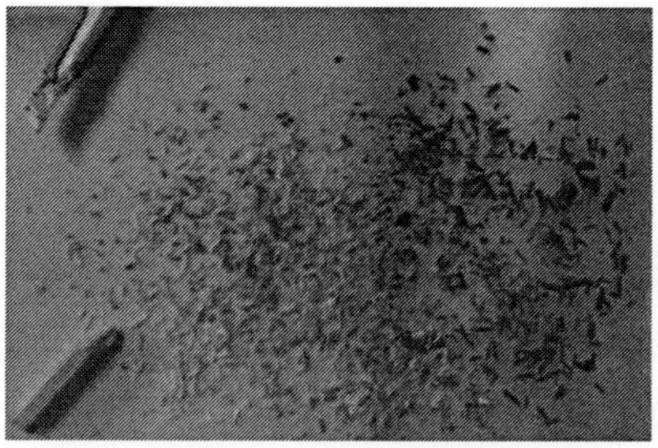

크레파스 가루 :

크레파스가 열과 만났을 때 어떻게 변화가 되는지 크레파스를 가루로 만든 모습

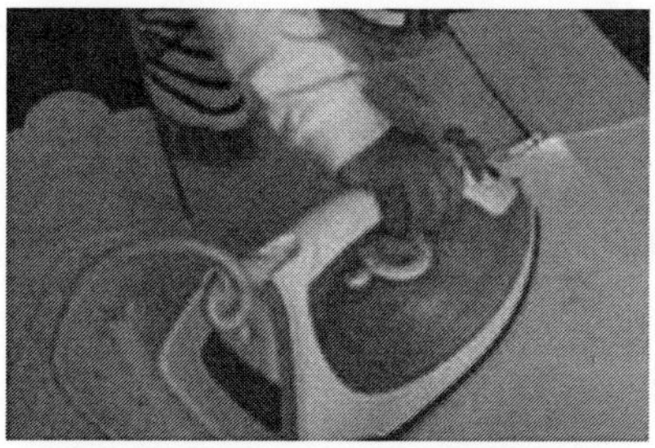

다림질하기 :

도화지에 크레파스 가루를 뿌리고 그 위에 얇은 전지를 올린 후 조심히 다림질을 한다.

실험 후 완성한 작품 :

크레파스가 녹인 모습을 보고 나비의 알록달록 날개로 완성한 작품

참고문헌

교육과학기술부(2013). 3~5세 연령별 누리과정 해설. 서울 : 교육과학기술부.

교육인적자원부(2003). 놀이를 통한 유아과학교육 활동자료. 서울 : 교육인적자원부.

권이종(2000). 교원 연수 학점 강화 및 프로그램 개발 연구. 교육유관기관보고서.

김경미 · 김현주 · 송연숙(2010). 개정 현장중심 유아과학교육. 서울 : 창지사.

김미진(2010). 창의성 증진을 위한 과학활동이 유아의 창의성 및 과학적 탐구능력에 미치는 영향. 한국교원대학교 대학원 석사학위논문.

김연옥(2004). 구성주의 유아과학 프로그램이 창의성 및 문제해결력에 미치는 효과. 전북대학교 대학원 석사학위논문.

김연홍(2004). 유아과학교육 프로그램 구성과 그 효과 연구. 동국대학교 대학원 석사학위논문.

김영숙(2007). 그림책 통합 과학활동이 유아의 창의성에 미치는 영향. 강원대학교 산업대학원 석사학위논문.

김영진(1998). 자각전략을 통한 인성교육의 방법에 관한 연구 : Robert Hall을 중심으로. 한국교원대학교 대학원 석사학위논문.

김효진(2005). 소집단 과학활동이 유아의 창의성과 언어능력에 미치는 영향. 계명대학교 교육대학원 석사학위논문.

문은자(2000). 소집단 과학활동의 전개유형이 유아의 창의성과 문제해결력에 미치는 영향. 한국교원대학교 일반대학원 석사학위논문.

박은성(2013). 미술, 과학 융합교육 프로그램이 유아의 창의성 발달에 미치는 효과. 명지대학교 교육대학원 석사학위논문.

박종원(2004). 과학적 창의성 모델의 제안 : 인지적 측면을 중심으로. **한국과학교육학회지, 24**(2), 375-386.

박혜원(2008). 구성주의 과학 프로그램이 유아의 창의성 및 문제해결력에 미치는 영향. **영재교육연구, 18**(3), 401-424.

방인옥(1997). 유아의 창의성 신장을 위한 교수방안. **사회과학연구, 6**(1), 82-97.

신건권(2001). 창의성 지향적인 교수 · 학습 전략. **창의력개발연구**, 5, 49-71.

안경숙(2003). 유아과학활동과 통합된 과학능력 평가도구의 개발 : 과학적 태도, 탐구능력, 과학적 개념에 대한 평가. 덕성여자대학교 대학원 박사학위논문.

이경민(2000). 상호작용적 교수법에 의한 과학교육이 유아의 과학적 개념, 탐구능력, 태도에 미치는 효과. 중앙대학교 대학원 박사학위논문.

이언영(2010). 중등 과학수업에서 인성교육에 대한 교사들의 인식과 발전 방향 연구. 한양대학교 교육대학원 석사학위논문.

장경혜(1994). 탐구학습중심 과학교수 방법이 유아의 창의성과 문제해결력에 미치는 효과. 숙명여자대학교 교육대학원 석사학위논문.

전경원(1999). **창의성을 중심으로 한 유아과학교육**. 서울 : 학문사.

정현철 · 한기순 · 김병노 · 최승언(2002). 과학 창의성 계발을 위한 프로그램 개발 이론과 예시를 중심으로. **한국지구과학교육학회지**, 23(4), 334-348.

조부경 · 고영미 · 남옥자(2007). **예비교사와 현직교사를 위한 유아 과학교육**. 경기 : 양서원.

조연순 · 조석희 · 홍용희 · 김정효(1996). 유아를 위한 창의성 프로그램 개발. **인간발달연구**, 24, 29-48.

조연순 · 최경희(2000). 창의적 문제해결력 신장을 위한 중학교 과학교육과정 개발. **한국과학교육학회지**, 20(2), 329-343.

조형숙(2001). 탐구능력 향상을 위한 창의적 실험구성 프로그램 개발 및 평가연구. **유아교육연구**, 21(3), 27-54.

Abruscato, J.(2000). *Teaching children science : A discovery approach*(5th ed.). Boston : Allyn and Bacon.

Cain, S. E.(2002). *Sciencing*. Upper Saddle River, NJ : Merrill Prentice Hall.

Chaille, C., & Britain, L.(2003). *The young child as scientist : A constructivist approach to early childhood science education*. Boston : Allyn and Bacon.

Copley, A.(1992). *More ways than one : Fostering creativity in the classroom*. Norwood, NJ : Ablex.

Forman, G. E., & Kuschner, D. S.(1977). *The child's construction of knowledge : Piaget for teaching children*. Monterey, CA : Brooks/ Cole Publishing Company.

Lynch, M. D., & Harris, C. R.(2001). *Fostering creativity in children*, K–8. Needham Heights, MA : Allyn and Bacon.

Martin, D. J.(1997). *Elementary science methods A constructivist approach*. NY : Delma.

Mayesky, M.(1995). *Creative activities for young children*. NY : Delmar.

Praire, A. P.(2005). *Inquiry into math, science, and technology for teaching young children*. Albany, NY : Delmer Publishers Inc.

Strako, A. J.(1995). *Developing creativity in the classroom : Schools of curious delight*. NY : Longman.

Torrance, E. P.(1990). *The Torrance Tests of Creative Thinking : Norms–technical manual*. Bensenville, IL : Scholastic Testing Service.

Worth, K., & Grollman, S.(2003). *Worms, Shadows, and Whirlpools : Science in the Early Childhood Classroom*. Newton, MA : Education Development Center, Inc.

창의적 요리활동을 통한 유아 창의 · 인성교육

CHAPTER

10 창의적 요리활동을 통한 유아 창의 · 인성교육

요리활동은 유아교육기관에서 진행하는 많은 활동 중 유아에게 여러 영역의 발달을 이룰 수 있도록 돕는 가장 대표적인 활동이다. 즉, 요리활동은 단순히 식재료를 만져보고 먹어보는 것만으로 끝나는 것이 아니라 어떤 음식을 요리할 것인지 계획하고, 재료를 준비하며, 실제로 음식을 만들고, 만든 음식을 먹고 정리하기까지 모든 과정에 직접 참여함으로써 유아의 각 발달영역에 풍부하게 도움을 주는 활동이다(오영희, 2005). 특히 유아는 친구들과 함께 음식을 만드는 과정을 통해 협력, 배려, 존중을 경험할 수 있으며, 요리과정에서 일어나는 다양한 문제를 창의적으로 해결할 수 있을 뿐만 아니라 요리를 통해 자신의 개성을 표현할 수 있다. 따라서 유아교육현장에서 유아교사가 요리활동을 통한 유아 창의 · 인성교육을 실천하는 것은 매우 중요하다.

I. 유아요리활동과 창의 · 인성교육

1. 유아요리활동

유아요리활동을 통한 교육은 유아의 신체, 인지, 언어, 정서 · 사회성 등 다양한 발달적 측면에 도움이 된다.

요리활동을 통해 도모되는 유아의 발달적 측면을 구체적으로 살펴보면 다음과 같다.

- 요리활동을 통해 유아는 간단한 신체운동 기술을 익힐 수 있다. 즉, 재료를 손이나 요리도구로 다듬는 작업을 통해 눈과 손의 협응력을 기를 수 있다. 또한 유아들로 하여금 따르기, 썰기, 뒤집기, 비비기, 집기, 주무르기 등 다양한 활동을 통해 신체조절 및 운동능력을 촉진시킬 수 있다. 그 외 재료, 요리도구 및 전자제품 등을 사용할 때 유아들은 안전에 대한 중요성을 배울 수 있다.
- 유아는 요리활동을 통해 오감을 사용하여 재료의 색, 모양, 질감, 크기, 냄새 등을 탐색하고 개수를 세거나 재료의 측정을 통해 기본적인 수학적 개념을 학습할 수 있을 뿐만 아니라 재료의 물질적 변화와 화학적 변화를 통해 과학적 개념을 학습할 수 있다.
- 유아는 친구들과 함께 음식을 만들면서 사회성을 발달시키고, 요리재료를 함께 사용하면서 양보하고 배려하는 습관을 기를 수 있다. 뿐만 아니라 그들은 요리활동 시 필요한 규칙을 스스로 지키며 활동해 나갈 수 있다.
- 유아는 재료의 이름과 요리도구를 통해 새로운 어휘를 배우거나 요리순서도를 보고 들으면서 읽기, 듣기 능력 또한 발달시켜 나갈 수 있다.

여러 가지 질감의 재료 썰기를 통하여 눈과 손의 협응력과 신체조절 및 운동능력을 촉진할 수 있다.

[그림 10-1] 재료 썰기

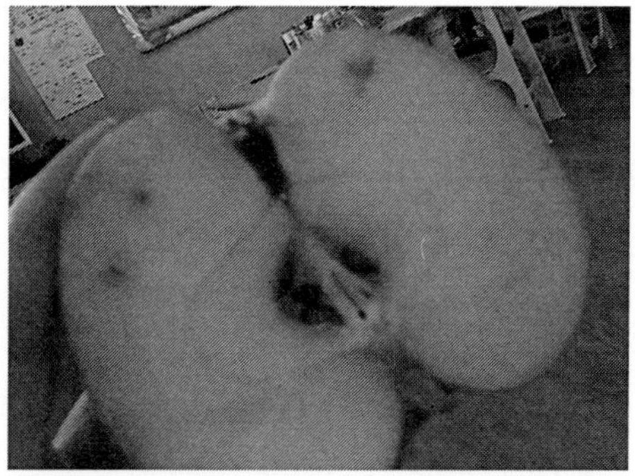

요리활동을 통하여 사과가 공기의 산소와 만나 갈변하는 변화하는 과학적 개념을 학습할 수 있다.

[그림 10-2] 사과의 갈변

이러한 발달을 누리과정 영역과 통합하여 구체적으로 살펴보면 다음 〈표 10-1〉과 같다.

〈표 10-1〉 누리과정 영역에서의 요리활동

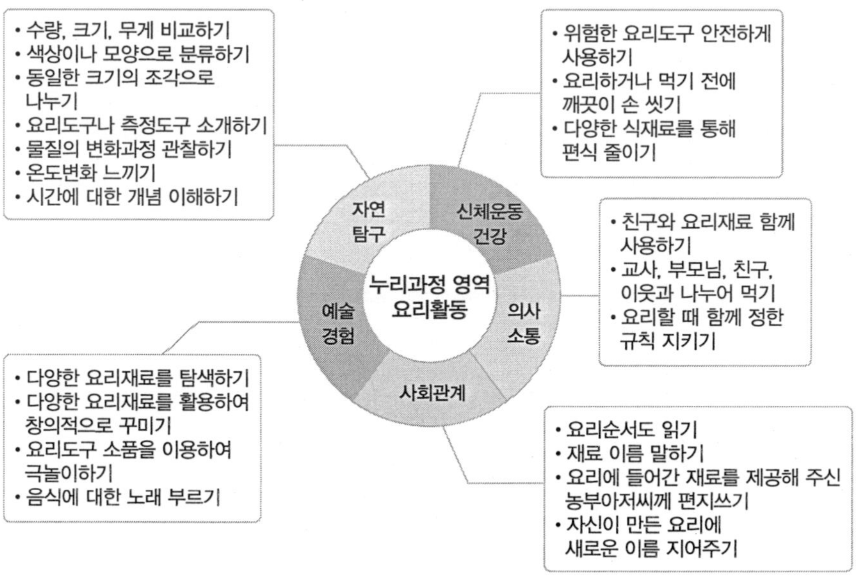

이와 같이 요리활동은 누리과정과 연결하여 알아야 할 개념들을 쉽고 재미있게 적용하고 배울 수 있도록 하는 교육적 가치가 높은 활동이라고 할 수 있다. 또한 요리활동은 가정과도 쉽게 연계할 수 있는 활동으로, 부모는 유아와 함께 요리하는 시간을 가짐으로써 다음과 같은 장점이 있다(Magee, 2008).

- 유아와 함께 요리하면서 자녀와의 유대감을 형성할 수 있다.
- 함께 요리한 음식을 식탁에 앉아 즐겁게 먹을 수 있다.
- 외식 또는 인스턴트식품을 줄일 수 있다.
- 요리를 하는 동안 유아가 TV나 컴퓨터 앞에서 보내는 시간을 줄일 수 있다.

요리를 하고 음식을 직접 먹어보는 일은 다양한 문화를 경험해 볼 수 있는 좋은 방법이며, 각 조리과정마다 판단을 내리고 준비된 음식을 나르는 과정을 통해 독립심, 논리적 사고력, 리더십을 기르게 된다. 또한 유아들에게 있어 또래들과 음식을 만드는 경험은 자신감뿐만 아니라 협동심을 기르게 하고, 입맛이 까다로운 유아라도 새로운 맛을 시도할 수 있게 하며, 음식을 즐기고 다양한 음식에 대해 흥미를 갖게 하고, 이러한 관심은 건강한 식습관을 위한 기초를 마련할 수 있도록 한다. 유아들은 직접 요리하는 것을 좋아하고, 완성된 요리와 자신들이 만든 음식 맛에 대해 흥미로워하면서 성취감을 경험할 수 있는 기회를 가질 수 있으며, 이러한 기회는 유아 자신의 가치를 높일 수 있고, 책임감과 긍정적인 자아존중감을 형성하는 데도 도움이 된다.

유아를 위한 요리 선택 시 고려사항을 구체적으로 살펴보면 다음 〈표 10-2〉와 같다.

〈표 10-2〉 유아를 위한 요리선택 시 고려사항 체크리스트

번 호	항 목	예	아니오
1	연령과 발달에 적합한 요리를 선택하였는가?		
2	요리에 필요한 도구를 사용할 수 있는가?		
3	유아의 흥미나 생활주제와 적합한가?		
4	건강한 식습관을 형성할 수 있도록 촉진하는가?		
5	제철음식이나 지역 농산물을 이용하는가?		
6	명절 또는 문화와 관련이 있는가?		
7	저렴하고, 쉽게 구할 수 있는 재료를 사용하는가?		

유아들과 함께 간단하게 시작할 수 있는 쿠키 만들기
유아들이 직접 쿠키 꾸미기를 통하여 표현력 증진에 도움이 된다.

[그림 10-3] 쿠키 만들기

특히 교사는 유아의 능력에 맞는 요리활동을 제시하는 것이 무엇보다 중요하며, 각 연령에 적합한 요리과제를 구체적으로 살펴보면 다음과 같다(Elizabeth, 2006).

〈표 10-3〉 연령에 적합한 요리과제

연 령	요리과제
3	• 야채와 과일 씻기 • 샐러드를 만들기 위해 양상추 뜯기 • 그릇에 재료를 넣거나 섞기 • 재료를 익히거나 젓기 • 밀가루 붓기 • 접시에 음식을 담기
4	• 계량스푼이나 컵에 재료를 채우기 • 전자레인지 또는 오븐 사용하기 • 요리순서도에 따라 요리하기
5	• 큰 소리로 조리법 읽기 • 오이 또는 당근을 갈기 위해 강판 사용하기 • 포테이토 필러를 이용하여 감자 깎기 • 칼 사용하기 • 만들고 싶은 음식 선정하여 조리법 알아오기

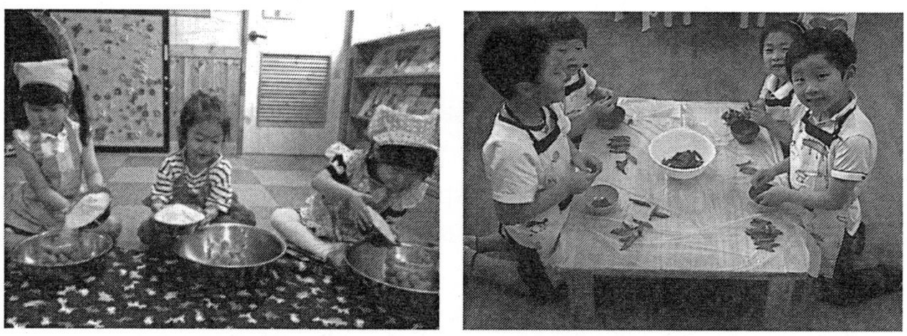

유아들이 직접 요리활동에 참여할 수 있도록 유아의 능력에 맞게 진행되는 요리활동

[그림 10-4] 유아의 능력에 맞는 요리활동

3~4세 유아들은 1시간 이상 걸리는 요리활동을 실시하는 것은 무리이므로, 간단하게 요리할 수 있는 활동을 준비해야 하며, 이 연령대의 유아들은 성인과

항상 함께 요리해야 한다. 5세 유아들은 1시간 정도 걸리는 요리활동을 할 수 있으며, 교사 없이 스스로 할 수 있으므로, 혼자 할 수 있는 것에 대한 기회를 많이 제공해 주어야 한다.

요리는 유아가 자신이 건강하게 성장하기 위하여 몸에 좋은 음식을 스스로 선택할 수 있게 한다. 특히 유아에게 요리활동을 하도록 하는 것은 유아의 독립심과 건강을 촉진하게 한다. 유아와 함께 유아들이 먹을 음식을 요리하는 것은 그들의 삶에 있어 평생 요리기술의 기초를 개발하는 데 도움을 주며, 많은 돈을 들이지 않고 건강을 유지할 수 있는 아주 좋은 방법이라고 볼 수 있다(Negrin, 2012).

2. 유아요리활동과 창의성교육

요리활동은 정해진 틀에서 벗어나 자신의 생각과 느낌을 표현할 수 있는 활동 중 하나이며, 유아의 호기심을 왕성하게 이끌어 낼 수 있는 활동이다. 즉, 유아기의 요리활동은 그들의 독창성, 유창성, 융통성, 상상력, 문제해결력, 추상적 사고력 등을 증진시키는 통합적 활동이다(김은지, 2003; 김정희, 2013; 류미영, 2003; 박고운 · 김선영, 2011; 오영희, 2002; 이정임, 2010).

창의적인 요리활동을 통해 유아는 오감을 자극하고 다양한 재료를 사용하여 자신이 원하는 모양으로 만들어 보고, 유아가 창의적으로 독특하게 생각할 수 있는 기회를 가짐으로써 그들의 창의적 표현능력과 상상력을 증진시킨다. 뿐만 아니라 유아는 창의적인 요리과정에서 발생하는 문제점을 해결해 나가고 그러한 변화과정을 경험함으로써 창의적 사고능력과 창의적 문제해결력을 증진시킨다.

요리활동을 통해서 증진될 수 있는 창의성을 구체적으로 살펴보면 다음과 같다.

- 요리활동은 모든 유아들이 흥미로워하고, 호기심을 갖게 할 수 있는 최고의

환경이다. 요리하기 전, 요리를 할 때, 요리를 하고 나서 느끼는 경험은 유아의 호기심과 상상력을 자극하며, 이러한 호기심은 창의성을 증진시키기 위해 필요한 필수조건이다.

- 유아는 음식을 만들기 위해서 여러 가지 재료를 스스로 선택한다. 예를 들어, 피자를 만들기 위한 많은 재료 중 유아가 원하는 재료를 선택하여 자신만의 피자를 만들어 보는 경험은 유아의 자율성과 독립심을 증진시킬 수 있다. 특히 독립적 사고는 창의성을 발휘하기 위한 중요한 조건 중 하나이다.
- 요리과정에서 다양한 문제를 만날 수 있다. 예를 들어, 계란을 삶을 때 어떻게 하면 계란을 터뜨리지 않고 삶을 수 있을지, 달걀 껍질을 쉽게 벗길 수 있는 방법은 무엇일지와 같은 고민을 통해 유아는 요리과정 중 생기는 문제점들을 능동적이고 탐구적으로 해결해 나갈 수 있는 기회를 마련할 수 있다.
- 요리과정 전, 중간, 후에 생기는 물질의 모양, 소리, 맛 등 여러 가지 변화에 대해 상상할 수 있다. 예를 들면, 밀가루 반죽을 오븐에 굽기 전과 후의 모습이 어떻게 달라지는지 상상해 보거나, 팝콘을 튀길 때 어떤 소리가 날 것인지, 바나나와 갈아 만든 바나나 쉐이크의 맛은 어떻게 다른지 등에 대해 생각해 봄으로써 유아의 상상력을 자극할 수 있다.
- 요리활동에 대한 자신의 생각과 느낌을 표현할 수 있다. 음식을 통해 자신을 표현하고 요리를 하나의 작품으로 즐길 수 있으며, 요리활동이 끝난 후에는 자신의 생각과 느낌을 글로 표현할 수 있다. 또한 자신이 만든 음식에 새로운 이름을 붙여보거나 음식의 맛이나 물질의 변화과정 등을 음악, 동작, 춤, 미술 등으로 표현해 보고, 음식점 놀이, 요리사 놀이 등 역할놀이를 하는 것은 창의적인 표현능력을 기르고 즐길 수 있게 도와줄 수 있는 좋은 방법이다.
- 음식을 만들 때 기존의 방법과 다른 요리방법이나 재료를 선택하여 요리할 수 있다. 예를 들면, 빵을 만들 때 이스트를 넣지 않고 빵을 만들어 보거나 설탕, 소금, 간장, 식초 등 다양한 조미료를 써서 요리를 만들어 보는 등 기존의

방법과 다른 방법을 생각해 보는 것은 독창적 사고를 증진시킬 수 있다.

- 한 가지 재료로 어떠한 요리를 만들 수 있을지 생각해 본다. 예를 들면, 직접 텃밭에서 재배한 재료를 통해 만들 수 있는 음식을 계획해 보거나, 계란으로 가능한 요리는 어떤 것들이 있을지에 대해 생각해 보고, 계란으로 만들 수 있는 다양한 요리를 만들어 보는 것은 창의적 사고 중 유창성을 증진시킬 수 있는 흥미로운 방법이 된다.
- 유아가 또래와 함께 완성된 음식을 그릇에 담는 과정에서 창의적으로 꾸며 보거나 책상이나 식탁보 등을 꾸며보는 활동을 진행할 수 있다.

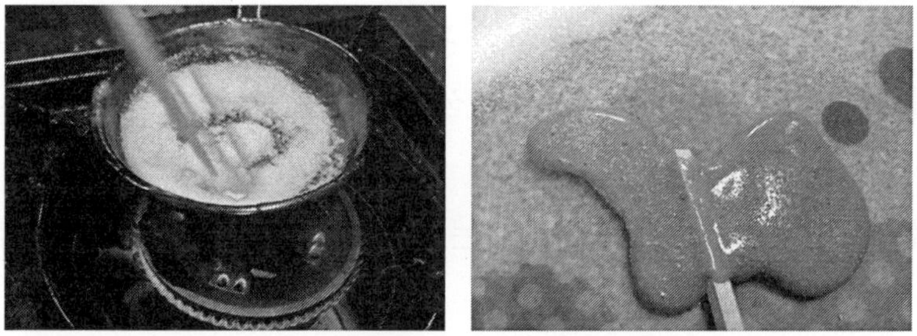

설탕이 가열 시 액체로 변화되어 고체로 변화하는 모습

[그림 10-5] 설탕의 변화

다양한 과일들을 잘라 혼합하여 화채를 만들어 봄으로써 과일의 상태변화를 시키는 모습

[그림 10-6] 과일의 혼합

과일, 빵 등 다양한 재료를 혼합하여 카나페를 만드는 모습

[그림 10-7] 과일 카나페

특히 요리활동을 할 때 유아의 창의성을 증진시키기 위한 가장 기초적이면서도 중요한 방법은 교사의 발문이다. 요리활동을 하는 과정에서 교사의 적절한 발문은 유아의 창의성을 효과적으로 증진시킬 수 있는 중요한 변인이다(김은지, 2014; 정미라 · 이명희 · 이영미, 2010).

이에 유아의 창의적 사고를 증진시키는 발문유형을 살펴보면 다음과 같다.

유창성

- 계란으로 만들 수 있는 요리는 어떤 것이 있을까?
- 믹서기 없이 요리재료를 갈 수 있는 방법은 어떤 것이 있을까?

정교성

- 팝콘을 보다 잘 튀길 수 있는 방법은 무엇이 있을까?
- 음식재료를 모양별, 크기별로 놓아보자.

독창성

- 요리이름을 새롭게 지어보자.
- 사과를 독특하게 잘라볼 수 있을까?

융통성

- 설탕을 사용하지 않고 단맛을 낼 수 있는 방법은 어떤 것이 있을까?
- 내가 만약 밀가루라면 어떤 느낌일까?

민감성

- 고구마를 삶기 전과 후가 어떻게 다르니?
- 오이는 왜 초록색일까?

교사의 발문 이외에도 유아의 창의성을 효과적으로 증진시키기 위한 방법은 다음과 같다.

- 유아가 도전할 만한 것을 제공하는 요리법
- 소집단, 개인적으로 할 수 있는 요리활동을 계획하기
- 유아들에게 요리순서표대로 요리하도록 강요하지 않기

- 유아 자신만의 요리순서표 만들기
- 교실이 어지럽혀질 것을 대비할 수 있는 환경을 구성하기

이외에 요리활동과 창의성을 연계시킬 수 있는 교수–학습 전략을 살펴보면 다음과 같다(정경자, 2000).

〈표 10-4〉 창의적 요리활동 교수–학습 전략

1단계	요리활동의 계획 및 자료 준비	교사와 유아들이 행한 활동에 대하여 이야기나 토의를 하거나 다른 사람에게 자신이 행한 활동을 설명하기도 하고 신체로 표현해 볼 수도 있다. 이때 유아들의 반응에 따라 다음에 더 확장할 수 있는 활동을 계획한다.
2단계	요리활동의 소개	유아들은 요리순서표를 보며 활동을 하지만 자신이 창안해 낸 활동도 할 수 있다. 이때 교사는 적절히 반응해 주고, 유아들의 활동에 적절한 때에 개입한다.
3단계	재료의 탐색 단계	각각의 모양, 색, 느낌, 맛, 냄새, 소리 등에 대해 여러 가지 방법으로 이야기하고 탐색해 볼 수 있는 시간을 가진다.
4단계	요리활동의 전개	요리표의 순서에 의해 요리를 진행하지만 유아의 요구와 흥미에 따라 다양한 요리활동을 할 수 있다는 것을 이야기해 준다.
5단계	요리활동의 평가	계획된 활동은 한 가지의 활동이지만 유아의 요구와 흥미에 따라 융통성 있게 적용할 수 있다.

3. 유아요리활동과 인성교육

요리활동은 요리를 만들기 위해 재료를 준비하는 과정부터 마무리하는 것까지 유아 혼자서는 할 수 없는 활동으로, 교사나 부모가 함께 활동함으로써 자연스럽게 유아의 인성적인 측면을 발달시킬 수 있다.

배려와 존중은 마음이 따뜻한 유아로, 협력과 나눔은 더불어 사는 유아로, 질서와 효는 기본이 바른 유아로 자라나게 할 수 있다. 이러한 배려, 존중, 협력, 나눔, 질서, 효의 덕목을 요리활동 시 증진시킬 수 있는 방법을 살펴보면 다음과 같다.

- 배려에는 용서, 공감, 존중, 관심의 관련 덕목이 포함되어 있으며(중앙육아종합지원센터, 2014), 유아는 요리활동을 통해 친구, 가족, 이웃에 대한 배려의 개념을 배울 수 있다. 먼저 친구나 부모님에게 요리순서를 알려주거나 요리활동 중 도움이 필요한 친구를 도와줄 수 있으며, 친구가 만든 음식에 관심을 가지고, 음식에 대한 다른 사람의 생각과 느낌을 존중하면서 친구와 가족에 대한 배려를 증진시킬 수 있다.
- 존중에는 자존감, 예절, 겸손, 다름의 관련 덕목이 포함되어 있으며(중앙육아종합지원센터, 2014), 유아는 요리활동을 통해 자신과 전통문화에 대한 존중, 다른 사람들과 다른 문화에 대한 존중, 생명과 환경에 대한 존중의 개념을 배울 수 있다. 유아는 요리재료를 두드리고, 자르고, 뜯고, 주무르는 등의 다양한 행동표현을 통해서 부정적 감정이나 스트레스를 긍정적인 방법으로 표현할 수 있으며, 음식은 유아의 생각이나 느낌을 표현할 수 있는 하나의 작품이 될 수 있다. 뿐만 아니라 요리활동에 지역 특산물을 사용하거나 지역 고유의 음식, 우리나라 전통음식 및 다른 나라 음식을 만들어 보는 것은 전통문화와 다른 문화를 존중할 수 있는 기회를 제공한다.
- 협력에는 책임감, 양보, 소통의 관련 덕목이 포함되어 있으며(중앙육아종합지원센터, 2014), 유아는 요리활동을 통해 긍정적인 상호의존성, 개인적 책임감, 집단 협력의 개념을 배울 수 있다. 조별로 요리활동을 진행하면서 공동의 목표를 향해 서로 도움을 주고받을 수 있으며, 친밀감을 형성할 수 있다. 뿐만 아니라 요리활동 중 맡은 역할에 대해서 스스로 행동할 수 있으며, 요리활동을 하는 중 지켜야 할 약속이나 함께 음식을 만드는 과정을 통해 집단 협력의 개념에 대해서도 이해할 수 있다.

- 나눔에는 베풂, 배려, 공감, 협동의 관련 덕목이 포함되어 있으며(중앙육아종합지원센터, 2014), 유아는 요리활동을 통해 나눔의 의미를 알고, 실천하며 참여할 수 있다. 유아는 자신이 만든 음식을 어려운 이웃이나 청소부, 기사님 등 도움을 주시는 분들께 나누어 드린다거나 함께 요리할 때 몸이 불편한 친구나 다문화 친구를 도와줌으로써 나눔을 실천할 수 있다.
- 질서에는 정의, 양심, 책임, 정직, 절제의 관련 덕목이 포함되어 있으며(중앙육아종합지원센터, 2014), 유아는 요리활동을 통해 기초질서, 사회질서의 개념을 배울 수 있다. 유아는 요리활동이 끝난 후 스스로 정리하거나 완성된 음식을 자기 자리에서 바르게 먹을 수 있는 등의 기초질서를 배울 수 있다. 또한 유아는 요리활동 시 함께 정한 규칙을 지키면서 사회질서를 배울 수 있다.
- 효에는 사랑, 공경, 예절의 관련 덕목이 포함되어 있으며(중앙육아종합지원센터, 2014), 유아는 요리활동을 통해 부모, 조부모, 지역사회 어른에 대한 효에 대한 개념을 배울 수 있다. 요리활동을 한 뒤 유아가 직접 만든 음식을 부모님이나 조부모님, 어린이집에 함께 계시는 분들께 나누어 드리거나 설명할 수 있으며, 부모님과 함께 가정에서 할머니, 할아버지께서 좋아하는 음식을 함께 준비할 수 있다. 이러한 요리활동은 유아에게 부모, 조부모, 지역사회 어른에 대한 효의 가치체계를 정립할 수 있는 기회가 될 수 있다.

요리활동에서 점점 유아들은 또래가 먼저 할 수 있도록 서로 양보하는 모습을 보이고, 순서가 공평하게 돌아갈 수 있도록 제안하거나 갈등상황에 대해 대화와 타협으로 해결하는 모습을 배울 수 있다(오영희, 2001; 정연희, 2006).

다음은 요리를 통한 유아의 인성적인 측면을 발달시킬 수 있는 교사의 발문예시이다.

배려

- 친구들과 재료들을 나누어 가며 요리를 만들어 보자.
- 친구들과 재료들을 서로 양보해 가며 요리를 만들어 보자.

존중

- 친구들이 만든 요리 중에 어떤 부분이 가장 마음에 들었나요?
- 친구들의 요리하는 모습에 인상 깊었던 부분은 무엇이 있었나요?

협력

- 친구들과 함께 만든 요리를 예쁘게 올려보고 식탁을 꾸며보자.
- 친구들과 함께 요리 후 뒷정리를 깨끗하게 해보자.

나눔

- 친구들과 공동으로 주어진 재료를 서로 나누어 가며 요리를 만들어 보자.
- 친구들과 함께 서로의 의견을 나누며 요리를 만들어 보자.

질서

- 요리 시 선생님과 약속한 규칙을 잘 지켜보자.
- 조리시간을 잘 지켜볼까?

효

- 부모님께 너희들이 개발한 요리를 해드릴 수 있겠니?
- 너희들을 위해 요리를 해주시는 부모님께 감사한 마음을 가지자.

Ⅱ. 창의적 요리활동을 통한 유아 창의 · 인성교육

요리활동은 결과보다는 보고, 냄새 맡고, 만지고, 소리 듣고, 맛보는 감각경험과 즐거움을 느끼는 요리활동의 과정에서 얻는 교육적 가치가 더욱 크다. 따라서 교사는 유아가 보다 창의적이고 독창적으로 요리활동을 표현할 수 있을 뿐만 아니라 그 표현을 존중할 수 있도록 환경을 구성해 주어야 하며, 그에 대해 칭찬해 주고, 격려해 주어야 한다.

위에서 살펴본 바와 같이 요리활동은 유아의 창의성 및 인성에 효과적으로 영향을 미치고 있음에도 불구하고 아직 창의성과 인성을 연계한 요리활동이 활발하게 이루어지지 못하고 있는 실정이다.

그 이유를 살펴보면 다음과 같다.

- 유아가 요리활동을 통해 자신의 창의적인 표현과 개성을 표현할 수 있는 기회를 제공받지 못한다. 현장에서 이루어지고 있는 요리활동의 지도방법은 대부분 교사를 주도로 한 설명식으로 이루어지고 있고, 요리과정의 순서와 재료가 정해진 상태로 유아에게 제시되기 때문에 유아는 보다 창의적으로 표현함에 있어 제한을 받게 된다. 따라서 유아가 정해진 요리순서대로 요리를 만들어 나가는 것도 중요하지만 유아의 창의성을 증진시키기 위해서는 그 순서 안에서 자신만의 창의성을 표현해 나갈 수 있도록 지도하고 격려해 주어야 한다.
- 교사 또한 어떻게 창의적으로 요리과정을 진행할 수 있는지에 대한 이해가 부족하다.

유아가 요리활동을 통해 창의성을 증진시킬 수 있도록 하기 위해서는 교사가 먼저 요리를 보면서 창의적인 생각을 떠올릴 수 있어야 한다. 창의적이고 독특한 생각을 통해 계획된 요리활동은 요리활동과 창의성이 잘 연계되어 유아에게도 효과적인 활동이 될 수 있을 것이다.

창의 · 인성 증진을 위한 요리활동은 유아가 직접 요리를 하는 것뿐만 아니라 요리와 관련된 다양한 활동을 포함하는 것이다. 요리활동을 통한 창의 · 인성교육의 구체적인 방법은 다음과 같다.

- 유아에게 여러 가지 음식을 보고 두 가지 음식을 결합하여 새로운 음식을 만들어 보게 한다.
- 유아가 또래와 함께 새롭게 만들 음식을 정하고, 자신만의 레시피를 만들어 보며, 새로운 요리명을 지어보게 한다.
- 유아가 직접 텃밭을 길러보고, 그 텃밭에서 재배한 재료를 넣어 만들 수 있는 음식을 계획하며 요리해 본다.
- 더 맛있는 음식을 만들기 위해서 여러 가지 재료를 섞어보거나, 다양한 소스, 조미료를 사용하여 새로운 맛의 음식을 만들어 본다.
- 완성된 음식을 맛보기 전 음식은 어떠한 맛일지 상상해 보고, 이를 그림이나 몸으로 표현해 볼 수 있다. 그림이나 몸으로 표현하는 것은 말로 표현하기 힘든 맛이나 막연히 상상만 했던 맛을 표현할 수 있는 중요한 도구가 될 수 있다.
- 유아가 또래와 함께 완성된 음식을 그릇에 담는 과정에서 창의적으로 데코레이션을 해보거나 책상이나 식탁보 등을 꾸며보는 활동을 진행할 수 있다. 식탁보, 식기류, 꽃병 등을 이용하여 식탁을 정교하게 꾸며본다.

창의적 요리활동

활동명	유치원에 음식이 내린다면	활동일시	2014. 09. 13
		대 상	A, B, C
활동목표	• 자신이 만들고 싶은 음식을 창의적으로 생각해 본다. • 새롭게 만든 음식의 이름을 지어본다.		
활동자료	『하늘에서 음식이 내린다면』 동화책, 활동지, 크레파스, 색연필 등		
활동절차	활동내용		
동기 유발하기 (10분)	1. 유아들의 동기와 흥미를 유발시킬 수 있는 도입으로 유아들을 집중시킨다. – 『하늘에서 음식이 내린다면』 동화책을 읽어준다. 2. 『하늘에서 음식이 내린다면』 동화책 내용에 대해 이야기 나눈다. – 동화책에서 어떠한 새로운 음식이 나왔었니? – 우리도 새로운 음식을 만들 수 있을까? 네! 만들 수 있을 것 같아요.		
새로운 음식 만들기 (20분)	1. 유아가 상상한 음식을 활동지에 그릴 수 있도록 한다. – 어떤 음식을 만들고 싶니? 스프레이를 뿌리면 빵이 되는 거예요! 딸기로 햄버거를 만들 거예요!! – 그래, 자신이 생각한 음식을 직접 그려보자. 2. 그림을 다 그린 후 음식 이름을 지어보도록 한다. – 너희들이 새롭게 만든 음식에는 어떤 이름이 어울릴까? 음… 마법의 빵! 빨간요정 햄버거!		
친구들에게 소개하기 (10분)	1. 새롭게 만든 음식을 친구들에게 소개한다. – 너희들이 새롭게 만든 음식을 친구들에게 소개해 보자. 2. 새롭게 만든 음식을 환경구성판에 제시하여 유아들이 감상할 수 있도록 한다.		

「바나나보트를 만들어 보아요」 교육계획안

<table>
<tr><th>생활
주제</th><td>봄, 여름,
가을, 겨울</td><th>주 제</th><td>여름</td><th>소주제</th><td>더운 여름 나기</td><th>활동
일시</th><td>2014. ○. ○</td></tr>
<tr><th>활동명</th><td>바나나보트를
만들어 보아요</td><th>활동
형태</th><td>소집단</td><th>유형
(영역)</th><td>요리</td><th>연 령</th><td>만 5세</td></tr>
<tr><th>활동
목표</th><td colspan="7">• 여름과 관련된 물건을 과일을 통해 창의적으로 표현한다.
• 만든 요리를 친구들과 함께 먹으면서 즐거움을 느낀다.</td></tr>
<tr><th>누리
과정
관련
요소</th><td colspan="7">• 자연탐구 : 과학적 탐구하기 – 물체와 물질 알아보기
• 사회관계 : 다른 사람과 더불어 생활하기 – 공동체에서 화목하게 지내기</td></tr>
<tr><th>창의 ·
인성
관련</th><td colspan="7">• 창의성 : 성향적 요소 – 독립성
• 인성 : 협력, 나눔</td></tr>
<tr><th>활동
자료</th><td colspan="7">• 물놀이 사진, 바나나, 마시멜로, 초콜렛칩, 견과류, 전자레인지, 칼 등</td></tr>
<tr><th>활동
방법</th><th colspan="5">활동내용</th><th colspan="2">수업연구</th></tr>
<tr><th>도 입</th><td colspan="5">1. 물놀이 사진을 보며 이야기를 나눈다.
– 지난 시간에 여름철 바다에서 찍은 사진을 보았지요?
– 바다에는 어떤 것들이 있었나요?
– 사람들은 바다에서 무엇을 하며 놀았나요?
– 바나나보트를 보니 어떠한 과일과 닮은 것 같니?
2. 활동을 소개한다.
– 오늘은 선생님과 함께 '바나나보트를 만들어 보아요' 요리활동을 해볼 거예요.</td><td colspan="2"></td></tr>
</table>

전 개	1. 요리재료를 소개한다. – 바나나보트를 만들려면 어떤 재료가 필요할까요? – 재료들을 본 적이 있나요? 2. 요리순서도를 보여주며 바나나보트를 만드는 방법에 대해 이야기 한다. – 바나나보트처럼 되려면 바나나를 어떻게 잘라야 할까요? – 바나나를 살짝 맛보면 어떤 맛이에요? – 바나나껍질을 살짝 잘라볼까요? – 바나나보트 안에 어떤 재료를 넣고 싶나요? • 유아들이 넣고 싶은 재료를 넣고 바나나보트를 만들도록 한다. – 마시멜로를 넣은 바나나보트를 전자레인지에 돌리면 바나나보트는 어떻게 될까요? 3. 완성된 요리를 접시에 놓는다. 4. 완성된 요리를 먹기 전 뒷정리를 한다. – 바나나보트를 먹기 전에 어떤 것을 해야 할까요? – 친구들이 말한 것처럼 우리가 사용했던 요리도구나 책상을 깨끗이 정리하도록 해요. 5. 친구들과 함께 앉아 먹는다. • 음식을 먹기 전에는 손을 깨끗이 씻고 먹도록 한다.	전자레인지를 사용할 때는 교사가 옆에서 도와주도록 한다.
마무리	1. 접시를 정리하고 활동을 평가한다. – 바나나보트를 만들어 보니 어땠었니? – 만들 때 재미있었던 점, 힘들었던 점은 무엇인가요? – 다음에는 또 어떤 모양의 물건을 만들고 싶나요? 2. 차시를 예고한다. – 다음 시간에는 바나나보트를 몸으로 표현해 볼 거예요.	
활동 평가	• 요리활동에 적극적으로 참여하였는가? • 유아의 수준에 맞는 요리활동이었는가?	
확장 활동	• 바나나보트를 몸으로 표현해 본다.	

III. 창의적 요리활동을 통한 유아 창의 · 인성 활동의 실제

활동 1

바나나의 변신

– 재료의 형태를 보고 창의적인 모양의 음식 만들어 보기

❖ 준비물 : 바나나, 활동지, 색연필

❖ 활동방법

1. 요리에 필요한 요리재료 '바나나'를 탐색한다.
2. 모양, 색깔, 향기에 대해 이야기 나눈다.
3. 바나나 모양을 보고 비슷하게 닮은 것에 대하여 이야기를 나눈다.
   예 ○○○를 닮은 바나나
   – 기린 목을 닮은 바나나, 보트를 닮은 바나나
4. 바나나의 형태를 보고 연상되는 그림을 그려본다.

창의성 증진을 위한 발문하기

Tip 창의성

1. 유창성 : 바나나로 만든 요리에는 무엇이 있나요?
2. 독창성 : 바나나의 모양으로 재미있는 그림을 그려보세요.
3. 민감성 : 바나나의 모양과 닮은 것은 주변에 무엇이 있나요?
4. 정교성 : 연상되는 것 중 가장 인상적인 부분을 자세히 그려보세요.

인성 함양을 위한 발문하기

Tip 인성

1. 존중 : 어떤 친구의 그림이 가장 인상에 남았나요?
   그렇게 생각한 이유는 무엇인가요?

활동 2

'바나나보트'를 만들어 보아요!

– 창의적으로 음식을 만들어 보고 완성된 음식 그려보기

❖ 준비물 : 바나나, 활동지, 색연필

❖ 활동방법

1. 요리에 필요한 요리재료와 요리도구를 탐색한다.
2. 요리순서에 대해 이야기 나눈다.
3. 손을 씻고 앞치마와 머릿수건을 두른다.
4. 바나나껍질을 바나나를 따라 자른다.
5. 바나나 안에 견과류, 초콜렛 칩, 마시멜로를 넣는다.
6. 호일로 끝을 잘 감싸고 오븐 또는 전자레인지에 초콜렛이 녹을 때까지 넣어둔다.
7. 호일을 벗기고 완성된 바나나보트를 접시에 담고, 뒷정리를 한다.
8. 완성된 요리를 그려보고 요리제목을 만들어 본다.
9. 바나나보트를 친구들과 함께 먹는다.

창의성 증진을 위한 발문하기

Tip 창의성

1. 유창성 : 단맛이 나는 음식에는 무엇이 있나요?
2. 독창성 : 남과 색다른 보트로 바나나를 꾸며보세요.
3. 융통성 : 바나나 말고 보트를 만들 수 있는 재료에는 무엇이 있나요?
4. 정교성 : 완성된 요리를 잘 관찰하고 자세히 그려보세요.

인성 함양을 위한 발문하기

Tip 인성

1. 배려 : 친구들과 재료들을 서로서로 양보해 가며 요리를 만들어 보세요.
2. 질서 : 요리의 순서표를 보면서 요리를 완성해 보세요.
3. 효 : 오늘 배운 요리를 부모님과 만들어 보고 대접해 보세요.

활동 3

내 마음대로 토스트를 만들어 보아요!

– 미리 상상하여 음식 그려보기

❖ 준비물 : 식빵, 치즈, 건포도, 햄, 오이, 당근, 여러 색깔의 파프리카, 여러 가지 종류의 잼, 칼

❖ 활동방법

1. 요리에 필요한 요리재료와 요리도구를 탐색한다.
2. 요리순서에 대해 이야기 나눈다.
3. 자신이 원하는 토스트 모양대로 요리순서도를 만든다. 이때 어떤 모양의 토스트를 만들고 싶은지 그려보고 이름을 지어본다.
4. 손을 씻고 앞치마와 머릿수건을 두른다.
5. 자신이 원하는 모양대로 빵을 자르거나 놓아둔다.
6. 빵 위에 자신이 여러 가지 토핑을 이용하여 내가 만들고 싶은 모양을 만들어 본다.
7. 완성된 토스트를 접시에 담고, 뒷정리를 한다.
8. 자신이 만든 토스트를 친구들에게 소개한다.
9. 친구들과 함께 자리에 앉아 먹는다.

창의성 증진을 위한 발문하기

Tip 창의성

1. 유창성 : 네모난 식빵으로 어떤 모양의 토스트를 만들고 싶은지 이야기해 보세요.
2. 독창성 : 여러 가지 토핑을 이용하여 만들고 싶은 토스트를 만들어 보세요.

❖ 활동모습

친구들과 토핑재료를 함께 양보하며 차근차근 토스트를 만드는 모습 :

요리과정을 통해 배려, 약속의 인성적 요소를 경험한다.

토핑재료를 사용하여 원하는 모양의 토스트를 모습 :

빵 위에 토핑의 다양한 형태를 잘 구성하여 재미있는 모양의 토스트를 만드는 과정을 통해 수학적인 요소 및 창의성을 경험한다.

활동 4

토스트와 김치전이 만나면?

– 나만의 새로운 요리를 만들어 보아요!

❖ 준비물 : 색연필, 활동지

❖ 활동방법

1. 토스트와 김치전의 사진을 유아들에게 보여준다.
2. 두 요리가 섞어서 만든다면 어떤 요리가 나올지 상상하여 그리도록 한다.
3. 새로운 요리의 이름을 지어보고 누구에게 대접하고 싶은지 이야기해 본다.

창의성 증진을 위한 발문하기

Tip 창의성

1. 유창성 : 새로운 요리의 이름을 다양하게 떠올려 보세요.
2. 독창성 : 다양하게 생각한 요리이름 중에 남과 다른 새로운 이름을 선택해 보세요.
3. 융통성 : 두가지 음식을 결합하여 어떤 음식이 될지 상상해 보세요.

인성 함양을 위한 발문하기

Tip 인성

1. 나눔 : 내가 생각해 낸 음식에 친구의 이름을 써서 친구에게 전달해 볼까요?
2. 존중 : 친구들의 생각해 낸 음식 중에 마음에 드는 음식을 무엇인가요?

참고문헌

교육과학기술부(2011a). 유치원 기본과정 내실화를 위한 인성교육 프로그램. 서울 : 교육과학기술부.

______________(2011b). 유치원 기본과정 내실화를 위한 창의성교육 프로그램. 서울 : 교육과학기술부.

김은지(2003). 요리활동이 유아의 창의성 발달에 미치는 영향. 배재대학교 대학원 석사학위논문.

______(2014). 발산적 발문을 통한 요리활동이 유아의 창의성에 미치는 효과. 전남대학교 대학원 석사학위논문.

김정희(2013). 요리활동이 유아의 창의성에 미치는 영향. 수원대학교 대학원 석사학위논문.

류미영(2003). 통합적 요리활동이 유아의 창의성 및 문제해결력에 미치는 영향. 계명대학교 교육대학원 석사학위논문.

박고운 · 김선영(2011). 구성주의 접근의 요리활동이 유아의 과학적 태도와 창의성에 미치는 영향. **아동학회지, 32**(1), 141-156.

오영희(2001). 유아의 사회정서 발달을 위한 통합적 요리활동 프로젝트의 개발 및 적용 연구. **한국영유아보육학, 24**, 179-201.

______(2002). 유아교육기관에서의 통합적 요리활동이 유아의 창의성에 미치는 영향. **한국영유아보육학, 31**, 111-133.

______(2005). **영유아를 위한 창의적 요리활동의 이론과 실제**. 경기 : 양서원.

정경자(2000). 요리활동 교수전략에 따른 유아의 요리행동 형태 및 언어적 상호작용 유형. 한국교원대학교 대학원 석사학위논문.

정미라 · 이명희 · 이영미(2010). 확산적 사고를 촉진하는 교사의 발문이 만 5세 유아의 창의성에 미치는 영향. **육아지원연구, 5**(2), 137-156.

정연희(2006). 요리활동에서의 사회적 상호작용을 통한 유아의 이해구축 과정. **한국유아교육 · 보육행정연구, 10**(4), 47-67.

중앙육아보육지원센터(2014). (행복한 아이를 위한) **부모인성교육 매뉴얼 : 누리과정 가정**

연계 부모교육. 서울 : 중앙육아보육지원센터.
Elizabeth, S.(2006). *Cooking basics for Kids, First Nations Edition*. Toronto : Ontarion Public Health Association.
Julie, N.(2012). *How to teach cooking to kids*. Julie Negrin.
Magee, E.(2008). *Cooking with your children*. WebMD.

스토리텔링 기반 수학활동을 통한 유아 창의 · 인성교육

CHAPTER 11

스토리텔링 기반 수학활동을 통한 유아 창의 · 인성교육

수학은 인류의 역사와 함께 시작되었고, 인류의 삶에 대한 다양한 문제들을 해결하며 발전해 왔으며(이광연, 2014), 최근 현대사회에서는 급격하게 변화하는 사회적 · 시대적 요구에 부응하기 위한 준비과정으로서 수학적 능력의 획득이 필요하게 되었다. 이러한 수학의 필요성 증가로 인하여 UNESCO는 2000년을 '세계수학의 해'로 선포하면서, 새천년을 이끌어 갈 가장 중요한 학문으로 수학의 중요성을 언급하였다. 미국 수학교사협의회(NCTM)와 미국 유아교육협의회(NAEYC)에서는 만 3세부터 적극적이고 체계적인 수학교육이 필요하다고 언급하면서 만 3~6세 유아들에게 양질의 수학교육을 제공해 주어야 한다는 '유아수학교육 : 좋은 출발을 촉진하기'를 발표하였다(NAEYC & NTCM, 2002). 2014년 교육부와 미래창조부에서도 '한국 수학의 해'로 선포하였다. 이로 인해 유아기의 수학교육에 대한 초기 수학적 경험의 중요성이 더욱 강조되고 있다. 따라서 유아교육현장에서 유아교사가 수학활동을 통한 창의 · 인성교육을 실천하는 것은 매우 중요하다.

I. 유아수학교육과 창의 · 인성교육

1. 유아수학교육

NAEYC와 NTCM(2002)에서는 특히 유아수학교육은 수학적 소양과 수학적 힘을 길러줄 수 있는 내용으로 구성되어야 한다고 주장하였으며, 내용을 구체적으로 살펴보면 다음과 같다.

- 수학내용 지식이다. 수학내용 지식이란 유아가 수학을 논리적으로 구성할 수 있는 능력을 의미한다. 이에 우리나라에서도 어렸을 때부터 유아의 수학내용 지식을 길러주기 위해 만 3~5세 연령별 누리과정의 자연탐구 영역의 수학적 탐구에서 수학교육과 관련된 내용을 제시하고 있다. 자연탐구 영역의 목표는 호기심을 가지고 주변 세계를 탐구하며, 일상생활에서 수학적 · 과학적으로 생각하는 능력과 태도를 기르기 위한 영역으로서, 수와 연산의 기초개념 알아보기, 공간과 도형의 기초개념 알아보기, 기초적인 측정하기, 규칙성 이해하기, 기초적인 자료수집과 결과 나타내기 등의 수학교육 내용을 제시하고 있다(교육과학기술부, 2013).

이러한 수학교육 내용의 하위요소를 구체적으로 살펴보면 다음과 같다(조형숙, 2007; NAEYC & NTCM, 2002).

〈표 11-1〉 수학교육내용 하위요소

하위요소	개념 및 특징
분 류	• 사물의 공통된 속성을 파악하고, 같은 속성끼리 모아보는 것 • 제시에 따라 분류하기, 분류기준 유추하기 등
패 턴	• 사물이나 현상이 보이는 특성이 일정한 규칙성을 갖고 반복되는 것으로 그 규칙성을 이해하는 것 • 패턴 따라하기, 패턴 확장하기, 패턴 인식하고 표현하기, 패턴 창안하기 등
수	• 일상적 활용에 대해 수 의미 이해하기, 수세기, 수 관계 이해, 숫자 읽기와 쓰기, 더하기와 빼기, 어림하기, 큰 수에 대해 이해하기 등
측 정	• 한 집합 혹은 물체의 연속적인 양에 수를 부여하는 수학적 과정 • 길이, 무게, 부피, 면적, 온도, 시간과 같은 물체의 속성을 탐색하고 비교하기 등
도 형	• 모양, 크기, 방향, 위치, 동작을 포함하는 수학영역 • 원, 사각형, 삼각형 등의 종류와 방향, 크기, 여러 가지 특성에 대해 경험하기 등
통 계	• 일상생활에서 수집된 자료를 분석하고 기술하고 해석하는 능력 • 분류하기, 순서짓기, 그래프 그리기, 이해하기 등

- 수학적 과정이다. 가장 기초가 되는 수학적 지식뿐만 아니라 문제해결능력, 추론능력, 의사소통능력, 표상능력 등의 수학적 과정 기술의 획득을 강조하고 있다. 수학적 과정 기술은 수학내용 지식과 더불어 지식을 사용하는 방법 또한 동시에 고려해야 한다고 강조하고 있으며, 이는 수학적 기초능력으로서 매우 중요하다.
- 수학적 소양, 즉 수학적 태도이다. 수학적 태도는 정의적 영역으로서 수학에 대한 호기심, 주의집중, 개방성, 적극성, 지속성 등이 포함된다. 일상생활에서 쉽게 수학을 이해하고, 수학적 지식과 기술을 사용할 수 있도록 하기 위해서는 유아에게 수학에 대한 긍정적인 태도를 길러주어야 한다.

2. 유아수학교육과 창의성

우리나라는 2012년 OECD 학업성취도 국제비교연구(PISA)에서 총 34개국 중 수학 1위를 차지하며 최상위 성취를 보였다. 그러나 수학 학습동기, 수학에 대한 자아 관련 신념 등 정의적 성취지수는 OECD 평균보다 낮게 나타났다. 높은 학업성취에 비해 정의적 성취가 낮게 나타난 이유로는 우리나라의 암기식으로 이루어지는 수학수업 방식으로 인해 수학은 재미없고 어려운 학문이라는 인식이 강하게 자리잡혀 있기 때문으로 볼 수 있다. 따라서 어렸을 때부터 흥미 있는 수학적 경험을 제공하도록 하고, 이를 유지할 수 있게 해주는 것이 무엇보다 중요하다.

수학은 다른 활동에 비해 높은 차원의 사고를 요구하고, 결과나 현상보다는 과정적 차원의 창의성에 더 많은 관심을 가지고 있다. 오래전부터 수학에서의 창의적 생각은 문제의 산출물이 아닌 문제에 직면하여 그것을 해결하려는 노력에서 발견되었다(김판수, 2008).

특히 일반적 창의성은 확산적 산출물을 많이 내거나 독창성, 유창성, 민감성을 강조하는 반면, 수학적 창의성에서는 융통성, 유창성, 새로운 연결의 형성, 발산적 산출물과 같은 개념을 중요하게 다루고 있다. 특히 수학적 창의성의 경우 문제해결 과정에 초점을 두고 있으며, 이러한 과정 속에서 경험하는 문제 분석, 새로운 방식 등에 대한 능력을 강조하고 있다(권오남 외, 2010). 여러 학자들이 정의한 수학적 창의성에 대한 정의를 살펴보면 다음 **〈표 11-2〉**와 같다.

〈표 11-2〉 수학적 창의성의 분류

학 자	수학적 창의성
Romey(1970)	• 새로운 방식으로 수학적 아이디어, 사물, 기법, 접근방법을 결합하는 능력
Krutetskii(1976)	• 수학문제를 스스로 공식화하고 수학문제를 해결하는 방법과 수단을 찾는 것 • 증명과 정리를 발견할 때 공식을 스스로 연역해 내는 것 • 비정형 문제를 해결하는 독창적인 방법을 찾는 것
Ervynck(1991)	• 수학적 대상을 만들고 그 대상들의 상호관련성을 찾아내는 능력 • 수학의 특별한 논리연역적인 성격과 생성된 개념들이 수학의 중요한 핵심에 통합되는 데 적절한지를 고려하면서 문제를 풀고 구조적으로 사고하는 능력 • 수학적 창의성은 이해, 직관, 통찰력, 일반화와 같은 요소의 상호작용에 의해 만들어짐
Sriraman(2004)	• 유의미하게 지식을 확장할 수 있도록 독창적인 산물을 만들어 낼 수 있는 능력
임재훈(2002)	• 사고의 고착화를 극복하고 정신적 틀을 벗어나는 능력 • 개방된 수학적 상황에서 다양하고 독창적인 반응을 할 수 있는 능력 • 수학의 독특한 논리연역적 속성과 생성된 개념이 수학적 주요 핵심적 내용에 부합하는 적절성을 가지면서 문제를 해결하거나 동시에 구조적으로 사고를 발전시키는 능력
권오남 · 박정숙 · 박지현 · 조영미 (2005)	• 새로운 지식의 창출로 보는 관점과 유연한 수학적 문제해결력으로 보는 두 가지 관점으로 구분
김부윤 외(2005)	• 주어진 문제를 다양한 방식으로 분석하여 문제의 요소들이나 수학적 아이디어 등을 새로운 방식으로 결합하여 결과를 얻는 것
이강섭 · 황동주 (2007)	• 창의적 사고를 강조하는 관점과 산출물에 집중하는 관점으로 구분 • 창의적 사고를 강조하는 관점은 수학적 창의성을 인지적 능력으로 간주하고, 하나의 고정된 생각에서 벗어나는 능력 • 산출물에 집중하는 관점은 수학적 창의성을 독창적이면서 적용할 수 있는 수학적 문제해결 방법을 만들어 내는 능력
이종희 · 김기연 (2007)	• 유연한 사고과정을 통해 생성한 다양한 아이디어와 해결전략과 최적의 해법을 찾아내고 선별하는 과정에서 발휘되는 모든 지식사고 행동 및 기술

출처 : 서울특별시동부교육지원청(2012) 재구성.

즉, 수학적 창의성이란 수학적 과제를 해결하는 과정에서 다양하고 독창적인 해결방법을 산출하거나 새로운 관점에서 과제를 탐구하고 지식을 구성하는 능력을 의미한다(최승현 · 황혜정, 2012). 수학적 창의성에서 강조되는 수학적 과정은 유아 주변의 다양한 현상을 수학과 연결하고 다양한 상황에서 발생하는 문제를 해결할 때 활성화되어야 하는 수학의 과정적 기능을 말한다. 이러한 수학적 과정은 수학적 문제해결, 수학적 추론, 수학적 의사소통 등 세 가지 구성요소로 이루어져 있으며, 이를 구체적으로 살펴보면 다음과 같다(김도한, 2009; 이혜정, 2014).

- 수학적 문제해결은 수학의 개념, 원리, 법칙 등의 수학적 지식이나 기능을 바탕으로 수학적 문제상황에서 그 해답을 찾기 위해 종합적인 사고과정을 수행하는 것을 의미한다.
- 수학적 추론은 수학적으로 풍부한 사고기술을 사용하는 능력으로, 수학적 규칙성이나 원리, 구조 등 논리적 사고과정을 수행하는 것을 의미한다.
- 수학적 의사소통은 수학적 용어를 사용하여 자신의 수학적 사고 및 지식을 분명하고 조직적으로 표현할 수 있는 능력으로, 수학적 표현수단을 이용하여 수학의 아이디어나 생각 등을 서로 공유하는 과정을 의미한다.

종합해 보면, 유아의 수학적 창의성은 수학적 문제해결, 수학적 추론, 수학적 의사소통 등의 수학적 과정이라고 할 수 있으며, 이러한 수학적 과정에 초점을 두어 유아수학교육을 진행할 때 유아의 수학적 소양과 창의성이 증진될 수 있다.

이에 수학활동을 통해 유아의 창의적 사고를 증진시키는 발문유형을 살펴보면 다음과 같다.

유창성

- 블록을 분류할 수 있는 방법은 어떤 것이 있을까?
- 무게를 측정할 수 있는 방법은 어떤 것이 있을까?

정교성

- 숫자를 보다 잘 셀 수 있는 방법은 무엇이 있을까?
- 여러 가지 패턴을 만들어 보자.

독창성

- 숫자 모양을 보고 떠오르는 것을 말해보자.
- 여러 가지 도형을 이용해 다양한 모양을 만들어 보자.

융통성

- 줄자를 사용하지 않고 길이를 측정할 수 있는 방법은 어떤 것이 있을까?
- 내가 만약 세모라면 어떤 느낌일까?

민감성

- 교실에서 이것보다 작은 사물을 찾아보자.
- 이 그림에서 숨어 있는 도형을 찾아보자.

3. 유아수학교육과 인성

수학교육을 통한 인성교육은 서로를 존중하는 태도를 갖추도록 하는 동시에 교육의 궁극적 목표 실현까지를 인식하는 조화로운 교육이라고 할 수 있다(박지숙, 2014). 먼저 여러 연구에서 밝히고 있는 수학교육에서 실현할 수 있는 인성덕목을 살펴보면 박영배(1999)는 논리, 문제해결, 분별, 의사결정, 창의, 통찰, 자아발견이 포함되는 합리성, 참과 거짓, 심미를 포함하는 감수성, 정직, 준법, 인내, 의사소통, 책임, 신뢰, 용기를 포함하는 존중성으로 구분하였다. 또한 교육과학기술부(2013)에서는 수학과 관련된 인성요소를 존중심, 배려심, 공유심, 개방심으로 제시하고 있다. 뿐만 아니라 권오남 등(2010)은 정직, 책임, 용기, 소유, 인내, 공정, 협동, 화합의 9가지 인성요소를 제시하였고, 최조아와 박만구(2013)는 정직, 책임, 용기, 소유, 인성, 공정, 화합의 8가지를 수학교육을 위해 필요한 인성요소로 제시하였으며, 이를 자세히 살펴보면 다음 **〈표 11-3〉**과 같다(권오남 외, 2010; 박지숙, 2014).

〈표 11-3〉 수학적 인성요소

인성요소	의 미	수학 관련 내용
정 직	있는 그대로의 결과를 인정하며, 꾸미거나 눈치를 보거나 가식적 · 의도적으로 사실을 왜곡하지 않는 것	증명, 문제해결, 참 · 거짓의 판별, 수와 식, 증명
책 임	자신에게 주어진 역할을 정확하게 이해하고 임무를 완성함	오류 분석, 검산
배 려	비열하지도 잔인하지도 않고 남의 감정에 둔감하지 않음 다른 사람들의 행동 및 학문적 지식에 대한 다양성을 받아들여 관용과 친절을 베풂	구두 · 문자 표현을 통한 의사소통
용 기	위험을 감수하고 두려움을 극복함 불확실하거나 새로운 문제를 겁내지 않고 도전함	과제에 대한 도전감, 모험심
소 유	자신과 타인의 결과에 가치를 부여하고 인정함	문제해결의 성취, 만족감
인 내	외적 환경의 변화나 어려움에 상관없이 목표달성을 위하 끈기 있게 참고 견딤	애매모호하거나 미완성된 풀이에 대한 참을성, 수학적 과제에 대한 애착

공 정	객관적이고 중립적인 입장에서 합리적인 가치를 선택함	문제의 이해, 조건 분석, 합리적인 사고
협 동	구성원들의 아이디어를 교환하면서 문제를 공동으로 해결하고자 함	수학적 의사소통
화 합	공동의 목표를 위해 서로의 마음과 힘을 합함	문제해결학습, 발전적 · 발산적 · 창의적 사고

출처 : 권오남 외(2010); 박지숙(2014) 재구성.

수학교육에서 포함되는 인성요소를 토대로 실천할 수 있는 수학교육 내용을 살펴보면 **〈표 11-4〉**와 같다.

〈표 11-4〉 수학적 인성

수학적 인성	• 다른 유아의 답과 의견을 존중하며, 이를 통해 타인을 배려하는 성품을 기름 • 자신의 수학적 아이디어를 합리적으로 결론 내리는 과정을 통해 민주시민의 소양을 기름 • 수학문제를 해결함에 있어 협동심을 기름 • 상대 유아의 수학적 생각에 대한 존중심 : 상대방의 수학적 아이디어나 생각을 존중하며 경청하여 이해하려는 마음가짐 • 자신의 수학적 생각을 상대에게 이해시키려는 배려심 : 자신의 수학적 아이디어나 생각을 상대가 이해할 수 있게 상대방에게 맞추어 설명하려는 마음가짐 • 서로의 수학적 생각을 나누고자 하는 공유심 : 수학적 문제해결 과정에 서로의 수학적 아이디어나 생각의 가치를 인정하고 문제의 해에 도달하기 위하여 생각을 나누고자 하는 마음가짐 • 수학적 사고를 유연하게 실행하고자 하는 개방심 : 어떤 대상에 대한 수학적 이해의 과정이나 수학적 해결의 과정에 경직되지 않고 모든 가능성을 열어 놓고 대처하려는 마음가짐

출처 : 백석윤(2013); 이혜정(2014) 재구성.

다음은 수학활동을 통한 유아의 인성적인 측면을 발달시킬 수 있는 교사의 발문예시이다.

배려

- 수를 모르는 친구에게 수를 가르쳐 주자.
- 친구는 블록을 어떻게 분류했을까?

존중

- 친구들이 만든 패턴 중 어떤 부분이 가장 마음에 들었나요?
- 이 그래프에서 우리 반 아이들이 가장 좋아하는 우리나라 음식은 무엇인가요?

협력

- 친구들과 함께 패턴을 만들어 보자.
- 친구들과 함께 개수를 세어보자.

나눔

- 친구들과 공동으로 주어진 도형을 서로 나누어 가며 만들어 보자.
- 친구들과 함께 서로의 의견을 나누며 그래프를 만들어 보자.

질서

- 수학활동 시 선생님과 약속한 규칙을 잘 지켜보자.
- '같은 도형 찾기' 게임규칙을 만들어 보자.

효

- 동생반에 가서 동생의 키를 재어주자.
- 부모님 대신 마트에 가서 물건을 사오자.

스토리텔링, 토의, 역할놀이를 활용하는 수학교육은 유아가 활동의 주체가 될 수 있으며, 민주적이고 도덕적인 분위기를 조성할 수 있다. 뿐만 아니라 일상생활 속에서 자연스럽게 경험하는 수학은 수학적 사고에 대한 가치, 흥미, 기쁨, 자신감 등을 느끼도록 하는 중요한 부분이다(우정호, 2008).

일상생활은 수학기술을 가르칠 수 있는 숨겨진 많은 기회를 제공한다. 이를 예를 들면 다음과 같다.

- 슈퍼마켓에 갔을 때 수학에 대한 많은 기회가 있다. 카트에 사과 5개를 넣어본다든지, 서로 다른 모양의 식품을 찾을 수 있을 뿐만 아니라 계산하기 위해 대기 중인 번호는 몇 번인지 인식할 수 있다.
- 요리활동을 할 때 수학에 대한 많은 기회가 있다. 재료를 넣을 때 '보다' 또는 '이하' 등의 간단한 수학적 언어를 사용하도록 격려한다. '계란을 세 개 깨보자. 또는 소금을 두 스푼 넣어보자'라고 할 수 있을 뿐만 아니라 요리에 필요한 시간에 대해 이야기하거나 케이크나 피자를 나누어 먹을 때 어떻게 나눌지 생각해 보는 등 요리활동을 하면서 측정하고, 크기 및 수량과 관련된 언어를 사용하고 즐길 수 있다.
- 버스를 타거나 지하철을 탔을 때 앉아 있는 사람의 수는 몇 명인지, 몇 사람이 탔는지 등을 물어보거나 벽에 액자의 개수가 어느 방에 제일 많이 걸려 있는지, 식사 준비를 할 때 수저를 가족 수대로 놓는 등의 행동은 유아가 자신의 삶에 직접적으로 수학적 개념을 통합할 수 있도록 연결하는 데 도움이 될 수 있다.

읽을거리

태초의 셈

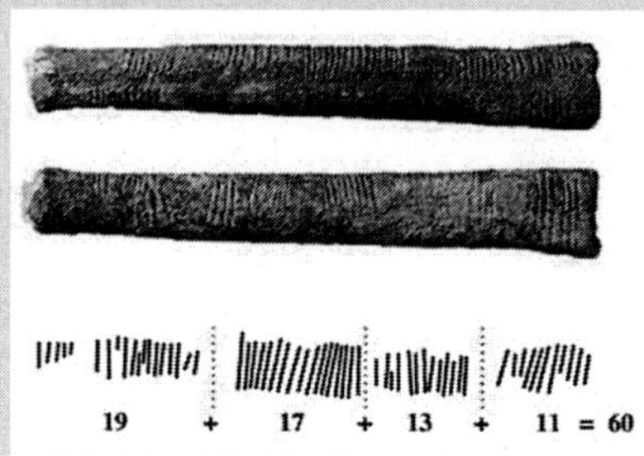

인류는 언제쯤 수학을 발견했을까? 기원전 2만 2000년의 것으로 추정되는 이샹고(ishango) 뼈에는 세로줄이 많이 표시되어 있어서, 당시 인류가 사냥감의 수를 기록했을 뿐 아니라 기본적 연산을 수행했음을 보여준다. 인류가 먹고 살기 위해 사냥을 하면서 사냥한 동물의 수를 파악하고 종족의 겨울나기에 충분한지 판단해야 하는 과정에서 셈의 개념이 출현한 것으로 해석할 수 있다. 문자보다도 먼저, 어쩌면 언어보다도 먼저, 예술과 셈과 수는 이렇게 인류 곁으로 다가왔다 하겠다.

〈출처 : 박형주의 수학 이야기 – 수학의 기원과 진화〉

Ⅱ. 스토리텔링 기반 수학활동을 통한 유아 창의 · 인성교육

유아의 수학적 창의성을 위한 새로운 교수-학습 방법으로는 스토리텔링이 있다. 새로운 2009 초등교육과정에서는 스토리텔링을 통한 수학을 강조하고 있으며, 2013년 서울유아교육진흥원에서도 '유치원 누리과정 내실화를 위한 스토리텔링 유아수학교육 프로그램'을 개발하였다. 즉, 스토리텔링을 통한 수학은 창의적 사고력을 바탕으로 실생활에 직접 적용해 문제를 해결할 수 있는 능력을 기르는 데 중점을 두고 있어 최근 활발하게 사용되고 있는 교수-학습 방법이라고 할 수 있다.

1. 스토리텔링과 수학교육

스토리텔링이란 '스토리(story) + 텔링(telling)'의 합성어로서 말 그대로 '이야기하다'라는 의미를 지닌다. 즉, 상대방에게 알리고자 하는 바를 재미있고 생생한 이야기로 설득력 있게 전달하는 행위이다(한국문학평론가협회, 2006). 교수-학습 방법으로 스토리텔링을 사용하는 이유는 첫째, 유아는 이야기를 좋아한다. 둘째, 수학을 가르치기 위한 매우 효과적인 교육적 도구이다.

해븐(Haven, 2000)은 교육현장에서 실천할 수 있는 교육적 도구로서 스토리텔링의 장점을 10가지 제시하였다. 이를 살펴보면 다음과 같다.

- 스토리텔링은 듣기, 말하기, 읽기, 쓰기의 언어의 네 가지 기본적인 기술을 개발시키게 한다.
- 개념과 사실과 같은 정보를 더욱 잘 기억할 수 있게 한다.

- 범교과 교육과정을 가르칠 수 있는 효과적인 교육도구이다.
- 유아의 흥미를 자극시켜 동기를 유발하게 하고 주제를 스스로 탐구하도록 한다.
- 자신감과 자아존중감을 향상시킨다.
- 상상력과 창의력을 개발시킨다.
- 참여하는 즐거움을 제공한다.
- 다른 사람과의 긍정적인 관계형성을 향상시킨다.
- 문제해결력과 분석능력을 향상시킨다.
- 문화와 전통을 연결시킬 수 있게 한다.

이러한 스토리텔링은 이야기를 들려주는 교사와 이야기를 듣는 유아 모두에게 즐거움을 지원할 수 있으며, 유아에게 생각하게 하고, 상상하게 하며, 배울 수 있게 하는 매력을 가지고 있다(Zazkis & Liljedahl, 2009). 즉, 좋은 이야기는 좋은 수학능력을 개발하며(Julie, 2007), 이야기를 사용하는 것은 유아들이 보다 자연스럽고 친숙하게 중요한 정보를 받아들일 수 있게 한다.

스토리텔링 수학교육이란 유아가 수학적 개념, 태도, 기술을 학습하도록 이야기 속에 수학적 상황을 포함한 사실적 · 허구적 이야기를 다양한 방식으로 구연하여 학습하도록 접근하는 교수방법이다(서울시유아교육진흥원, 2013). 특히 수학은 추상적 개념을 이해해야 하는 어려움이 있으므로, 수학을 스토리텔링을 통해 구체적인 맥락을 제시는 것은 어려운 수학적 개념을 유아가 쉽게 습득할 수 있다. 뿐만 아니라 학습동기를 유발하고 학습과정 시 흥미를 일으킬 뿐만 아니라 문제해결력을 증진시킨다는 스토리텔링의 장점은 수학교육에 특히 적용시킬 만한 교수방법이 될 수 있다(Zazkis & Liljedahl, 2009).

스토리텔링을 활용한 수학활동에 대한 연구결과를 살펴보면, 유아의 수학적 문제해결력, 사고력, 언어이해력 및 표현력, 수학적 태도, 자기효능감에 긍정적

인 영향을 미치는 것으로 나타났다(김기쁨 · 김민정, 2014; 유효인, 2015; 정단비, 2015).

2. 스토리텔링 기반 수학활동

레이츠(Leitze, 1997)는 동화를 활용하여 수학활동을 진행하는 방법으로 두 가지 접근방식을 제안하였다. 첫 번째 접근방법은 수학내용과 수학문제 해결전략에 초점을 둔 것으로 이러한 내용을 포함시킬 수 있는 도서를 찾아서 이야기를 연결하는 방식이며, 이를 그림으로 제시하면 다음과 같다.

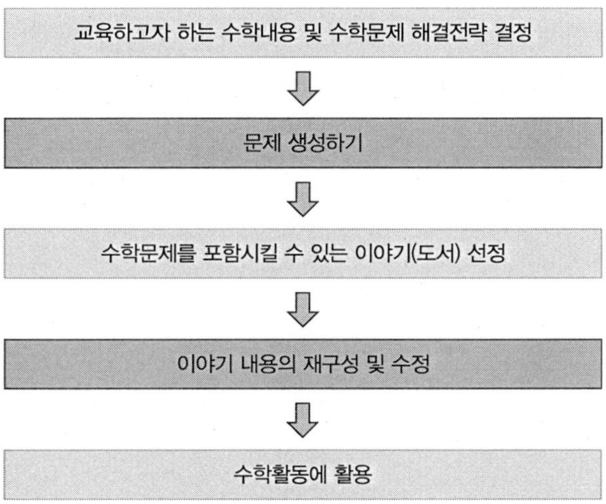

[그림 11-1] 레츠(Leitze)의 이야기 활용 수업 첫 번째 접근방법

두 번째 접근방법은 유아들에게 익숙한 이야기를 중심으로 유아들의 수준에 맞게 이야기 속 장면에 문제해결전략을 포함시키는 방법으로 이 접근방법을 그림으로 제시하면 다음과 같다.

구전동화 및 유아들에게 유명한 이야기 선정

⇩

이야기 내용 안에 수학 문제해결전략 장면 선정 및 전략 구상

⇩

선택된 전략을 포함하는 문제 만들기

⇩

수학적 문제상황을 포함하도록 이야기 내용 재수정

⇩

수학활동에 활용

[그림 11-2] Leitze의 이야기 활용 수업 두 번째 접근방법

이처럼 기존에 있는 이야기나 동화를 활용하는 것뿐만 아니라 교사는 유아와 함께 이야기를 창작할 수 있는데, 자키스(Zazkis)와 릴제다히(Liljedahl, 2009)가 제시한 이야기를 창작순서를 살펴보면 **〈표 11-5〉**와 같다.

〈표 11-5〉 이야기 창작 단계

단 계		특징 및 내용
1	목표 확인하기	• 목표는 이야기를 계획하기 전에 반드시 고려되어야 하는 것으로, 다양한 수학적 목표 중에서 고려된다. • 특정 공식이나 법치 또는 전략일 수 있으며 수학적인 아이디어나 방법의 응용과 같은 메타내용일 수도 있다.
2	문제 확인하기	• 목표로서 교육과정 내용이 확인되면 유아가 어려워할 부분을 어떤 형식으로 이야기 속에 넣을 것인지 고민하는 단계이다.
3	이야기 확인하기	• 수학문제와 줄거리를 가진 이야기로 다시 표현하는 단계로서 유아들이 흥미로워하는 방향으로 줄거리가 전개되고 문제가 제시될 수 있도록 이야기에 포함되어야 하는 적절한 요소들을 탐색한다. • 생활주제나 유아들의 흥미에 맞추어 이야기를 구성할 수 있다.
4	문제 조직하기, 흥미 고려하기	• 유아가 해결해야 하는 수학적 개념 및 문제를 이야기 속에 어떻게 포함하고 조직할지를 결정하고, 유아의 흥미를 유발할 수 있도록 고민하는 단계이다.
5	문제상황 확장 및 다양화하기	• 이야기와 관련되면서 관련 수학적 내용을 탐구할 수 있는 활동을 포함시키는 단계이다.
6	결론짓기	• 이야기를 마무리 짓는 단계로서 유아가 직접 이야기를 구성하거나 확장하는 등 다양한 방법으로 마무리할 수 있다.

출처 : 유효인(2015) 재구성.

「우유에게서 온 편지」 이야기 창작 활동의 실제

단 계		실 제
1	목표 확인하기	• 〈생활 속에서 수세기를 할 수 있다〉, 〈궁금증을 함께 해결할 수 있다〉를 목표로 선정한다.
2	문제 확인하기	• 선정한 목표에 맞게 유아들이 수를 생활 속에서 자연스럽게 셀 수 있도록 한다.
3	이야기 확인하기	• 수세기 문제가 포함되는 이야기를 구성한다. • 생활 속에서 수세기를 할 수 있도록 하기 위해 유아가 매일 먹는 우유로 이야기 소재를 정한다.
4	문제 조직하기, 흥미 고려하기	• 유아에게 보다 친근하게 다가가기 위해 〈우유에게서 온 편지〉로 이야기를 구성하여 유아의 흥미를 유발한다. ○○반 친구들에게. 안녕! 친구들아. 나는 너희들이 매일 먹는 우유친구야. ○○반 친구들에게 오늘 특별한 부탁이 있어. 오늘은 빨대를 이용해서 먹어보는 건 어때?
5	문제상황 확장 및 다양화하기	• 〈우유에게서 온 편지〉 활동을 하루만 진행하는 것이 아니라 연속적으로 진행함으로써 단순 수세기뿐만 아니라 오늘 필요한 빨대 수와 어제 사용한 빨대 수를 비교하는 기회를 제공하여 문제를 확장시켜 나갈 수 있다.
6	결론 짓기	• 〈우유에게서 온 편지〉를 듣고 유아가 우유에게 편지를 쓰는 활동으로 마무리 지을 수 있다.

「우유에게서 온 편지」 교육계획안

<table>
<tr><td>생활
주제</td><td>동식물과 자연</td><td>주 제</td><td>동물과 우리의
생활</td><td>소주제</td><td>동물이 주는 이로움을 생활 속에서 경험하기</td><td>활동
일시</td><td>2015. 05.</td></tr>
<tr><td>활동명</td><td>우유에게서 온
편지</td><td>활동
형태</td><td>소집단</td><td>유형
(영역)</td><td>수 · 조작 영역</td><td>활동
시간</td><td>25분</td></tr>
<tr><td>활동
목표</td><td colspan="7">• 『우유에게서 온 편지』 수 · 조작 활동을 통해 수를 셀 수 있다.
• 『우유에게서 온 편지』 수 · 조작 활동을 통해 궁금한 점을 함께 해결할 수 있다.</td></tr>
<tr><td>누리
과정
관련
요소</td><td colspan="7">• 자연탐구 : 수학적 탐구하기 – 수와 연산의 기초개념 알아보기
• 자연탐구 : 탐구하는 태도 기르기 – 탐구과정 즐기기</td></tr>
<tr><td>창의 ·
인성
관련</td><td colspan="7">• 창의성 : 인지적 요소 – 문제 해결력
• 인성 : 협력</td></tr>
<tr><td>활동
자료</td><td colspan="7">우유에게서 온 편지, 우유, 빨대</td></tr>
<tr><td>활동
방법</td><td colspan="4">활동내용</td><td colspan="3">수업연구</td></tr>
<tr><td>사전
활동</td><td colspan="4">【동화 – 딩동! 콩이야 우유왔다】
1. 『딩동! 콩이야 우유왔다』 동화내용을 듣고 이해할 수 있다.
(의사소통 : 듣기 – 동요, 동시, 동화 듣고 이해하기 – 동요, 동시, 동화를 다양한 방법으로 듣고 이해한다)
2. 『딩동! 콩이야 우유왔다』 동화내용을 듣고 동물이 주는 이로움에 호기심을 갖는다.
(자연탐구 : 탐구하는 태도 기르기 – 호기심을 유지하고 확장하기 – 주변 사물과 자연세계에 대해 지속적으로 호기심을 갖고 알고자 한다)</td><td colspan="3">• 핵심내용
우유와 관련된 동화를 통해 동물이 우리에게 주는 이로움을 생활 속에서 가장 잘 경험할 수 있도록 한다.</td></tr>
</table>

도 입	1. '우유에게서 온 편지'로 주의집중을 한다. – 친구들, 모두 자리에 앉았나요? – 오늘 ○○반에 편지가 도착했어요! 누가 보냈을까? 2. '우유에게서 온 편지'를 읽어준다. – 우유친구가 보낸 편지 내용은 무엇이었나요? 3. 활동을 소개한다. – 우유가 ○○반에 부탁한 내용을 들어줄 수 있을까?	• 핵심내용 사전활동으로 했던 『딩동! 콩이야 우유왔다』 동화를 이야기 나누기를 통해 회상할 수 있도록 한다.
전 개	1. 수세기 활동을 진행한다. – 우리 반에 빨대가 몇 개 필요한지 어떻게 알 수 있을까? – 친구들을 어떻게 셀 수 있을까? 2. 조별로 우유에게서 온 편지를 해결할 수 있는 방안을 모색해 본다. • 여러 가지 방법을 통해 친구들과 함께 수를 셀 수 있도록 한다. 3. 매일 필요한 빨대 수를 적어보고, 수를 비교해 본다. – 오늘 필요한 빨대 수는 몇 개였나요? – 어제 필요한 빨대 수는 몇 개였나요? – 왜 빨대 수가 달라졌나요? • 매일 빨대 수를 적어보고, 그날그날 빨대 수가 어떻게 달라지는지, 달라지는 이유는 무엇인지 비교해 본다.	• 핵심내용 우유에게서 온 편지 수 · 조작활동을 통해 수를 세어 수량을 알아보는 경험을 할 수 있다. • 핵심내용 • 소집단 활동을 통해 조별로 문제를 해결할 수 있는 기회를 제공한다. • 하루의 활동으로 끝나는 것이 아니라 일주일 동안 매일 우유를 먹는 시간에 오늘 필요한 빨대 수와 어제 필요했던 빨대 수를 비교해 보는 기회를 제공한다.
마무리	• 활동을 평가한다. – 어떤 부분이 좋았니? – 무엇이 재미있었니? • 차시를 예고한다. – 다음 시간에는 '우유' 노래를 배워볼 거예요.	

활동 평가	•「우유에게서 온 편지」 수 · 조작 활동을 통해 수를 셀 수 있었는지 언어적 상호작용을 통해 평가한다. •「우유에게서 온 편지」 수 · 조작 활동을 통해 궁금한 점을 함께 해결할 수 있었는지 관찰을 통해 평가한다.	• 평가방법 – 목표에 도달하였는지에 대한 도착점 행동을 평가할 수 있는 방법은 다음과 같다. 도입–전개–마무리 단계에서 • 이야기 나누기를 한 경우 – 언어적 상호작용을 통해 • 직접 활동을 한 경우 – 관찰을 통해 • 표상지에 표현한 경우 – 활동지 분석을 통해 • 표상활동을 한 경우 – 작품분석을 통해
확장 활동	【 음률영역 – 우유 】 • 우유 음률활동을 통해 자신의 생각과 느낌을 표현한다. (예술경험 : 예술적 표현하기 – 음악으로 표현하기 – 노래로 자신의 생각과 느낌을 표현한다) • 우유 음률활동을 통해 동물을 소중히 여기는 마음을 갖는다. (자연탐구 : 과학적 탐구하기 – 생명체와 자연환경 알아보기 – 생명체를 소중히 여기는 마음을 갖는다)	• 핵심내용 • 우유 음률활동을 통해 자신의 생각과 느낌을 창의적으로 표현할 수 있다. • 우유 음률활동을 통해 동물을 소중히 여기는 마음을 가질 수 있다.

Ⅲ. 스토리텔링 기반 수학활동을 통한 유아 창의 · 인성 활동의 실제

활동 1

측정 : 임금님의 옷을 만들자

– 임의측정 단위를 사용하여 길이를 재어보고 정확한 측정방법 생각하기

❖ 준비물 : 임의측정 단위(블록, 막대, 등), 줄자

❖ 스토리텔링 : 〈임금님 옷을 만들자〉

옛날 옛날 어느 나라에 임금님이 살고 있었어요. 임금님은 파티에 참석하기 위해 입을 새 옷이 필요했습니다. 그래서 임금님은 임금님의 팔과 다리의 길이를 직접 손으로 잰 뒤 팔은 3뼘, 다리는 5뼘이라고 재단사에게 알려주었어요.

재단사는 며칠 후 임금님의 옷을 만들어 갔지만 임금님에게 소매길이도 길고, 바지도 길었어요.

창의성 증진을 위한 발문하기

Tip 창의성

1. 논리/ 분석적 사고 : 임금님과 재단사는 무엇으로 길이를 쟀을까?
2. 비판적 사고 : 임금님의 옷은 왜 맞지 않았을까?
3. 문제해결 : 임금님에게 딱 맞는 옷을 만들기 위해서는 어떻게 길이를 재어야 할까?
4. 다양성 : 친구의 몸을 여러 가지 측정도구를 이용해서 길이를 재본 후 크기만큼 숫자를 적어보자.

인성 함양을 위한 발문하기

Tip 인성

1. 협력 : 여러 가지 측정도구를 통해 친구의 몸을 재어보아요.
2. 존중 : 다른 친구가 사용한 임의측정 단위는 무엇인가요?

❖ 활동결과물

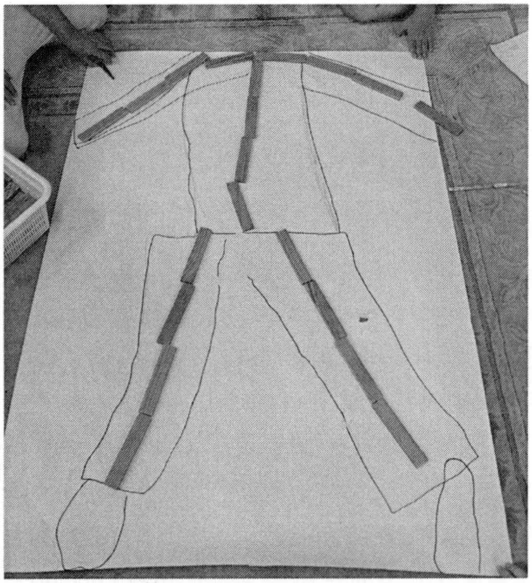

활동 2

도형 : 도형을 닮은 음식

– 이야기의 내용을 통하여 생활 주변의 것들과 연관 지어 기본 도형 이해하기

❖ 준비물 : 토끼인형, 돼지인형, 여러 가지 모양의 음식그림, 잡지, 풀, 가위

❖ 스토리텔링 : 〈도형을 닮은 음식〉

옛날 옛날 동물마을에 돼지와 토끼가 살고 있었어요. 둘은 아주 친한 친구 사이였지요. 그런데 어느날 돼지가 너무 아파 아무것도 먹지 못하고 누워 있었어요. 토끼는 혼자 있는 아픈 돼지가 걱정되어 돼지집에 병문안을 갔답니다. 토끼는 아픈 돼지에게 "돼지야, 아무것도 못 먹었지. 내가 음식을 가져올게. 어떤 음식이 먹고 싶어?"라고 물어보니, 돼지는 "동그란 음식이 먹고 싶어"라고 대답했어요. 그러자 토끼는 동그란 음식을 구해와 돼지에게 주었어요. 동그란 음식을 다 먹은 돼지는 "이번엔 네모난 음식이 먹고 싶어"라고 말했어요. 토끼는 다시 네모난 음식을 구해와 돼지에게 주었어요. 그러자 돼지는 "이번엔 세모난 음식이 먹고 싶어"라고 말했지요. 토끼는 아픈 돼지를 위해 다시 세모난 음식을 구해와 돼지에게 주었어요. 토끼가 "이제 더 먹고 싶은 음식은 없어?"라고 물어보았더니 돼지는 마지막으로 "동그랗고 네모난 음식이 먹고 싶어"라고 말했어요. 토끼는 "알겠어. 구해줄게"라며 동그랗고 네모난 음식을 구해와 돼지에게 주었고, 돼지는 더 이상 아프지 않았습니다.

창의성 증진을 위한 발문하기

Tip 창의성

1. 호기심 : 여러 가지 모양의 음식은 어떤 것이 있나요?
2. 자율성 : 여러 가지 모양의 음식을 잡지에서 찾아 붙여볼까요?
3. 용기 : 자신이 찾은 여러 가지 모양의 음식을 소개해 보자.

인성 함양을 위한 발문하기

Tip 인성

1. 나눔 : 잡지는 친구들과 나누어 쓰도록 해요.
2. 존중 : 다른 친구가 찾은 음식은 어떤 모양인가요?

활동 3

공간 – 위치 : 보물 숨기기 대작전

공간 – 위치에 대한 기초개념을 형성할 수 있는 이야기를 구성해 보세요.

❖ 준비물 : 연필, 종이

❖ 활동방법

1. 유아들과 내가 가장 아끼는 소중한 보물에 대해 이야기 나눈다.
2. 공간에서 위치에 대한 개념에 대해 유아들과 이야기 나눈다(위, 아래, 앞, 뒤, 안과 밖 등)
3. 나의 보물을 어디에 숨기면 동생이 찾지 못할지 유아들과 이야기 나눠본다.
4. 교사와 이야기를 나눈 것을 바탕으로 이야기를 구성해 본다.

※ 이야기를 교사가 듣고 적어주거나 그림으로 표현하도록 지도한다.

창의성 증진을 위한 발문하기

Tip 창의성

1. 감수성 : 내가 아끼는 보물에 대해 이야기 나눠볼까요?
2. 독창성 : 어떠한 이야기를 만들까요?
3. 유추 · 은유적 사고 : 어느 장소에 숨겨야 동생이 찾을 수 없을까요?

인성 함양을 위한 발문하기

Tip 인성

1. 질서 : 자신의 이야기 순서를 지켜보아요.
2. 공감 : 친구가 지은 이야기를 듣고 어떠한 느낌이 드는지 이야기해 보아요.

이야기 구성하기

준비물 : 연필, 종이

1. 공간 – 위치에 대한 기초개념을 형성할 수 있는 이야기를 계획하고 구성해 보아요.

나에겐 소중한 보물이 있답니다. 하지만 제 동생은 언제나 제 것을 가져가 망가뜨린답니다.

그래서 하루는 보물을 동생이 찾을 수 없는 곳에 숨기기로 생각했어요.

침대 아래에 꼭꼭 숨겨라!! 못찾겠지? 하지만 동생은 금방 찾아냈어요.

★ 다음 이야기를 지어주세요.

참고문헌

권오남 · 박정숙 · 박지현 · 조영미(2005). 개방형 문제 중심의 프로그램이 수학적 창의력에 미치는 효과. **수학교육, 44**(2), 307-323.

권오남 · 박지현 · 박정숙 · 박재희 · 조경희 · 오혜미 · 이지은 · 김아미 · 권수경 · 장혜경 · 김미주 · 박귀희 · 나미영 · 오국환 · 김소연 · 최성이(2010). **수학과 창의 · 인성 수업모델 개발 연구**. 서울 : 한국과학창의재단.

권유선 · 최혜진(2010). 그림책을 활용한 수학적 의사소통하기 및 표상활동이 유아의 수학능력과 창의성에 미치는 영향. **열린유아교육연구, 15**(1), 63-84.

김기쁨 · 김민정(2014). 스토리텔링을 활용한 수학활동의 효과. **어린이문학교육연구, 15**(2), 141-159.

김도한(2009). 창의중심의 미래형 수학과 교육과정 모형연구. 서울 : 한국과학창의재단.

김부윤 · 이지성(2005). 수학 창의성 평가에 대한 모색. **한국학교수학회논문집, 8**(3), 327-341.

김판수(2008). 창의성 이론을 통해 본 수학 창의성. **영재교육연구, 18**(3), 465-496.

박지숙(2014). 수학교육을 통한 인성교육에 대한 초등학교 교사의 인식에 관한 연구. 부산교육대학교 교육대학원 석사학위논문.

백석윤(2013). 백석윤 교수의 수학적 창의 · 인성 교육이야기. ACG컬럼.

서울특별시동부교육지원청(2012). 창의인성교육 신장을 위한 수학과 교수-학습 과정안 개발. 서울 : 서울특별시동부교육지원청.

송상헌(2001). 수학과 교육을 통한 인성교육. 수학사랑 제4회 Math Festival, 127-144.

유수경(2012). 창의적 교수법을 활용한 유아수학교육 교사교육 프로그램 개발. **유아교육학논집, 16**(6), 157-187.

유효인(2015). 스토리텔링 수학활동이 만 5세 유아의 수학능력 및 수학적 태도에 미치는 영향. 중앙대학교 대학원 석사학위논문.

이강섭 · 황동주(2007). 수학 영재 학생과 일반 학생의 수학 창의성과 문제설정과의 상관 연구. **수학교육, 46**(4), 503-519.

이광연(2014). **수학, 인문으로 수를 읽다**. 서울 : 한국문학사.

이종희 · 김기연(2007). 창의적 생산력 신장의 교육목표 이해를 위한 수학영재의 수학적 창의성 개념 탐색. **수학교육, 46**(4), 445-464.

이혜정(2014). 2014년 교육연구회 실천사례 연구보고서 3T(Telling, Tool, Tour) 수학적 과정을 통한 창의성, 인성 두드리기. 부산 : 부산광역시교육연구정보원.

정단비(2015). 스토리텔링 통합 수 프로그램이 유아의 수학적 성향 및 자기효능감에 미치는 영향. 건국대학교 대학원 석사학위논문.

정정희 · 김수영 · 김호년 · 최효정(2006). 순환학습 모형을 활용한 수학활동이 유아들의 창의성과 수학개념 습득에 미치는 효과. **한국영유아보육학, 47**, 263-283.

조형숙(2007). **평생수학, 유아기에 결정된다 : 엄마와 함께하는 즐거운 수학놀이**. 서울 : 학지사.

최승현 · 황혜정(2012). 2009 개정 교육과정 총론 변화에 따른 수학과 초등학교와 중학교 교육과정의 적용방안. **학교수학, 14**(4), 531-552.

최조아 · 박만구(2013). 초등수학지도서에 나타난 인성교육요소 분석. 한국초등수학교육학회 연구발표대회 논문집.

한국문학평론가협회(2006). **문학비평용어사전**(상-하). 서울 : 국학자료원.

Ervynck, G.(1991). Mathematical creativity, In D. Tall(ed.). *Advancedmathematical thinking*. Dordrecht : Kluwer Academic Pubisher.

Haven, K.(2000). *Super simple storytelling : A can do guide for every classroom, every day*. Englewood, CO : Teacher Ideas Press.

Julie, R.(2007). *Good Stories, Good Math*. WD : Society for Science & the Public.

Krutetskii, V. A.(1976). *The psychology of mathematical abilities in school children*. The University of Chicago press.

Leitze, A. R.(1997). Connecting problem solving to children's literature. *Teaching children Mathematics, 3*(7), 398-406.

NAEYC & NTCM(2002). *Position statement*. Early childhood mathmatics : Promoting good beginnings. NAEYC.

Romey(1970). What is your creativity quotient?. *School Science and Mathematics, 70*, 3-8.

Zazkis, R., & Liljedahl, P.(2009). *Teaching Mathematics as Storytelling*. Netherlands : Sense Publishers.

광고 만들기 활동을 통한 유아 창의 · 인성교육

CHAPTER

12 광고 만들기 활동을 통한 유아 창의 · 인성교육

미디어 교육은 단지 미디어 자체에 대한 교육만을 의미하지는 않으며, 미디어가 창출하는 인간환경에 대한 적응 및 대처능력을 포함하는 개념이다(Masterman, 1985). 유아대상의 미디어 교육의 목표도 마찬가지이다. 미디어 교육은 미디어에 대한 지식과 정보를 얻기도 하지만, 동시에 미디어가 재현해 주는 사회, 문화에 대한 이해를 돕기도 한다. 그중 현대사회에서는 유아들로 하여금 광고를 시청하고, 이해하며, 비판적 사고로 해석하는 등 자신의 참신한 생각을 표현하게 하는 힘을 길러주는 '광고 미디어 교육'이 필요하다. '광고'는 유아들이 흔히 접하는 미디어경험 중에서 영상매체(TV, 애니메이션 등)에서 가장 보편적인 경험 중의 하나이다(고승우, 2007). 광고 미디어 교육은 유아대상 미디어 교육에서 중점적으로 다루어야 할 미디어의 상업성 및 영상언어의 상징을 비판적으로 분석하게 하는 데 가장 효과적인 교육물이다(강은진 · 현은자, 2006). 즉, 다양한 광고를 활용한 미디어 교육은 유아들의 일상생활을 미디어와 관련시킨다는 점에서 적절한 교수매체라고 본다. 따라서 유아교육현장에서 유아교사가 광고 만들기 활동을 통한 창의 · 인성교육을 실천하는 것은 매우 중요하다.

I. 광고와 창의 · 인성교육

1. 미디어 교육에서의 광고

1) 광고의 개념

광고의 정의를 살펴보면 미국 마케팅협회(AMA)는 "광고란 명시된 광고주에 의한 아이디어, 상품 또는 서비스의 유료형식의 비인적 제시 및 촉진이다"라고 말하고 있다(김영호, 1997 재인용).

윌리엄(William, 1996)은 확인 가능한 광고주가 현대 광고현상을 다양한 미디어 매체를 통해 제품 또는 서비스나 아이디어에 대해 통상적으로 유료이며, 대개 일반적으로 설득 가능한 정보를 제시하는 비대인적인 의사소통이라고 정의하고 있다. 즉, 광고는 제품이나 서비스를 팔기 위해서, 제품이나 서비스에 이미지를 부여하기 위해서, 기업의 이미지를 위해 경제, 정치 또는 공공서비스 등을 위해 사용되는 개념으로 정의하고 있다.

2) 교수매체로서의 광고의 특징

광고학자 벨치와 벨치(Belch & Belch, 2010)는 광고는 가치와 관계를 추구하고 의사소통을 위해 다양한 전략과 매체를 사용하며, 이러한 광고의 특성은 흡입력과 몰입력을 갖는다. 이러한 광고의 속성은 유아의 적극적인 참여와 흥미를 유발시킬 수 있으며, 자신의 이전 경험을 놀이나 학습에 통합하여 교육적으로 긍정적인 효과를 거둘 수 있다(성태모, 2011; 이희복 · 차유철 · 정승혜, 2013).

국가수준의 교육과정인 3~5세 연령별 누리과정의 의사소통 영역에서는 유아가 듣고 말하는 것을 즐기고 상황에 맞는 언어를 익혀 일상생활에 필요한 의사소통능력과 바른 언어사용습관을 기르는 것을 목표로 하고 있다(교육과학기술부, 2013). 즉, 언어교육은 유아가 주변 세상과 관계를 형성하고 사회 · 문화적 맥락을 고려하여 교육할 것을 강조하고 있으며, 언어의 부호나 글자 형태의 인지보다는 맥락적인 의사소통 차원에 중점을 두고 있는 것(오미영 · 정인숙, 2005)이라는 점에서 볼 때 광고는 누리과정에서 강조하고 있는 바를 실천하도록 돕는 매력적인 교수매체이다.

곽재은(2009)에서 제시한 교수매체로서의 광고의 특징을 정리하면 다음과 같다.

- 광고는 전달하려고 하는 메시지가 명확하다. 광고는 명확한 주제를 가지고 있고 이야기나 동화내용보다 다소 길이가 짧은 내용으로 구성된다. 따라서 한 번의 짧은 광고만을 가지고도 시간 안에 활동을 완료할 수 있으며, 정확한 목표가 있고 간결하기 때문에 집중력이 강화된다(Davis, 1997). 즉, 광고는 시 · 청각에 의존하므로 강한 인상을 남기고 높은 기억력과 지속성이 강해 설득에 효과적이며, 광고에 대한 주목률도 매우 높다(이규평, 2002).
- 광고는 유아의 높은 흥미와 관심을 이끌어 낸다. 즉, 광고는 학습자가 지루하지 않고 반복학습을 용이하게 해주고, 주제가 매우 다양하기 때문에 다른 교재나 교과와 연계하여 학습하기가 용이하다(박선희, 2004).
- 광고는 유아의 학습동기와 창의성을 키워준다. 유아는 광고를 즐기면서 자연스럽게 내적 동기를 부여받을 수 있다. 즉, 광고의 언어나 비언어적인 부분에서 나타나는 독창적인 특징이 유아의 창의성을 자극하기에 충분하다(박선희, 2004).

3) 광고 만들기의 교육적 가치

유아기는 인지적으로 미성숙한 상태이기 때문에 판단능력이 떨어져 현실과 이상을 혼동할 가능성이 크며, 사실을 정확하게 파악하는 능력이 부족하다. 또한 모방을 통해 학습되기 때문에 광고가 유아에게 미치는 영향은 상당히 크다고 볼 수 있다.

루빈(Rubin, 1974)은 3~5세 유아들이 TV를 통해 광고하는 장난감, 의류 등의 상품, 식품 등을 기억한 후 묘사하는 데 어려움이 없었고, TV에서 제공되는 내용에 대해 수용적이기 때문에 TV 광고에서 본 상품에 대한 요구도는 유아기에 절정을 이룬다고 하였다.

광고 만들기 활동은 주제에 대해 유아 자신이 의도한 목적을 조직적 · 체계적으로 전개해야 함을 느끼게 한다. 따라서 광고는 유아의 언어를 확장시키고 다양한 사고를 촉진하는 등 유아의 언어능력과 창의성 증진에 효과이며, 의미 있는 통합적인 교육과정을 도모하는 데 효과적인 교수매체이다.

루트만(Routman, 1991)에서 광고 만들기 활동과 관련한 좋은점을 제시하면 다음과 같다(최연욱, 2006 재인용).

- 유아는 광고 만들기 활동을 통해 쓰기에 대해 흥미를 가진다. 즉, 그들은 자신이 생각한 광고에 대해 쓰는 것을 부담스러워하지 않으며 흥미를 가지고 글을 써보려고 시도한다.
- 유아는 광고 만들기 활동을 통해 읽기에 대해 흥미를 가진다. 즉, 유아들은 자신이 만든 광고의 내용을 쉽게 읽을 수 있기 때문에 광고 만들기를 통한 읽기 학습이 자연스럽게 일어난다.
- 광고의 내용은 유아들에게 개인적인 쓰기장소를 제공한다. 광고 만들기는 유아들에게 있어 필수가 아닌 선택적인 활동으로서 쓰기에 대한 부담을 줄일 수 있다.
- 광고 만들기 활동은 유아들로 하여금 쓰기행동을 더욱 즐겁게 해준다. 즉, 유아들은 그들에게 타당한 개인적인 경험과 감정을 광고 만들기에 적용하는데, 이는 유아가 관심을 가지고 가치 있다고 여기는 것이 존중된다는 의미이다.

- 광고 만들기 활동을 통해 유아들은 사고를 촉진시키고 가시화한다. 즉, 유아들은 자신이 생각한 것을 광고로 만들어 보는 과정에서 확산적 사고나 수렴적 사고를 하게 되고 이러한 사고과정을 거쳐 결국 문제해결력까지 증진시킬 수 있다.
- 광고 만들기 활동을 통해 유아들은 인습적인 문어발달이 촉진된다. 광고 만들기 활동은 언어적 추상성, 함축적인 표현, 단어 및 문장 쓰기능력 등 다양한 측면의 언어능력의 향상을 가져오게 하는 활동이다.

이처럼 광고 만들기는 일상생활과 관련된 활동을 통해 유아에게 풍부한 언어환경과 창의적 환경을 제공해 주고, 유아가 스스로 호기심을 가지고 적극적 · 능동적으로 활동을 수행할 수 있게 한다는 점에서 교육적 가치가 높다.

읽을 거리

추억의 상품

수년 전 TV에 자주 나왔던 사이다 광고, 보릿고개 시절 얘깁니다.
봄 소풍이라도 갈 양이면 어김없이 가방 안에 속 터진 김밥과 삶은 달걀이 들어 있었죠.
그때 들이키는 한 모금 사이다,
코 끝이 찡해오는 것은 탄산 때문이기도 하지만 쌈짓돈 모아 캬라멜, 건빵 싸준 엄마의 정성이 치밀어 올랐기 때문입니다.
풍상에 바랜 1960년대의 추억, 칠성사이다는 그 추억을 CF로 만들었습니다.
엄앵란과 남궁원이 나오는 패치제 광고도 떠오릅니다.
옛날 영화의 한 장면 같은 분위기로 바닷가에서 두 연인이 만나 감격의 포옹을 하는 순간, 엄앵란의 다리 관절이 삐걱! 남궁원은 놀란 얼굴로 '아니 앵란이!' 어쩌구 하지요.
이 역시 옛날 흑백 영화깨나 본 사람들에게는 낯익은 장면입니다.
추억의 한 갈피를 떠올린다는 점에서 사이다 광고와 맥이 닿습니다.

체게바라(Che Guevara)는 쿠바혁명을 비롯해 혁명이 있는 곳이면 지구 끝까지 달려갔다는 풍운아죠.
몇 년전 체게바라의 사진을 보드카 광고에 써먹은 광고대행사가 이 사진을 찍은 작가에게 고소당했다는 소식이 들려왔습니다. 2001년 영국의 〈가디언〉이 보도한 것을 읽었습니다.
사진작가 알베르토 코르다(Alberto Korda)가 1960년 쿠바의 아바나에서 찍은 이 사진은 시각예술에 관심 있는 분은 잘 알 거예요. 갈기 머리에 베레모를 쓴 체게바라의 모습입니다.
코르다는 화가 났습니다. '체게바라는 술을 전혀 마시지 않았다. 주류회사가 판치는 자본주의도 반대했다. 보드카를 파는 데 그의 사진을 이용하는 것은 그의 이름과 추억을 더럽히는 짓이다.' 코르다의 말에 뒤늦게 역성들기라도 하는 듯 2005년에는 체게바라의 유족까지 소송에 나섰다고 합니다.

〈출처 : 손철주, 그림 보는 만큼 보인다〉

2. 유아 광고와 창의성교육

몇몇 학자들은 창의성교육으로서 광고를 활용한 교육의 가능성을 제안하며 광고활용교육(AIE : Advertising in Education)이라는 용어를 사용하였다(이희복, 2012; 정연우, 2011; 차유철 · 이희복 · 신명희, 2008). 한국광고협회(2012)에서는 초 · 중 · 고등학교 교사들에게 광고에서 사용되는 전략을 이용하여 학습자들의 창의성과 문제해결력 등을 향상시키기 위한 광고활동을 개발하였다.

서스톤(Thurstone, 1952)은 창의성은 필연적으로 '새롭다'는 것이 포함된 개념으로 천재적인 발상이나 비범한 발명만을 의미하는 것이 아니라 개개인의 자기표현, 자기실현의 욕구에서 출발하는 '상상경험'이라고 보았다(전경원, 2000 재인용). 이러한 점에서 광고는 유아들로 하여금 스스로 자기표현의 기회를 제공하고 자기실현의 욕구에서 시작하는 상상력과 창의력에 초점을 두고 있다는 점에서 창의성교육과 일맥상통한다.

이화자(2000)에서 제시한 광고에서의 창의성의 역할을 살펴보면 다음과 같다.

- 광고는 정보전달력을 향상시키는 역할을 한다. 창의성은 광고에 있어 가장 기본적이면서 중요한 기능인 '정보전달력'을 향상시켜 준다. 광고에서 자주

볼 수 있는 시각적인 은유적 표현이나 언어적 유희를 표현하는 기법은 보는 이로 하여금 정보를 좀 더 쉽게 이해하도록 도와준다.

- 광고는 보는 이의 설득력을 높여주는 역할을 한다. 광고는 광고를 보는 이들에게 좀 더 설득적인 메시지를 전달하는 데 초점이 맞추어진다. 이를 위해 광고는 사진, 그림, 색상, 경계선, 삽화 등을 활용하여 내용을 좀 더 간결하면서도 함축적으로, 그리고 대중에게 쉽게 전달할 수 있는 단어나 어법을 선택하게 된다.
- 광고는 학습지의 흥미도를 높이는 역할을 한다. 창의성은 같은 제품이나 유사한 컨셉의 광고를 좀 더 흥미롭고 재미있는 광고로 전환시켜 준다. 이를 통해 광고는 정보전달의 역할뿐만 아니라 오락적인 기능까지도 맡게 된다.
- 광고는 트렌드나 붐(boom)을 일으키는 역할을 한다. 광고는 그 시대의 유행이나 현 시대가 추구하는 풍조, 사회적 분위기를 담고 있다.

이처럼 광고는 창의성과 매우 밀접한 관련을 맺고 있으며, 광고의 특성이 창의성의 개념과 유사하다는 것을 알 수 있다.

전미정(2009)이 제시한 광고에서 창의성의 역할에 대한 구체적인 내용은 다음과 같다.

- 광고는 정보전달력을 향상시킴으로써 유창성을 경험하게 한다. 광고에서의 가장 기본적이면서 중요한 기능은 정보전달력이다. 즉, 광고에서 볼 수 있는 시 · 청각적 은유와 같은 표현기법은 광고를 이해하고 전달하는 데 설득력 있는 메시지를 전달하게 한다.
- 유아는 광고에 나오는 표현기법을 자신의 독특한 방법으로 전환시키는 과정을 통해 독창성을 향상시킬 수 있다. 광고는 주로 성인을 위한 것이 대부분인데, 이러한 광고를 유아 자신의 광고로 새롭게 재구성하여 표현해 봄으로써 독창적인 표현능력이 향상된다.

- 유아는 광고와 어울리는 언어적 표현을 함으로써 추상성을 경험하게 된다. 즉, 그들은 명명화되어 있던 기존의 사고를 확장하여 형용사와 부사를 활용한 광고문구를 만들어 볼 수 있다.
- 색상, 삽화 등을 활용하는 광고활동은 유아에게 광고 속의 내용을 간결하면서도 쉽게 전달할 수 있도록 상세하게 표현하려는 노력은 정교성을 향상시킬 수 있다.
- 자신이 만든 광고를 틀에 박혀 있지 않고, 다른 사람이 쉽게 이해하도록 하는 노력은 개방성 증진에 도움이 된다.

따라서 광고 만들기 활동은 유아들에게 "무엇을 어떻게 알릴 것인가?"를 목표로 가능한 한 많은 아이디어를 산출하게 하고, 자신만의 새롭고 독특한 아이디어를 발산하게 하며, 자신의 아이디어를 구체화시키며 다듬어 가는 노력, 다른 사람을 설득하기 위해 타인의 입장이나 생각을 파악하려는 융통성이나 개방성 등 유아의 창의성을 계발하는 데 적합한 활동이다.

다음은 광고를 통한 유아의 창의성을 계발시킬 수 있는 교사의 발문예시이다.

유창성

• 이것을 알리는 방법에는 어떤 것들이 있을까?
• 이 물건하면 떠오는 것에는 어떤 것들이 있니?

정교성

• 이것을 잘 관찰하여 상세히 그림으로 그려보자.
• 이 내용을 전달하기 위해 어떤 문구를 넣는 것이 좋을까?

독창성

• 사람들에게 눈에 띄게 알릴 수 있는 광고를 만들어 보자.
• 쓰레기를 줄일 수 있는 기발한 아이디어를 생각해 보자.

융통성

• 신문광고 말고 안전을 효과적으로 알릴 수 있는 광고에는 무엇이 있을까?
• 이 물건이 없다면 무엇을 대체하여 사용할 수 있을까?

민감성

• 이 광고를 보니 어떤 소리가 들리는 것 같니?
• 음식을 잘 팔기 위한 광고를 만들려면 어떤 면을 강조해야 할까?

3. 유아 광고와 인성교육

신문, 잡지, TV, 라디오, 스마트폰 등과 같은 대중매체를 통한 광고들뿐만 아니라 건물 문의 간판, 경기장의 경기기록판, 유치원과 다양한 기관들, 버스나 지하철 안에서도 우리는 의식적 · 무의식적으로 엄청나게 많은 광고 속에 노출되어 있고 그 속에서 생활하고 있다. 이런 광고의 밀착성과 근접성으로 인해 이제 광고는 우리 생활에서 가장 눈에 띄는 존재가 되었고, 광고의 가치는 우리 사회에 뿌리 박혀 자리잡고 있다(김현지 · 김낙홍, 2013).

광고는 의사소통 기능, 경제적 기능, 마케팅 기능, 교육적 기능, 사회적 기능, 문화적 기능 등을 수행한다(오인환, 2001). 특히 이러한 기능을 지닌 광고와 같은 미디어는 유아들로 하여금 인성교육을 쉽고 편리하게 접근할 수 있게 해준다.

특히 광고와 문화는 매우 밀접한 관계를 맺고 있다(고경순, 1998). 즉, 광고는 각 나라의 현재 문화를 반영할 뿐만 아니라 미래 문화를 창조하는 데 직접적인 영향을 미친다. 또한 광고는 일상생활의 단면을 보여줌으로써 한 사회의 도덕적 가치나 규범, 그 사회가 바라는 바람직한 태도나 행동방식을 유아에게 직 · 간접적으로 가르쳐주고 있다.

광고는 문화의 핵심적인 다양한 사회적 가치를 전달한다. 즉, 전통적 또는 현대적 가치, 개인주의, 집단주의, 도덕주의, 권위주의, 평등주의, 물질주의 등 현대사회 속에서 형성되어 있는 많은 가치들이 광고를 통해 우리에게 전달된다(김광수, 1999). 따라서 광고는 유아들로 하여금 세상을 배우고 삶을 살아가는 양식이나 가치관을 형성해 나가도록 하는 풍부한 교육매체가 되고 있으며(안지성 · 조희숙, 2009), 특히 도덕교육이나 인성교육을 위한 효과적인 도구로 사용될 수 있다.

다음은 광고를 통한 유아의 인성을 함양시킬 수 있는 교사의 발문예시이다.

배려

• 이 광고 포스터는 인간을 배려하라는 의미이다.
• 배려하면 어떤 점이 좋은지 광고 내용 속에서 찾아보자.

존중

• 이 광고는 다문화, 인종차별을 해서는 안 된다는 메시지가 들어 있네요.
• 여기 광고 내용에서 인간을 존중하는 부분을 찾아보세요.

협력

• 이 광고에서처럼 함께 협력했을 때 기쁨을 느낄 수 있니?
• 광고의 상황 말고 협력해야 하는 일에는 어떤 것들이 있니?

나눔

• 이 광고는 나눔을 표현하는 내용이 들어 있다.
• 나눔을 생각할 수 있는 광고에는 어떤 것들이 있니?

질서

• 서로 맡은 역할에 맞추어 광고를 질서 있게 완성해 보자.
• 질서를 키기기 위한 광고를 찾아보자.

효

• 부모님의 소중함을 표현하는 광고를 생각해 보자.
• 이 광고를 보니 가족의 소중함을 알 수 있었니?

읽을 거리

도시의 낙서, 분개의 대상에서 미술관의 작품으로

출처 : http://news.naver.com/main/read.nhn?mode=LSD&mid=sec&sid1=103&oid=003&aid=0003293399

원래 낙서는 도시 풍경에 대한 공격이었지만 키스 해링(Keith Haring)은 이 행위를 새로운 장르의 미술로 탄생시켰다.

해링은 고전적인 교육을 받은 작가였다 뉴욕의 시각예술학교에서 공부한 후 그는 우스꽝스럽고 만화 같은 작품들을 통해 기어다니는 '빛나는 아이'와 같은 캐릭터를 제작했다. 광고계에서 일한 적 있는 그는 매우 다양한 재료를 통해 창조력을 발휘했다. 신세계 팝아트 작가인 해링은 참신한 관점에서 팝아트를 재해석하였다.

오늘날 그는 가장 유명한 미술가 중 한 명이 되었고 미술시장에서 그의 작품에 대한 수요는 계속해서 늘어나고 있다.

뉴욕의 광고판에 그가 그린 거대한 그림은 폭 넓은 환영을 받았다.

〈출처 : 스테파노 추피의 천년의 그림여행〉

Ⅱ. 광고 만들기 활동을 통한 유아 창의 · 인성교육

창의성이 모든 인간에게 내재되어 있는 보편적인 특성이라고 볼 때 유아가 자신의 경험을 창의적인 활동에 연결시키려는 흥미, 호기심이나 학습동기를 유발시키고, 유아 자신의 생각과 느낌을 적극적으로 표현할 수 있도록 적용 · 활용할 수 있는 교수-학습 방법이 제공되어야 한다.

광고 만들기 활동은 일상생활 속에서 많이 활용되고 있는 광고를 단순히 보고 듣거나 선택하는 활동을 넘어 유아 스스로 자신만의 독특한 방법으로 새롭고 창의적인 광고를 직접 만들어 봄으로써 창의성을 향상시킬 수 있는 기회를 가질 수 있고, 인간을 배려하고 존중하며 소통하는 광고메시지를 만들어 보는 활동을 통해 인성함양의 기회를 제공할 수 있다.

1. 광고 만들기 활동을 통한 유아 창의 · 인성 활동 수업모형

광고 만들기 활동을 통한 유아 창의 · 인성 활동 수업모형은 김동현(2012)의 '광고로 맛있는 수업하기'의 교수-학습 방법을 근거로 개발하였으며 구체적인 내용은 [그림 12-1]과 같다.

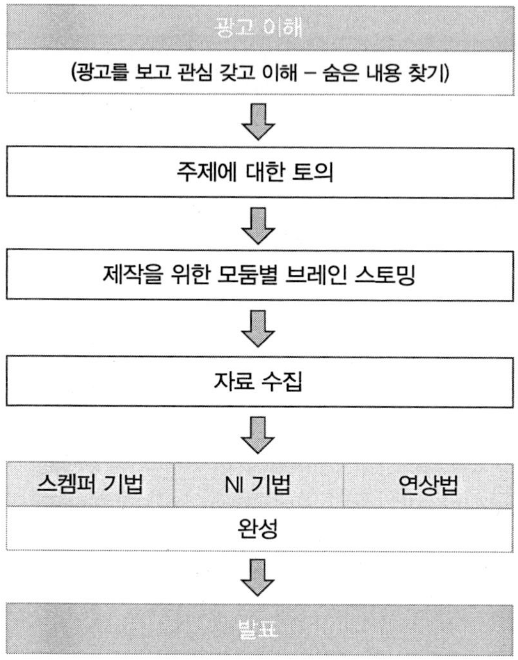

[그림 12-1] 광고 기반 유아 창의 · 인성 활동 수업모형

2. 광고 만들기 활동을 통한 유아 창의 · 인성 활동

만 3~5세 연령별 누리과정에서 제시된 생활주제에 따른 광고 만들기 활동을 통한 유아의 창의 · 인성 활동은 〈표 12-1〉과 같다.

〈표 12-1〉 생활주제별 광고 만들기 활동을 통한 유아 창의 · 인성 활동명 및 활동내용

<table>
<tr><th>생활주제</th><th>주 제</th><th>활동내용</th></tr>
<tr><td>유치원과 나</td><td>함께 만드는 유치원</td><td rowspan="4">가족이나 친구들에게 우리 유치원에서의 하루일과를 소개하는 인터뷰를 홍보용 영상 광고로 제작한다. 학부모나 다른 반 친구들이 볼 수 있도록 제작된 홍보 광고를 유치원 홈페이지에 공개한다.</td></tr>
<tr><th>소주제</th><th>활동명</th></tr>
<tr><td>우리 유치원의 자랑거리 알기</td><td>유치원과 나</td></tr>
<tr></tr>
<tr><th>생활주제</th><th>주 제</th><th>활동내용</th></tr>
<tr><td>나와 가족</td><td>소중한 나</td><td rowspan="3">폴리, 엠버, 로이의 캐릭터 특징을 담은 포스터를 보고 이야기 나눈 후 자신의 장점 및 특성을 표현하는 포스터를 제작해 본다.</td></tr>
<tr><th>소주제</th><th>활동명</th></tr>
<tr><td>나의 특별함 알고 사랑하기</td><td>나를 자랑하는 광고 포스터를 만들어 보아요.</td></tr>
<tr><th>생활주제</th><th>주 제</th><th>활동내용</th></tr>
<tr><td>우리 동네</td><td>우리 동네 전통과 문화</td><td rowspan="3">서울시 홍보영상(서울을 말해봐)을 보고 우리가 살고 있는 동네에 대해 이야기 나눈 후 살고 싶은 동네를 그림으로 표현하고 “살기 좋은 우리 동네 ○○시” 영상 광고를 제작해 본다.</td></tr>
<tr><th>소주제</th><th>활동명</th></tr>
<tr><td>우리 동네를 아끼고 사랑하기</td><td>살기 좋은 우리 동네 광고를 만들어 보아요.</td></tr>
<tr><th>생활주제</th><th>주 제</th><th>활동내용</th></tr>
<tr><td>동식물과 자연</td><td>자연과 더불어 사는 우리</td><td rowspan="3">〈I ♡ animal 멸종위기 알림 프로젝트〉 광고를 보고 멸종위기 동물들을 지키기 위한 방안을 생각해 보고 무성 광고로 제작해 본다.</td></tr>
<tr><th>소주제</th><th>활동명</th></tr>
<tr><td>사라져 가는 동식물에 관심 가지기</td><td>멸종위기 동물을 보호하기 위한 광고를 만들어 보아요.</td></tr>
</table>

<table>
<tr><th>생활주제</th><th>주 제</th><th>활동내용</th></tr>
<tr><td>생활도구</td><td>다양한 생활도구</td><td rowspan="4">〈광고천재 이제석〉의 기발한 생활도구 광고를 통해 생활도구의 특징과 그 쓰임에 대해 알아본 후 기발한 생활도구 영상 광고를 제작해 본다.</td></tr>
<tr><th>소주제</th><th>활동명</th></tr>
<tr><td>생활도구 알아보기</td><td>광고천재 이제석이 되어 보아요.</td></tr>
</table>

<table>
<tr><th>생활주제</th><th>주 제</th><th>활동내용</th></tr>
<tr><td>교통기관</td><td>교통통신과 교통생활</td><td rowspan="4">사이버 교통학교(cyedu.koroad.or.kr)에 있는 유아용 동영상을 보고 교통안전 사고를 예방하기 위한 영상 광고를 제작해 본다.</td></tr>
<tr><th>소주제</th><th>활동명</th></tr>
<tr><td>안전한 교통질서 지키기</td><td>교통안전 캠페인을 만들어 보아요.</td></tr>
</table>

<table>
<tr><th>생활주제</th><th>주 제</th><th>활동내용</th></tr>
<tr><td>우리나라</td><td>우리나라의 자랑거리</td><td rowspan="4">MBC 무한도전 《비빔밥 광고》에 나오는 우리나라의 자랑거리에 대해 이야기 나눈 후 잡지, 신문 등 다양한 매체를 이용하여 콜라주 기법으로 우리나라를 자랑하는 패러디 포스터를 제작해 본다.</td></tr>
<tr><th>소주제</th><th>활동명</th></tr>
<tr><td>우리나라의 자랑스러운 모습 알아보기</td><td>우리나라를 자랑하는 포스터 광고를 만들어 보아요.</td></tr>
</table>

<table>
<tr><th>생활주제</th><th>주 제</th><th>활동내용</th></tr>
<tr><td>세계 여러 나라</td><td>세계 여러 나라 사람들의 생활</td><td rowspan="4">공익 광고 〈모두 살색입니다〉를 보고 다른 문화권 친구들을 이해하고 지구촌 친구들에게 보내는 영상 편지를 제작해 본다.</td></tr>
<tr><th>소주제</th><th>활동명</th></tr>
<tr><td>세계 여러 나라 삶들의 모습 알아보기</td><td>지구촌 친구들에게 영상편지를 써보아요.</td></tr>
</table>

<table>
<tr><th>생활주제</th><th>주 제</th><th>활동내용</th></tr>
<tr><td>환경과 생활</td><td>돌 · 흙과 우리 생활</td><td rowspan="4">일회용품이 환경에 미치는 영향과 관련된 그림이나 영상물을 보고 이야기 나눈 후 일회용품 사용을 줄이기 위한 다양한 방안을 공익 무성 광고로 제작해 본다.</td></tr>
<tr><th>소주제</th><th>활동명</th></tr>
<tr><td>돌 · 흙 보호하기</td><td>일회용품 사용을 줄이기 위한 광고를 제작해 보아요.</td></tr>
</table>

<table>
<tr><th>생활주제</th><th>주 제</th><th>활동내용</th></tr>
<tr><td>봄, 여름, 가을, 겨울</td><td>봄, 여름, 가을, 겨울</td><td rowspan="3">일 년 동안 계절이 바뀌지 않는 지역에 사는 친구들에게 우리나라 사계절을 소개하는 포스터를 제작한다.</td></tr>
<tr><th>소주제</th><th>활동명</th></tr>
<tr><td>봄, 여름, 가을, 겨울</td><td>우리나라 사계절을
소개해 보아요.</td></tr>
</table>

3. 광고 만들기 활동에서의 교사 역할

라영옥(1999)이 제시한 광고 만들기 활동에서의 교사의 역할을 정리하면 다음과 같다.

- 광고 만들기 활동을 구체적으로 계획하여 유아가 광고에 대해 익숙해질 수 있도록 한다.
- 그림으로만 그리거나 끼적거리기, 발명적 쓰기를 하는 유아를 격려한다. 유아가 진행하는 활동이 어떤 것이든지, 쓰기학습과 관련된 것이라는 것을 일깨워 주어 그들이 자신감을 가지게 한다.
- 다양한 광고 인쇄물을 풍부하게 제공해 주고, 유아에게 이러한 인쇄물을 이용하여 자신만의 광고를 만들어 보게 한다.
- 유아 자신이 만든 광고를 다른 유아들에게 발표하는 기회를 통해 다른 친구들과 함께 생각을 나눌 수 있는 기회를 제공해 준다.

4. 광고 이해 활동

광고 이해 활동은 유아들이 광고 만들기 활동을 하기 전 광고의 개념과 특징을 이해시키기 위한 단계이다. 이 단계에서 다양한 광고 동영상, 광고 포스터 등을 보고 이야기 나누기를 함으로써 유아는 광고에 대한 기본적인 이해력을 갖게 되며, 광고 안에 어떤 메시지가 들어가야 하는지, 광고를 만들기 위해 어떤 것들이 필요한지 등의 개념을 습득하게 된다. 따라서 교사는 유아의 수준에서 이해하기 적절하며, 다양하고 인상적인 광고를 제시해 주어야 하고 충분히 상호작용하여 광고의 매력에 빠질 수 있도록 확산적 또는 비판적 사고 발문을 통해 그들의 광고에 이해력을 향상시켜 주도록 해야 한다.

광고 이해 1. 세제 광고 : 광고에서 전달하는 메세지 이해하기

1. 아래의 광고 사진을 보고 우리에게 무엇을 알려주는 것인지 적어보세요.

좋은 세제 광고

★ 이 광고는 우리에게 무엇을 알려주려는 것 같나요?

잘 보이지 않는 유리에 한 부분이 굉장히 선명하게 보여요. 바로 유리창을 청소하는 세제 광고예요.
이 세제를 사용하면 다른 곳은 흐릿흐릿하지만, 세제를 뿌린 부분만 이렇게 깨끗하게 지워질 정도로 좋은 세제라는 것을 광고하고 있어요.

광고 이해 2. 동물원 홍보 광고 : 광고에서 전달하는 메세지 이해하기

1. 아래의 광고 사진을 보고 우리에게 무엇을 알려주는 것인지 적어보세요.

동물원 홍보 광고

★ 이 광고는 우리에게 무엇을 알려주려는 것 같나요?

ZEBRA 얼룩말이라는 뜻이에요.

- 그림이랑 글자가 다르게 적혀 있네요. 이건 얼룩말을 직접 보지 않고는 얼룩말을 그릴 수없다는 동물원에 직접 가보라는 광고예요.

광고 이해 3. 환경보호 공익 광고 : 광고에서 전달하는 메세지 이해하기

1. 아래의 광고 사진을 보고 우리에게 무엇을 알려주는 것인지 적어보세요.

환경보호 공익 광고

★ 이 광고는 우리에게 무엇을 알려주려는 것 같나요?

아빠, 우리 큰 차 타요. 정말 큰 차를 타자는 이야기일까요? 큰 차는 버스를 의미해요. 대중교통을 이용하자는 이야기예요. 대중교통을 이용하면 차가 밀리지 않고 환경오염도 방지할 수 있어요.

「광고천재 '이제석'이 되어보아요」 교육계획안

<table>
<tr><td>생활
주제</td><td>생활도구</td><td>주 제</td><td>생활도구로서의
미디어</td><td>소주제</td><td>생활 속의
미디어 알아보기</td><td>활동
일시</td><td>2014. ○. ○</td></tr>
<tr><td>활동명</td><td>광고천재 '이제석'
이 되어보아요</td><td>활동
형태</td><td>대 · 소집단</td><td>유형
(영역)</td><td>미술</td><td>연 령</td><td>만 5세</td></tr>
<tr><td>활동
목표</td><td colspan="7">• 〈광고천재 이제석〉의 기발한 생활도구 광고를 통해 생활도구의 특징과 그 쓰임에 대해 알 수 있다.
• 기발한 생활도구 영상 광고를 제작할 수 있다.</td></tr>
<tr><td>누리
과정
관련
요소</td><td colspan="7">• 자연탐구 : 탐구하는 태도 기르기 – 호기심을 유지하고 확장하기
• 예술경험 : 예술적 표현하기 – 통합적으로 표현하기</td></tr>
<tr><td>창의 ·
인성
관련</td><td colspan="7">• 창의적 요소 : 인지적 요소 – 사고의 확장
성향적 요소 – 개방성
• 인성 요소 : 나눔</td></tr>
<tr><td>활동
자료</td><td colspan="7">• 〈광고천재 이제석〉 관련 동영상(자동차 광고 동영상), 〈광고천재 이제석〉의 광고 예시 PPT 자료, 딱풀 4개, 4절지 4장, 크레파스, 촬영카메라</td></tr>
<tr><td>활동
방법</td><td colspan="6">활동내용</td><td>수업연구</td></tr>
<tr><td>광고
이해
활동</td><td colspan="6">1. 자동차 광고(동영상)를 본다.
– 이 광고는 우리에게 무엇을 알려주려는 것 같나요?
– 다른 자동차들은 가로로 표현이 되어있는데, 이제석 아저씨의 광고는 로켓처럼 슝 세로로 표현되어 있어요.
2. 〈광고천재 이제석〉의 광고 예시 PPT 자료를 본다.
3. 광고의 의미에 대해 이야기 나눈다.
– 이렇게 광고란 우리 주변에서 많이 찾아볼 수 있는 것에 생각을 더해 의미를 담아 표현에 내는 거예요.</td><td>〈광고천재 이제석〉 관련 동영상
(http://serviceapi.nmv.naver.com/flash/convertIframeTag.nhn?vid=359E34953EE77080AE5FEFE66F19F2AABB84&outKey=V128fc2012400a506b1a767f2f9897408c13f8cd1573e4e28e97d67f2f9897408c13f&width=720&height=438)</td></tr>
</table>

도 입	**1. 〈광고천재 이제석〉의 광고 예시 PPT 자료를 보여주며 사전활동을 회상한다.** **2. 전체 유아를 4개의 팀으로 나눈다.**	
전 개	**1. 팀별로 생활도구 '딱풀'의 특징에 대해서 이야기 나눈다.** – 딱풀은 어떠한 특징을 가지고 있을까요? – 팀별로 광고천재 이제석이 되어서 생활도구 '딱풀'을 어떻게 기발한 광고로 표현할 것인지 브레인스토밍한다. – 선생님이 만약 딱풀을 기발한 광고로 표현한다면, 딱풀은 딱하고 붙이는 성질을 가지고 있으니까 이 딱풀은 서로 다투었던 두 친구를 다시 딱하고 사이 좋게 붙여줄 만큼 잘 붙는 딱풀이에요~ – 아니면 우리 엄마의 잔소리하는 입을 딱풀로 붙였더니 딱하고 붙었어요~ 라고 광고하고 싶어요. – 우리 친구들도 이렇게 딱풀을 어떻게 하면 기발하게 광고할 수 있을까, 지금부터 여러분의 다양한 생각을 모아 보도록 해요. **2. [스캠퍼기법]을 활용하여 다양한 의견을 모은다.** – 팀별로 다양한 생각들을 모아보자. **3. 광고 포스터 그림을 그려본다.** – 팀별로 다양한 생각들을 모아서 기발한 딱풀 광고 포스터 그림을 그려볼까요? **4. 팀별로 완성된 포스터를 발표하는 모습을 광고 영상으로 제작한다.**	 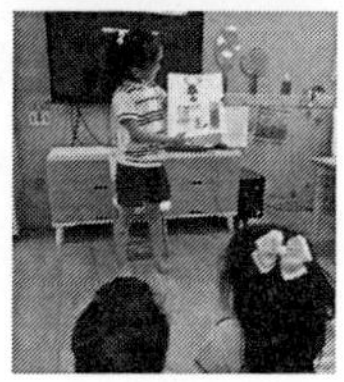
마무리	**1. 완성된 광고를 친구들에게 전시하고 활동소감을 이야기 나눠본다.** –완성된 생활도구 광고는 다른 반 친구들도 볼 수 있도록 유치원 입구 게시판에 전시한다.	
활동 평가	**• 〈광고천재 이제석〉의 기발한 생활도구 광고를 통해 생활도구의 특징과 그 쓰임에 대해 이해했는가?** **• 기발한 생활도구 광고를 제작할 수 있는가?**	

III. 광고 만들기 활동을 통한 유아 창의 · 인성 활동의 실제

활동 1

나의 장점을 친구들에게 알려요

– 나를 알리는 광고 포스터 만들기

❖ 준비물 : 도화지, 색종이, 사인펜, 색연필, 가위, 풀, 잡지 등

❖ 활동방법

1. 내가 가진 좋은 점에 대해 생각해 본다.
2. 내가 가진 좋은 점 중에 친구들에게 알리고 싶은 좋은 점을 생각해 본다.
3. 잡지에 있는 그림을 이용하여 친구들에게 나를 알리는 포스터를 제작해 보아요.
4. 완성 후 친구들에게 포스터를 들고 나를 광고해 보는 시간을 가져보아요.

창의성 증진을 위한 발문하기

Tip 창의성

1. 유창성 : 나의 좋은 점은 무엇이 있나요?
2. 민감성 : 나의 좋은 점을 설명할 수 있는 그림이나 글자를 잡지에서 찾아보세요.
3. 독창성 : 친구들이 나의 좋은 점을 알 수 있도록 나를 잘 표현할 수 있는 포스터를 만들어 보세요.

인성 함양을 위한 발문하기

Tip 인성

1. 존중 : 친구들의 발표를 잘 듣고 친구들의 생각을 존중하고 친구들의 장점을 통해 친구들과 사이좋게 지내보아요.

나의 장점을 알려 주어요 : 나를 알리는 포스터 만들기

준비물 : 도화지, 색종이, 사인펜, 색연필 등

1. '나'의 장점을 친구들에게 알려 주는 포스터를 제작해 보세요.

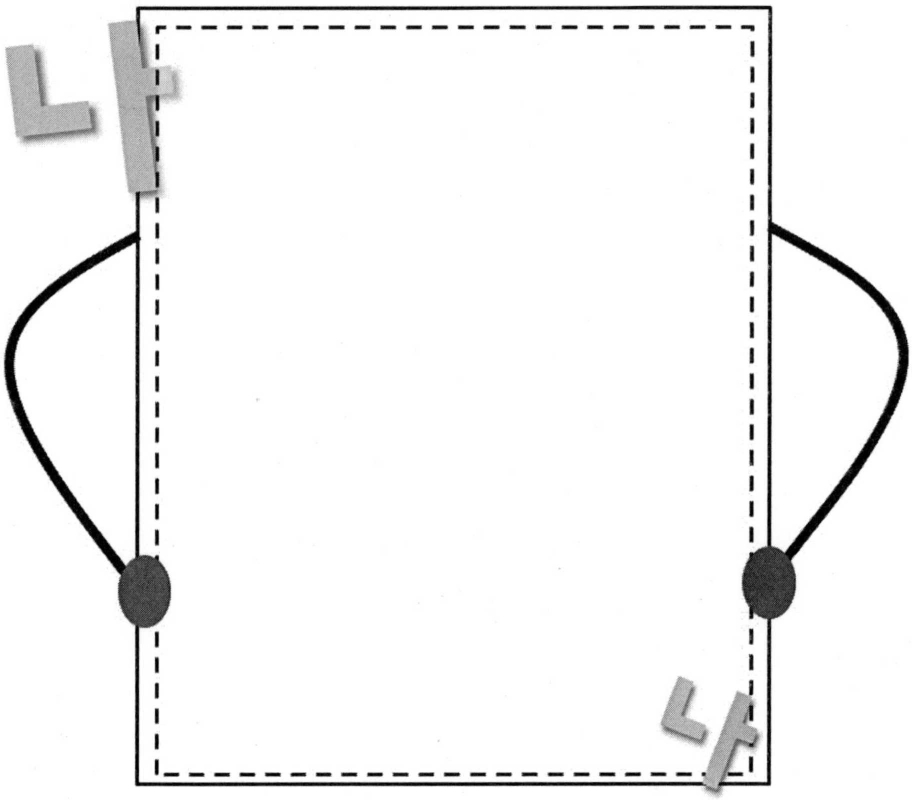

2. 어떤 장점을 포스터에 넣을지 적어보자.

❖ 활동결과물

나의 장점은?

요리를 잘하는 나, 공부를 열심히 하는 나, 아기를 잘 돌보는 나, 집을 잘 찾는 나

나의 장점은?

거북이를 잘 기르는 나, 청소를 잘하는 나, 밥을 잘 먹는 나, 누나에게 양보를 잘하는 나

나의 장점은?

공부를 잘하는 나, 밥을 잘먹는 나, 블록을 정리 잘하는 나, 달팽이를 잘 키우는 난

[포스터 작품] 유아들이 만든 나를 알리는 포스터

활동 2

가족의 건강을 지켜주세요

– 담배갑에 광고될 금연 포스터 만들기

❖ 준비물 : 도화지, 색종이, 사인펜, 색연필

❖ 활동방법

1. 담배가 좋지 않은 이유에 대해 이야기 나눠보세요.
2. 주변에서 담배를 피는 사람을 볼 때 어떤 느낌이 드나요?
3. 담배갑에 광고될 담배의 위험성을 알리고 금연을 알리는 광고를 만들어 보세요.
4. 친구들의 작품 중 가장 마음에 드는 작품을 선택해 보고 그 이유에 대해 이야기해 보세요.

창의성 증진을 위한 발문하기

Tip 창의성

1. 유창성 : 담배의 나쁜 점에는 무엇이 있나요?
2. 독창성 : 담배의 위험성을 알릴 수 있는 글이나, 그림을 생각해 보고 창의적인 광고를 표현해 보세요.
3. 정교성 : 여러 가지 생각 중에 사람들이 담배의 위험성을 잘 느낄 수 있도록 문구를 지어보고 친구들 것과 비교하여 나의 문구를 다듬어 보세요.

인성 함양을 위한 발문하기

Tip 인성

1. 효 : 주변에 가족 중에 담배피는 사람들에게 나의 광고를 보여주고 건강을 염려해 주세요.

금연 광고 포스터 만들기

준비물 : 도화지, 색종이, 사인펜, 색연필 등

1. 가족의 건강을 위해 '금연' 광고 포스터를 제작해 보세요.

2. 금연 광고 포스터에 들어가야 할 메세지를 적어보자.

❖ 활동결과물

[작품] 금연 광고를 나타내는 유아들의 작품

활동 3

사이좋은 우리 동네 사람들

– 층간소음을 예방하기 위한 포스터 광고 만들기

❖ 준비물 : 도화지, 색종이, 사인펜, 색연필, 가위, 풀, 잡지 등

❖ 활동방법

1. 소음에는 어떤 것들이 있는지 듣기 싫은 소리의 종류에 대해 브레인스토밍을 한다.
2. 내 주변의 이웃에 가지고 있는 생각을 이야기해 보고 층간소음이 무엇인지 경험한 적이 있는지 이야기 나눈다.
3. 층간소음을 예방하기 위해서는 어떤 것을 지켜야 할지 이야기 나눈다.
4. 여러 가지 방법 중에 내가 가장 잘 지켜야 하는 것을 골라 포스터로 만들어 본다.
5. 친구들의 작품을 감상하고 서로의 작품에 대해 좋은 점을 이야기해 본다.
6. 내가 만든 포스터를 우리 동네 잘 보이는 곳에 허락을 받고 붙여본다.

창의성 증진을 위한 발문하기

Tip 창의성

1. 유창성 : 층간소음을 예방하는 다양한 방법에 대해 이야기해 보세요.
2. 민감성 : 지금 주위에 들리는 소음소리는 무엇이 있나요?
3. 독창성 : 층간소음을 줄일 수 있는 기발한 아이디어를 생각해 보세요.

인성 함양을 위한 발문하기

Tip 인성

1. 배려 : 층간소음을 줄이기 위해 내가 할 수 있는 배려는 무엇이 있을까요?
2. 존중, 협력 : 이웃과 잘 지낼 수 있도록 아파트 안에서의 지켜야 할 규칙은 무엇이 있을까요?

층간소음 예방 포스터 만들기

준비물 : 도화지, 사인펜, 색연필 등

1. 이웃 간에 사이좋게 지내기 위한 층간 소음 예방 포스터를 제작해 보세요.

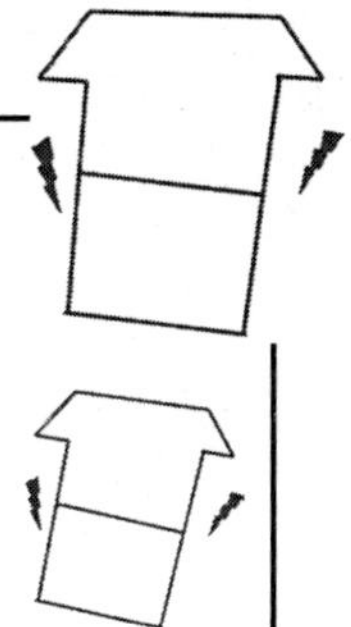

2. 층간소음 예방 포스터에 들어가야 할 메세지를 적어보자.

❖ 활동결과물

[작품] 층간소음을 알리는 유아들의 작품

참고문헌

강은진(2004). 유아 미디어 리터러시 교육 프로그램의 개발 및 적용. 성균관대학교 대학원 박사학위논문.

강은진 · 현은자(2006). 유아 미디어 리터러시 교육의 효과에 대한 질적 고찰. **유아교육연구**, 26(1), 211-232.

고경순(1998). **문화와 국제 광고 표현**. 서울 : 커뮤니케이션북스.

곽재은(2009). TV 광고를 활용한 토론활동이 유아의 비판적 사고에 미치는 영향. 서울교육대학교 교육대학원 석사학위논문.

교육과학기술부(2013). 3~5세 연령별 누리과정 해설서. 서울 : 교육과학기술부.

김광수(1999). **광고학**. 서울 : 도서출판 한나래.

김동현 외(2012). **광고로 맛있는 수업하기 - 창의성을 기르는 광고활용교육(AIE) 지도서**. 서울 : 테크빌닷컴.

김양은(2007). 미디어교육 교과과정 모델구성에 관한 연구. **한국언론정보학회**, 37(1), 73-99.

김영호(1997). **광고의 이해와 활용**. 경북 : 대구대학교출판부.

김현지 · 김낙홍(2013). 광고를 활용한 다문화 교육이 유아의 다문화 인식에 미치는 효과. **어린이미디어연구**, 12(3), 1-24.

라영옥(1999). 광고 만들기 활동이 유아의 쓰기행동, 읽기흥미, 어휘력에 미치는 영향. 순천향대학교 지역사회개발대학원 석사학위논문.

문옥희(2002). 구성주의 학습환경에 기초한 미디어교육 제작활동연구 : 초등학교 뉴스제작활동 사례 연구. 서강대학교 언론대학원 석사학위논문.

박선희(2004). TV 영어 광고를 활용한 효율적 듣기 학습에 관한 연구 : 고교 1학년을 중심으로. 국민대학교 교육대학원 석사학위논문.

성태모(2011). 효율적인 교육매체 활용방안. **국어교과교육연구**, 19, 39-82.

안지성 · 조희숙(2009). 광고 만들기 활동에 나타난 유아의 미디어 리터러시 탐구. 어린이미디어연구, 8(2), 1-21.

오미영 · 정인숙(2005). 커뮤니케이션 핵심 이론. 서울 : 커뮤니케이션북스(주).

오인환(2001). 현대광고론. 서울 : 나남출판사.

이규평(2002). TV 광고가 초등학생의 소비행동에 미치는 영향 : 부산광역시 초등학생을 중심으로. 부산교육대학교 교육대학원 석사학위논문.

이화자(2000). 광고 그리고 창의성. 서울 : 동문사.

이희복(2012). 광고활용교육(AIE)이란 무엇인가? 탐색적인 접근을 중심으로. 한국광고홍보학보, 14(1), 160-181.

이희복 · 차유철 · 정승혜(2013). 광고 콘텐츠를 활용한 교육연구. 영국의 미디어 스마트 사례를 중심으로. 광고PR실학연구, 6(4), 32-49.

전경원(2000). 동 · 서양의 하모니를 위한 창의학. 서울 : 학문사.

전미정(2009). 광고활동 프로그램이 유아의 창의력에 미치는 영향. 군산대학교 대학원 석사학위논문.

정연우(2011). 광고활용교육의 영역과 내용에 대한 연구. 옥외광고연구, 8(1), 79-106.

차유철 · 이희복 · 신명희(2008). 광고활용교육의 이해. 경기 : 한국학술정보(주).

최연욱(2006). 광고 만들기 활동이 유아의 언어능력 및 창의성에 미치는 영향. 전남대학교 대학원 석사학위논문.

Belch, M., & Belch, G.(2010). 통합 마케팅커뮤니케이션 : 광고와 프로모션을 중심으로. An Integrated Marketing Communications. 강승구 · 정걸진 · 신호창 역. 서울 : 에피스테메(원본 2007년 발간).

Buckingham, D.(2007). Digital media literacies: rethinking media education in the age of the Internet. *Research in comparative and international education, 2*(1), 43-55.

Davis(1997). *TV commercial messages : An untaped video resource for content-based classes*. Language teacher.

Masterman Len(1985). *Teaching the Media*. London : Routledge.

Routman, R.(1991). *Invitation : Changing as teachers and learners K-12*. Portsmouth, MH : Heinemann.

Rubin, Z.(1974). Measurement of Romantic Love. *Journal of Personalty and Social Psychology*, 16, 265–273.

William, F. A.(1996). *Contemporary advertising*(6th ed.). Chicago : Irwin.

애니메이션 기반 활동을 통한 유아 창의 · 인성교육

CHAPTER 13 애니메이션 기반 활동을 통한 유아 창의 · 인성교육

영상매체는 19세기 사진의 등장과 아울러 20세기 중반 이후 TV나 비디오와 같은 영상매체의 발달과 컴퓨터 통신기술의 발달로 인해 기존의 문자중심의 정보전달 방식을 영상화 또는 시각적 이미지로 확산시켰다. 특히 사진과 필름이 일반적으로 실제 존재하는 사실세계나 사건의 반영에 그 기초 두는 데 비해 영상매체는 비현실적 세계나 사건을 마치 사진을 찍은 것과 같은 거의 완벽한 이미지의 창출을 가능하게 하였으며, 다양한 이미지의 합성 · 조작을 용이하게 하였다. 이러한 영상매체는 다른 어떤 매체보다 유아의 흥미를 유발시킬 뿐만 아니라 유아가 직접 영상 속 주인공이 되어보거나 문제상황을 해결해 보는 과정을 통해 창의성을 기를 수 있다. 따라서 유아교육현장에서 유아교사가 애니메이션을 활용하여 유아 창의 · 인성교육을 실천하는 것은 매우 중요하다.

I. 영상매체와 창의 · 인성교육

1. 영상매체의 개념 및 특성

영상매체란 시각과 청각을 이용하여 메시지를 전달해 주는 도구를 말한다. 영상매체 프로그램은 이러한 도구를 이용하여 유아가 접하지 못한 시 · 청각자료를 효과적으로 학습을 할 수 있도록 하는 교수매체를 활용한 프로그램을 말한다. 이러한 영상매체는 시각적 · 청각적 · 문자적 언어가 결합되어 유아에게 전하려는 내용을 보다 쉽게 전달해 주고, 유아가 직접 경험하지 못했던 것과 궁금해하던 사실들을 자세한 영상과 소리를 통해 시 · 청각적으로 체험을 할 수 있게 해준다.

특히 현대사회는 삶의 중요한 수단이 된 영상매체, 즉 텔레비전, 비디오, 광고, 컴퓨터, 영화 등의 특성을 이해하고 그것을 의사소통에 활용하고, 그것을 통해 제공되는 다양한 형태의 메시지를 올바로 분석, 평가할 수 있으며, 능동적으로 제작 또는 활용하는 능력을 필요로 한다.

이러한 영상매체의 특성은 매체언어의 변화, 역동성과 복합감각에의 호소, 공간과 시간의 결합, 사회적 실재감의 창조, 해석 가능성 향상의 다섯 가지를 살펴보면 다음과 같다(김 현, 2011).

- 매체언어의 변화를 들 수 있다. 즉, 의사소통 기술의 발달에 따른 매체 환경은 쓰기, 인쇄, 영상의 3단계로 변화 · 발전되어 왔다.
- 영상매체는 역동성과 복합감각에 호소한다. 이는 그림, 그래픽 등 화상이나 도상에는 없는 이미지의 역동성을 가지고 있으며, 인간의 복합적인 감각에 호소한다. 즉, 영상매체는 시각과 청각의 통합이라는 복합감각 매체로서의

다양한 가능성들을 보여주고, 인간의 사고체계와 유사한 의사소통 구조, 즉 시 · 청각 모두에 호소하는 복합적 감각을 사용하여 환경과 의사소통한다.

- 공간과 시간의 결합을 들 수 있다. 영상매체는 그 기술적 특성 및 다양한 장치들을 사용하여 역사의 시간을 영화나 텔레비전이라는 공간 속에 결합시켜 버린다. 즉, 현재를 과거와 분리시키고, 과거, 현재, 미래의 순차적인 시간 구조가 아니라 주체에 의한 시공간적 · 구조적 재구성이 이루어진다. 실제로 영상매체의 기술적인 특징들은 어떤 장면의 시간적 영속성을 언제든지 중단할 수 있고, 카메라 앵글의 방향과 위치, 각도와 거리, 기획과 시점을 임의로 바꾸어 촬영 · 편집할 수 있다.
- 사회적 실재감의 창조이다. 인쇄매체의 경우에는 사회의 현상, 인간의 기억과 문자를 분리시킴으로써 객관화된 전체적인 역사 및 메시지를 구조화시키고 개개의 인간을 둘러싼 환경과는 분리된 정보와 감각을 형성해 준다. 실제로 영상매체의 시공간적 결합과 혼재라는 특성은 영상의 재현성, 모방성을 통해 유아들에게 새로운 인식 틀을 제시해 준다.
- 해석 가능성의 향상을 들 수 있다. 영상매체는 다양한 기술적 장치와 시공간의 결합 및 청각을 이용한다. 즉, 영상은 이전의 문자언어와는 다른 새로운 감각공동체(community of feeling)를 형성하는데, 이는 영상을 문화의 한 부분으로 규정하게 만들었으며, 문자해독능력이나 특별한 지적 능력을 필요로 하지 않는 영상이 지니고 있는 대중성은 문자를 특정 계층보다는 대중이 향유할 수 있는 개방된 형태로 변화시켰다.

2. 창의 · 인성교육을 위한 영상매체 활용의 가치

교육과학기술부(2010)에서 제시한 창의 · 인성교육을 위한 영상매체 활용의 가치를 설명하면 다음과 같다.

- 영상매체는 추상적이거나 복잡한 개념들을 시각적 정보로 바꾸어 전달할 수 있어 정보전달을 쉽고 효과적으로 할 수 있다.
- 유아의 주의집중도 및 태도를 향상시키고 개념이해에 도움을 주며, 참여동기 부여를 직접할 수 있어 유아 상호 간 또는 교사와 유아 사이의 의사소통을 위해 유익한 자료로 활용된다.
- 교사가 유아의 발달적 특성을 반영하여 학습촉진 및 효율적인 학습 진행의 수단으로서 가치 있는 영상매체를 선택하여 유아기 발달에 적합하게 활용하는 것은 매우 중요하다.
- 유아에게는 학습흥미와 동기를 제공하고 학습효과를 높이며, 교사에게는 시 · 공간의 제약에서 벗어난 활발한 수업 운영과 교사 자신의 배경지식이나 새로운 아이디어 습득을 위한 도움자료를 제공하게 된다.

3. 영상매체 기반 창의 · 인성교육의 교수-학습 방법

영상매체 기반 유아 창의 · 인성교육의 교수-학습 과정은 세 가지 유형으로 나누어 살펴볼 수 있다.

교수-학습 과정 1 유형은 본 활동의 사전활동으로 영상매체를 활용하는 것으로 이를 설명하면 **[그림 13-1]**과 같다.

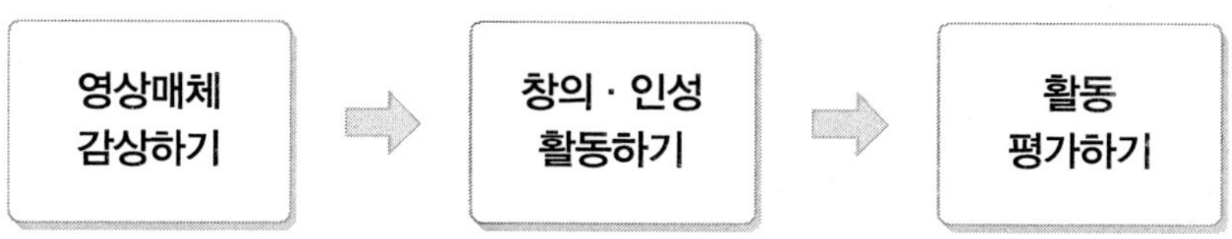

[그림 13-1] 교수-학습 과정 1 유형

교수–학습 과정 1 유형은 영상매체를 감상한 후 이야기 나누기 활동 속에서 영상매체에서 보여주는 창의 · 인성 관련 교육요소에 대해 토론을 한다. 이후 토론한 내용을 토대로 창의 · 인성 관련 요소를 포함한 다양한 유형 및 영역의 활동을 실행한다. 마무리 단계에서 경험한 창의 · 인성 활동에 대해 이야기 나누며 평가한다(교육과학기술부, 2010).

교수–학습 과정 2 유형은 본 활동의 사전활동으로 영상매체를 활용하는 것으로 이를 설명하면 **[그림 13–2]**와 같다.

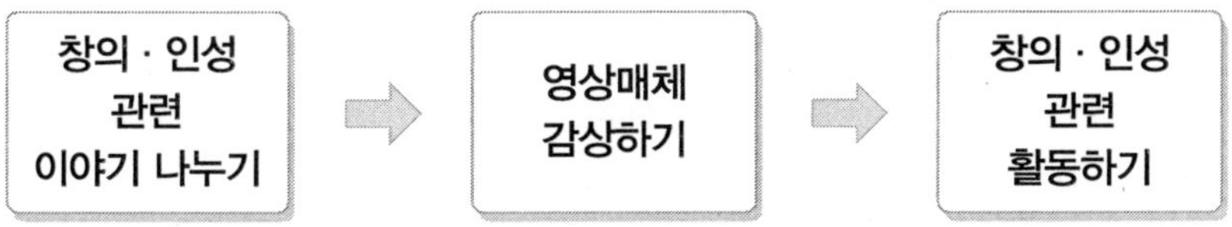

[그림 13–2] 교수–학습 과정 2 유형

교수–학습 과정 2 유형은 활동을 전개하는 데 있어 보다 생생한 정보와 내용을 영상매체를 통해 얻을 수 있다는 특징이 있다. 이에 교사는 활발한 토론이나 체험, 탐구과정 속에서 표출되는 다양한 창의적인 아이디어를 수용하고 남의 의견을 포용하고 존중할 수 있는 활동분위기를 이끌도록 노력해야 한다(교육과학기술부, 2010).

교수–학습 과정 3 유형은 본 활동의 사전활동으로 영상매체를 활용하는 것으로 이를 설명하면 **[그림 13–3]**과 같다.

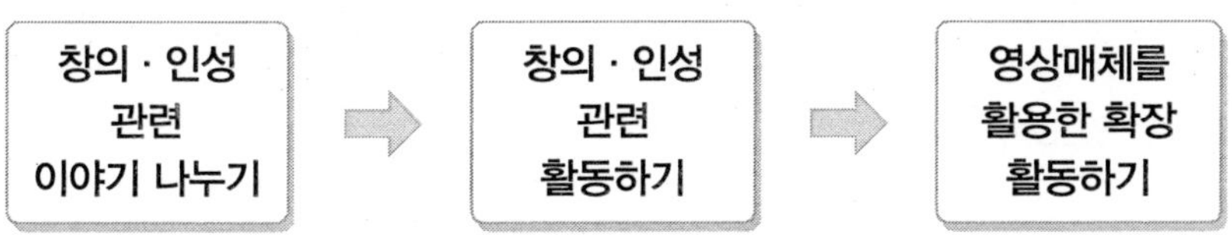

[그림 13–3] 교수–학습 과정 3 유형

교수–학습 과정 3 유형은 창의 · 인성 활동을 마무리한 후 습득된 개념과 내용을 더 확장시키고 심도 있는 통합적 활동으로의 연계를 위해 영상매체를 활용한다(교육과학기술부, 2010).

4. 영상매체 기반 창의 · 인성교육의 활동구성 및 운영원리

교육과학기술부(2010)에서 제시한 영상매체 기반 창의 · 인성교육의 활동구성 및 운영원리를 설명하면 다음과 같다.

- 창의 · 인성교육 활동으로 영상매체를 활용하되, 직접적인 놀이 및 활동과 연계하도록 한다.
- 창의 · 인성교육을 위한 활동방법은 탐구, 토론, 체험 등의 실질적인 경험과 사고를 통해 활동에 몰입할 수 있도록 진행한다. 즉, '탐구'란 불명확한 주변 세계에 대한 명확한 이해를 위한 인간의 지적 과정이며, '토론'은 어떤 논제에 대해 대립된 의견을 가진 사람들이 논리적 근거를 들어 자신의 주장이 옳음을 펼쳐 합리적인 의사결정을 하는 의사소통의 행위이다. 또한 '체험'은 일상생활에서 유아들의 태도와 흥미를 바탕으로 유아가 자발적으로 참여하는 실제적 활동이다.
- 자유로운 표현을 강조하되 다른 사람을 배려하는 교육이 함께 이루어지도록 한다.
- 다양한 방법으로 표상할 수 있는 기회를 제공한다.
- 정서를 경험할 수 있는 다양한 활동을 통해 창의성과 인성을 자연스럽게 함양할 수 있도록 한다.

II. 애니메이션 기반 활동을 통한 유아 창의 · 인성교육

다양한 영상매체 중 애니메이션은 정보화 시대에 정보전달 효과가 뛰어나며 유아들이 가장 친숙하게 다가갈 수 있는 대중매체로, 20세기 이후 오락의 범위를 넘어서 정치, 경제, 철학, 교육, 종교 등 다양한 영역을 넘나드는 매스미디어의 한 장르로서 확고히 자리매김하고 있다(심재승, 2010).

1. 애니메이션의 교육적 활용

애니메이션은 활용적인 측면에서 모든 학문과 예술을 창작내용과 표현형식으로 응용하고 그림이 있는 시각예술의 모든 기법을 응용하고 있다(박정순, 2002). 따라서 애니메이션을 유아의 정서를 고려하여 교육성 높은 애니메이션으로 만들면 긍정적인 교육적 효과를 얻을 수 있다(박미리, 2009).

1) 애니메이션의 개념

애니메이션의 어원은 라틴어의 아니마(Anima)로 생명, 영혼, 정신을 말한다(전주희, 2012). 애니메이션이란 종이 애니메이션, 점토 애니메이션, 컴퓨터 애니메이션 등을 포괄하며, 만화(cartoon or stips), 캐릭터(characterized cartoon or image)보다 광범위한 개념의 정의이다(김연선, 1999).

애니메이션은 '생명이 없는 사물에 움직임을 주어 생명을 불어넣는 작업을 총칭'하는 개념이다(임동언, 1991). 즉, 애니메이션은 주제의 화상을 조금씩 위치를 바꾸어 그린 것을 한 컷트씩 촬영하는 기법 또는 반주음과 조합하여 특수한 예술적 효과를 꾀한 만화영화, 동화 등을 의미한다(이상림, 2015).

2) 애니메이션의 유형

애니메이션은 평면 애니메이션과 입체 애니메이션으로 나누며, 평면 애니메이션에는 종이 애니메이션, 컷아웃(cut-out) 애니메이션, 페인팅 온 필름, 에칭(etching) 필름, 페인트 글라스, 스크래치 오프(scratch-off) 애니메이션, 블랙 또는 화이트보드 애니메이션, 투광 애니메이션, 그림자 애니메이션, 제로그래피(xerography), 로토스코핑(rotoscoping) 등이 있다(이상림, 2015).

이상림(2015)에서 제시한 애니메이션의 유형을 살펴보면 다음과 같다.

- 종이 애니메이션은 2D 드로잉(2 dimension drawing) 애니메이션을 말한다. 이것은 배경을 그리고 그 위에 캐릭터들이 그려진 셀을 한 장 한 장 찍어 셀 애니메이션으로, 애니메이션에서 보이는 움직임을 종이 한 장에 표현하는 것이다. 즉, 배경은 움직이지 않고 배경 위의 캐릭터만 움직이게 하여 표현한 애니메이션 기법 중 하나이다(문혜라, 2012).
- 그림자 애니메이션은 검은 종이를 접거나 오려서 캐릭터와 배경의 형태를 만든 후 이것을 변화에 따라 순서대로 접거나 배열해 놓고 촬영하는 기법과 캐릭터와 배경을 두꺼운 종이로 오려서 제작하고 그 뒤에서 조명을 비추어 그림자를 만든 후 촬영하는 기법이다.
- 모래 애니메이션은 투명 애니메이션의 일종으로 유리 등 빛이 통과하는 판 위에 모래와 같은 분말형태의 재료를 고르게 펼쳐놓고 아래에서 조명을 비추며 붓 등으로 형태를 만들어 가면서 프레임 단위로 촬영하는 기법이다. 이것은 부드러우면서 환상적인 효과를 얻을 수 있고, 특히 한 형태에서 다른 형태로 변화하는 메타몰포시스 과정을 효과적으로 표현할 수 있다. 예로 트

룽카의 The Hand(1965)와 같은 작품이 있다.

- 입체 애니메이션에는 스톱모션(stop-motion) 애니메이션, 인형 애니메이션, 클레이 애니메이션, 오브젝트 애니메이션, 픽실레이션(pixilation), 3D(3 dimension) 애니메이션 등이 있다.

〈표 13-1〉 입체 애니메이션의 종류

스톱모션 애니메이션	클레이와 오브젝트들을 인형, 클레이, 오브젝트 등으로 제작하는 애니메이션의 기법
인형 애니메이션	인형과 영화적 기법이 결합하여 제작된 애니메이션
클레이 애니메이션	클레이, 즉 점토를 이용해 인형을 만들고 이를 촬영하는 기법의 애니메이션
오브젝트 애니메이션	움직이지 않는 대상을 조정하여 움직이게 하는 것처럼 보이게 하는 인형극 같은 기법
픽실레이션	사람을 이용한 애니메이션으로 연속촬영을 하여 인물을 표현하고 마치 무성영화처럼 끊겨 동작을 표현할 수 있음
3D 애니메이션	평면적인 2D와는 달리 입체적으로 표현된 애니메이션

출처 : 이상림(2015).

3) 애니메이션의 교육적 가치

애니메이션은 자유로운 상상력, 형태의 단순함과 과장, 색상의 강한 대비, 단순한 이야기 구조를 갖추고 있어서 정보수용능력이 부족한 유아들에게 효과적인 메시지를 전달할 수 있다(신진식, 1989). 애니메이션은 그림이라는 요소로서 영상매체적 특성과 인쇄매체적 특성을 모두 가지고 있는 종합예술의 한 장르이다. 애니메이션은 오락적 기능뿐만 아니라 지식이나 정보를 전달하는 매체로서 교육적 기능까지 지니고 있어 유아의 창의성 계발에 효과적인 교수매체가 될 수 있다(문정화, 2000; 이 영, 1997). 이 영(1997)은 이러한 애니메이션을 교수매체로 잘 활용한다면 학습의 효과를 높일 수 있으며, 유아들에게 많은 정보를 제공할 수 있다고 애니메이션의 교육적 활용 가능성을 제안하였다.

애니메이션의 교육적 가치는 글을 읽거나 쓰지 못하는 유아라 하더라도 애니메이션을 즐기거나 그 내용을 이해할 수 있으며, 애니메이션을 통해 실제로 볼 수 없는 사실이나 상황을 볼 수 있다. 또한 애니메이션은 그림을 통해 표현되므로 줄거리 전개에 제약이 없기 때문에 유아의 무한한 꿈과 상상력을 펼칠 수 있다(정소영, 2003). 특히 애니메이션의 내용 속에는 갈등상황이 제시되는 경우가 많아 유아로 하여금 그 갈등상황에서의 문제해결 방법을 스스로 탐색하는 과정을 통해 창의성이 발달될 수 있다(박정순, 2002). 이처럼 애니메이션은 유아가 흥미를 가지고 쉽게 접근할 수 있으며, 시대를 초월한 다양한 내용이 제공됨으로써 유아가 지닌 기존 지식의 폭을 확장시킬 수 있고, 사고를 촉진하여 창의성 증진에 효과적인 교수매체가 될 것이다.

애니메이션의 긍정적인 교육적 효과를 살펴보면 다음과 같다.

- 애니메이션은 만화의 글과 컷 사이의 시간과 공간의 공백이 우리의 상상력을 자극하여 창의적 발상을 가능하게 한다.
- 애니메이션은 만화 그리기를 통해 자기표현의 기회를 확대하여 자신감을 키우고 표현능력의 확장을 기대할 수 있다.
- 애니메이션은 그 자체가 빠른 변화를 주고 있어서 주의집중 시간이 짧은 유아들에게 교육적 활용 잠재력이 높다.
- 애니메이션은 단순한 장면의 연속과 음성을 융통성 있게 표현하여 유아들로 하여금 쉽게 이해하고 집중할 수 있게 해준다.
- 애니메이션은 유아의 의식세계를 지배하는 강력한 사회교육 매체로서 꿈과 환상의 세계로 인도하기도 한다.
- 애니메이션은 흥미를 제공해 주고 체험과 지식의 범위를 확장시켜 주어 교육적으로 유익한 학습정보의 제공 및 실제로 보기 어려운 사실이나 생태, 역사, 여행, 과학, 사회 전반의 내용들을 보여준다.

4) 애니메이션의 바람직한 교육적 활용

애니메이션은 영상을 통해 내용이나 과정의 전환 없이 보는 이에게 직접 인식되기 때문에 이해하기 쉽고 내용 면에서 현실에 대한 무한한 과장, 왜곡이 가능하여 과중한 학업에 실증을 느끼는 유아들에게 매력이 있다(손기화 · 조정래, 2005).

유아는 어떤 가치를 습득함에 있어 아무런 비판적 사고과정 없이 그대로 받아들여 어떤 이야기 속의 내용이나 주인공의 행동을 그대로 모방하려는 특성을 지니고 있다(김택환, 1997). 따라서 애니메이션은 단순한 모방이나 동화의 수준을 넘어서 심층적 가치체계로 내면화될 가능성이 높다.

유아들에게 애니메이션은 그것이 어떤 내용을 담고 있는지에 따라 그들에게 전달되는 심리적 영향이 다르다. 이는 애니메이션의 내용에 따라 나타나는 모방행동도 달라질 수 있으며, 그것의 내용이 유아에게 내면화됨으로써 현실로 드러나는 무의식적인 행동도 유형별로 다를 수 있다(손기화 · 조정래, 2005). 따라서 유아의 연령이나 발달수준뿐만 아니라 유아에게 유익하거나 학습과 활동을 확장시킬 수 있는 애니메이션을 선정하여 교육적으로 활용하는 것이 매우 중요하다.

유아교사들은 유아들에게 애니메이션을 유아교육기관에서 자주 보여주고 있지만, 애니메이션의 내용을 확장하여 활동을 연계하여 확장하기보다는 대부분 다른 활동으로의 전이를 위해서만 이용하고 있다(강은진 · 현은자, 2001). 이에 유아교육현장에서 애니메이션을 제대로 활용하기 위해서는 애니메이션을 활동에서 적절하게 활용해야 한다. 즉, 애니메이션을 보여주고 난 후 그 내용을 확장하여 활동으로 연계시켜 주는 것이 필요하다(Raines & Isbell, 1994).

읽을거리 유아용 애니메이션 '뽀로로의 탄생 비화'

뽀로로를 탄생시킨 최종일 대표

국내에서는 연간 100억 원 정도의 로열티가 들어오고 관련된 상품들이 창출해 내는 시장규모는 5000억 원 이상인 애니메이션이 있다. 유아세계에서의 대통령이라 부르는 "뽀로로"가 그 주인공이다. '어린이들의 대통령'으로 불리며 폭발적인 인기를 얻고 있는 '뽀롱뽀롱 뽀로로'는 애니메이션의 불모지인 국내에서 새로운 신화를 쓰고 있는 캐릭터다.

그는 틈새였던 유아용 애니메이션 시장을 겨냥했다. 서로 다른 문화권에서도 통할 만한 보편적 캐릭터로 동물을 골랐다. 푸우(곰)나 미키마우스(쥐)처럼 막강한 경쟁자가 있는 동물은 제외했다. 펭귄이 눈에 띄었다. 뽀로로라는 이름은 어떻게 나왔을까? 미키마우스(mickey mouse)와 같이 펭귄(penguin)이니까 알파벳 P로 시작하는 이름을 찾았다(뽀로로 시즌 3부터 뽀로로가 쓴 헬멧에 영문 P가 들어간다). 눈에 띈 단어가 '뽀르르'였다. 자그마한 사람이나 짐승이 부리나케 달려가거나 쫓아가는 모양을 뜻하는 우리말이다. 이를 변형했다. '뽀로뽀로'와 '뽀로로'가 경합했고, '뽀로로'로 이름이 결정되었다. 혹시나 다른 언어권에서 '뽀로로'라는 발음이 비속어나 나쁜 뜻으로 사용되는지 확인하는 작업도 거쳤다. 바로 뽀로로가 태어난 순간이다.

〈출처 : 시사IN 차현석 기자의 뽀르르? 뽀로뽀로? '뽀로로' 탄생비화 중에서〉

2. 유아 애니메이션과 창의성교육

애니메이션의 가장 두드러진 특징은 '환타지'로, 동화 창조의 근원이며 원동력이 되는 환타지는 상상의 세계에서 새로운 사고와 정서를 유발하는 힘을 의미한다. 그리고 이러한 힘은 다시 또 다른 상상력을 자극하고 심화시켜 주는 다원적인 구성력을 갖는다(조희숙, 1980). 따라서 상상력의 원천인 애니메이션은 다양한 활동으로 확장시키는 데 유용한 교수매체로서 이는 창의성 계발에 효과적이다.

특히 애니메이션 내용 속에는 갈등상황이 제시되는 경우가 많아 그 갈등상황에서의 문제해결 방법을 스스로 탐색하는 과정에서 창의성이 발달된다(박정순, 2002). 애니메이션은 귀로만 듣는 것이 아니라 무한한 상상력과 생각을 할 수 있는 방법을 적용함으로써 독특한 사고를 확장시켜 창의성 발달에 효과적이다(김효지, 2006).

애니메이션은 다른 영상매체에 비해 일상을 다룬 리얼리티의 끝에서 상상, 즉 판타지의 끝까지 폭넓은 공간을 넘나든다(이정민, 2009). 애니메이션을 보고 캐릭터를 따라 그린다거나 나만의 캐릭터를 만들고 새로운 세계에 대해 구상하는 등의 활동은 스스로 자신의 모습을 되돌아 보게 하는 자아성찰의 기회를 가질 수 있어 내적 성장을 이룰 수 있다. 이러한 표현이나 감상활동을 통해 자신의 감정을 표출하고 타인의 감정이 되어 생각해 보는 과정을 거치면서 사회성을 키우고 표현력을 향상시킬 수 있다(강석훈, 2010).

이정민(2009)에 제시된 애니메이션이 창의성에 어떤 도움이 되는지를 살펴보면 다음과 같다.

- 애니메이션의 폭 : 수많은 내러티브 – 넌내러티브의 수용
- 세상을 보는 다양한 관점과 감수성 : 수많은 제작기법
- 애니메이션의 99%의 의도성 : 세계관의 구축과 우연성의 배제
- 애니메이션의 자유로운 상상 : 자연법칙 – 물리법칙에 크기 구애받지 않음
- 애니메이션의 정교성 : 치밀한 계획이 없이는 완성될 수 없는 정교한 제작과정
- 애니메이션의 컨버전스 : 다양한 윈도우와 OSMU(컨텐츠 판매전략)의 꽃이라 불리는 미디어 간의 컨버전스 가능성
- 애니메이션의 다양한 활용성 : 문화예술 영역뿐만 아니라 과학, 기술, 정보, 교육, 의학, 생활영역까지 활용 가능함
- 애니메이션의 대중성 : 대중과의 다양한 소통방법

애니메이션을 활용한 다양한 프로그램 활동을 통해 유아들로 하여금 동화 속

상황을 탐구하거나 해당 문제를 해결하는 방안을 탐색하게 하는 등 다양한 경험을 제공할 필요가 있다. 이는 유아의 영상이라는 가상공간에서의 창의적인 발상을 넘어 일상생활 영역으로 심화 · 확장되어 보다 창의적인 융합형 인재로 성장해 나갈 수 있는 데 도움이 될 것이다.

다음은 애니메이션 활동을 통한 유아의 창의성을 계발시킬 수 있는 교사의 발문예시이다.

유창성

- 하늘에서 음식이 내린다면에는 어떤 음식들이 나올까?
- 슈퍼배드가 만든 발명품에는 어떤 것들이 있니?

정교성

- 이 장면 다음에 일어날 일에 대해 자세히 말해보자.
- 이 내용을 전달하기 위해 어떤 문구를 넣는 것이 좋을까?

독창성

- 등장인물처럼 남들이 쉽게 생각할 수 없는 생각을 해보자.
- 여기에 나오는 해결방법 말고 다른 창의적인 생각을 해보자.

융통성

- 슈퍼배드처럼 발명품을 만들기 위해 생활도구의 용도를 바꾸어 보자.
- 네가 겨울왕국 말고 다른 왕국을 만들어야 하는 영화감독이 되어볼까?

민감성

- 이 장면을 보니 어떤 냄새가 나며, 어떤 맛이 떠오르나요?
- ○○에게 너의 마음을 알려주려면 어떻게 해야 할까?

3. 유아 애니메이션과 인성교육

유아는 애니메이션을 보는 동안 등장인물을 동일시하기 때문에 그를 닮고 싶어하고 모방하기도 한다(신재욱 · 정보민 · 홍상희, 2012).

특히 애니메이션을 활용한 활동을 통해 도덕적 딜레마, 문제상황 등의 다양한 갈등을 경험함으로써 유아의 등장인물에 대한 감정이입뿐만 아니라 문제상황에 몰입하며, 유아 자신이 애니메이션 동화 속 등장인물이 되어 어떻게 할지를 생각하고 해결해 보는 등 대리경험을 통해 자기 성찰의 기회를 가질 수 있다.

다음은 애니메이션 활동을 통한 유아의 인성을 함양시킬 수 있는 교사의 발문 예시이다.

배려

- 다른 나라의 사람들을 위한 ○○왕국을 생각해 보자.
- 언어가 없는 사람들을 위해 음식으로 날씨를 알려줄 수 있겠니?

존중

- 이 애니메이션의 등장인물은 왜 그렇게 했을까요?
- 등장인물 ○○를 위해 우리가 어떤 일을 할 수 있을까요?

협력

- 친구들의 아이디어를 함께 공유해서 만들어도 좋다.
- 광고의 상황 말고 협력해야 하는 일에는 어떤 것들이 있니?

나눔

- 슈퍼배드의 발명품이 실제로 있다면 누구에게 선물해 주고 싶니?
- 등장인물 ○○를 위해 무엇을 도와주면 좋을까?

질서

- 친구들에게 방해가 되지 않게 조용히 애니메이션을 시청하자.
- ○○을 보고 활동을 하려면 어떤 약속들이 필요할까?

효

- 니모의 가족이야기를 보고 가족의 무엇을 느꼈니?
- 슈퍼배드처럼 부모님을 위해 어떤 물건을 발명하면 좋을까?

읽을거리

디즈니를 살린 '겨울왕국의 공주'

"가장 중요한 건 이야기에 마음과 감정을 싣는 것이다. 관객들은 진정한 감동을 준 작품을 잊지 않는다."

출처 : 겨울왕국 스틸컷.

'토이 스토리(1995)'를 비롯해 기획을 주도한 '니모를 찾아서(2003)', '월 E(2008)' 등의 감동적인 이야기로 전 세계 애니메이션 팬을 사로잡아온 존 라세터(John Lasseter)가 한 말이다. 그는 2006년 디즈니가 픽사를 인수한 이후 두 회사를 모두 이끌고 있다. 공식 직함은 '최고 창의성 책임자'를 뜻하는 CCO(Chief Creative Officer)이다.

'겨울왕국은 세계적으로도 애니메이션 사상 역대 최고의 흥행수입을 올렸다. 그는 "'겨울왕국'은 디즈니를 치유해 준 작품"이라고 설명했다. 직전에 디즈니는 연이은 흥행부진을 겪고 있었다. 동화의 전통적 가치관을 내세우는 점이 시대에 뒤떨어진다는 비판을 받기도 했다. 그는 "내가 아는 여자들 중에 백마 탄 왕자가 나타나 자기를 구해주기를 원하는 사람은 없다"면서 "CCO를 맡고 나서 디즈니의 공주들을 진취적으로 바꾸고 싶었다"고 말했다. '공주와 개구리(2009)', '라푼젤(2010)' 그리고 '겨울왕국'의 진취적인 공주들은 그렇게 탄생했다.

디즈니는 직원들에게 실패를 두려워하지 않도록 가르치는 것으로 유명하다. 실패를 통해서 창의와 혁신을 키운다는 것이다. 그래서 디즈니에서는 실패할 수 있는 상황이 올지라도 도전을 선택했다. 줄곧 사람이 그리는 애니메이션만 만들어온 디즈니에서 최초의 컴퓨터 애니매이션 '토이 스토리'를 제작한 것, 전통적 가치관을 담은 공주에서 진취적인 공주를 그려낸 도전들이 디즈니를 있게 하는 힘이라 하겠다. 위험을 감수할 수 있는 분위기를 조성하고 혁신을 하도록 격려한다. 그리고 실패는 오히려 장려되는 창의성이 발현될 수 있는 환경이 '세계 최고 최대의 콘텐츠 기업' 디즈니로의 명성을 이어갈 수 있는 것이 아닐까?

〈출처 : 중앙일보 장성란 기자의 '겨울왕국' 진취적 공주가 디즈니 구했죠, 조선닷컴 정장열 기자의 '디즈니가 몇 차례 위기를 극적으로 넘긴 것은?'〉

4. 디즈니 애니메이션 기반 유아 창의 · 인성 활동

애니메이션의 교과서(한창완, 2001)라 불리는 디즈니 애니메이션은 전래동화와 문학작품을 소재로 제작하여 미국을 비롯한 세계 여러나라 유아들에게 이용되어 왔다(Taxel, 1982). 또한 디즈니 애니메이션은 유아에게 권장할 만한 영화로 교육부의 인정을 받는 등 국내에서 긍정적인 이미지를 형성해 왔다(강은진 · 현은자, 2001).

이에 유아교육현장에서는 디즈니 애니메이션을 기반으로 하여 다양한 유형 · 영역의 창의 · 인성 활동을 소개하면 다음과 같다.

1) 디즈니 애니메이션 목록

애니메이션 목록의 선정은 1970년대 이후부터 2013년도까지 개봉된 디즈니 애니메이션 총 72개 중 각 생활주제에 적합한 애니메이션 11개는 다음과 같다.

〈표 13-2〉 생활주제별 디즈니 애니메이션 목록

구 분	생활주제	애니메이션 제목		감 독	년 도
1	유치원과 친구	토이스토리 Ⅲ		존 라세터	2010
2	나와 가족	니모를 찾아서		앤드류 스탠튼	2013

3	우리 동네	치킨리틀		마크 딘달	2006
4	동식물과 자연	생쥐 구조대 II		헨델부토이, 마이크 가브리엘	1990
5	건강과 안전	하늘에서 음식이 내린다면?		필로드, 크리스 밀러	2010
6	생활도구	슈퍼배드		피에르 꼬팽, 크리스 리노드	2010
7	교통기관	비행기		크레이홀	2013

8	우리나라	아틀란티스 : 잃어버린 제국		게리 트러스데일, 커크 와이즈	2001
9	세계여러나라	카 II		존라세터, 브래드 루이스	2011
10	환경과 생활	월 E		앤드류 스탠튼	2008
11	봄 · 여름 · 가을 · 겨울	겨울왕국		크리스 벅, 제니퍼 리	2014

2) 디즈니 애니메이션 기반 창의 · 인성교육 수업모형

디즈니 애니메이션 기반 유아 창의 · 인성교육의 수업모형은 **[그림 13-4]**와 같다.

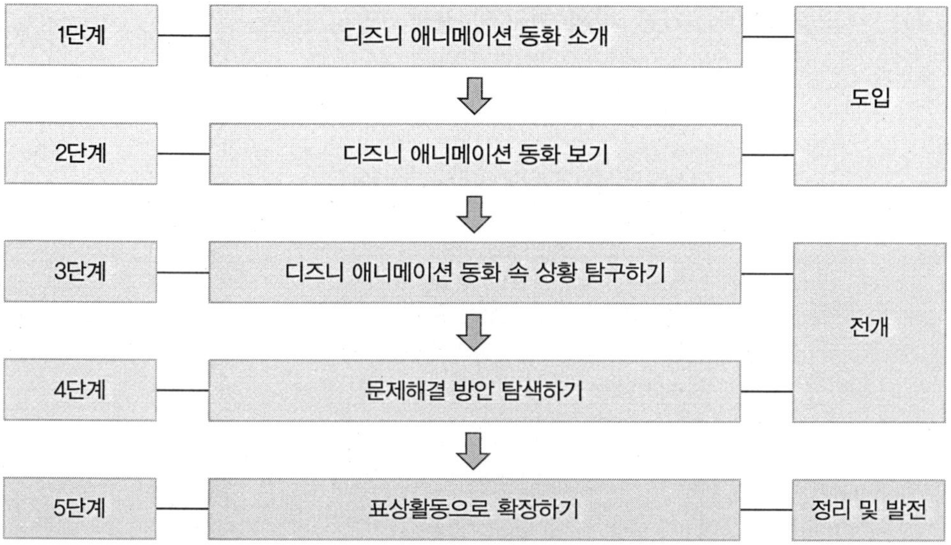

[그림 13-4] 디즈니 애니메이션 기반 유아 창의 · 인성교육의 수업모형

출처 : 윤태호 · 문성환(2014). 동화 활용 발명교육 프로그램 모형 재구성.

- 도입단계 : 디즈니 애니메이션 동화를 소개하고, 동화를 즐겨본다.
- 전개단계 : 디즈니 애니메이션 동화 속 상황을 탐구하고, 다양한 문제상황을 해결하기 위한 방안을 탐색한다.
- 정리 및 발전 단계 : 애니메이션에 나오는 내용을 확장하여 일상생활에 적용 · 활용할 수 있는 다양한 표상활동으로 확장한다.

3) 디즈니 애니메이션 기반 유아 창의 · 인성 활동

디즈니 애니메이션 기반 유아 창의 · 인성교육의 수업 모형을 적용하여 생활주제별로 다양한 유형 · 영역의 유아 창의 · 인성 활동은 다음과 같다.

(1) 『니모를 찾아서』 기반 '나와 친구'의 창의 · 인성 활동

음악 :

니모와 말린을 위한 축하공연을 열어요.

니모와 멀린이 재회하는 장면을 보고 축하해 주기 위한 공연을 열어보는 활동으로, 축하노래를 창의적으로 개사하고 다양한 악기로 연주해 봄

토이스토리

유치원과 친구

신체표현 :

니모가 되어 판토마임 상황극을 해요.

니모가 위험한 곳을 가게 되어 다이버에게 잡혀가는 상황을 보고 주위 사람들에게 도움을 청하거나 위험한 상황을 대처할 수 있는지 방법을 찾아본 후 대처방법들을 판토마임 상황극을 하는 활동

언어영역 :

나만의 기호로 편지를 써보아요.

니모와 멀린 등 등장인물이 되어 자신의 감정과 생각을 전달하기 위해 창의적인 기호를 만들어 편지를 써서 전달해 보는 활동

미술 :

가족을 물고기로 표상해 보아요.

니모를 찾아서의 바닷속 배경을 보고 자신의 가족을 물고기로 창의적으로 표상해 본 후 물고기 가족에 대한 자신의 생각을 이야기해 보는 활동

(2) 『하늘에서 음식이 내린다면?』 기반 '건강과 안전'의 창의 · 인성 활동

음악 :

음식 광고송을 만들어 보아요.

'하늘에서 음식이 내린다면?'에 나오는 음식들을 보고 [당근송]을 자신이 생각하는 음식으로 바꾸어 창의적인 음식 광고송을 만들어 보는 활동

하늘에서 음식이 내린다면?

건강과 안전

역할놀이 영역 :

음식 날씨 기상 캐스터가 되어요.

하늘에서 음식이 내린다면 애니메이션의 음식 날씨가 나오는 영상을 보고 자신이 생각하는 음식 날씨를 창의적으로 표상한 후 기상캐스터가 되어 다른 사람에게 자신의 음식 날씨를 예보해 보는 활동

과학영역 :

음식을 만드는 기계의 설계도를 그려 보아요.

하늘에서 음식이 내린다면 애니메이션 속의 음식을 만드는 기계를 보고 요리도구 및 기계들을 관찰한 후 자신이 생각하는 건강한 음식을 요리할 기계의 설계도를 제작해 보는 활동

요리 :

몸에 좋은 퓨전요리를 만들어요.

하늘에서 음식이 내린다면 애니메이션 속의 다양한 음식 사진들을 보고 우리 몸에 좋은 퓨전요리를 창의적으로 만들어 보는 활동

「나만의 기호로 편지를 써보아요」 교육계획안

<table>
<tr><td>생활
주제</td><td>나와 가족</td><td>주 제</td><td>소중한 가족</td><td>소주제</td><td>가족과 화목하게
지내기</td><td>활동
일시</td><td>2015. 05.</td></tr>
<tr><td>활동명</td><td>나만의 기호로
편지를 써보아요</td><td>활동
형태</td><td>자유선택활동</td><td>유형
(영역)</td><td>언어영역</td><td>활동
시간</td><td>25분</td></tr>
<tr><td>활동
목표</td><td colspan="7">• 자신의 기호를 만들어 편지를 써보는 언어활동을 통해 자신의 생각을 기호로 표현할 수 있다.
• 말린이 되어 니모에게 기호로 된 편지를 써봄으로써 가족의 의미와 소중함을 안다.</td></tr>
<tr><td>누리
과정
관련
요소</td><td colspan="7">• 의사소통 : 쓰기 – 쓰기에 관심 가지기
• 사회관계 : 가족을 소중히 여기기 – 가족과 화목하게 지내기</td></tr>
<tr><td>창의 ·
인성
관련</td><td colspan="7">• 창의성 : 인지적 요소 – 사고의 수렴
• 인성 : 배려 – 가족에 대한 공감과 배려</td></tr>
<tr><td>활동
자료</td><td colspan="7">• 다양한 기호 사진(ppt), 편지지, 연필, 니모를 찾아서의 등장인물 사진(ppt)</td></tr>
<tr><td>활동
방법</td><td colspan="4">활동내용</td><td colspan="3">자료 및 유의점</td></tr>
<tr><td>사전
활동</td><td colspan="4">【“니모를 찾아서” 영화를 감상해 보아요】
• ‘니모를 찾아서’ 영화의 OST를 듣거나 보고 즐길 수 있다.
(예술경험 : 예술 감상하기 – 다양한 예술 감상하기 – 다양한 음악, 춤, 미술작품, 극놀이 등을 듣거나 보고 즐긴다)
• ‘니모를 찾아서’ 영화를 다양한 방법으로 듣고 이해할 수 있다.
(의사소통 : 듣기 – 동요, 동시, 동화 듣고 이해하기 – 동요, 동시, 동화를 다양한 방법으로 듣고 이해한다)</td><td colspan="3"></td></tr>
</table>

사전 활동	**【 미술 – 나의 가족을 물고기로 표상해 보아요】** • **나의 가족을 물고기로 표상해 보는 미술활동에 참여하여 창의적으로 표현하는 과정을 즐긴다.** (예술경험 : 예술적 표현하기 – 통합적으로 표현하기 – 예술활동에 참여하여 창의적으로 표현하는 과정을 즐긴다) • **자신의 가족을 물고기로 표상한 작품에 대한 느낌과 생각을 적절하게 문장으로 말할 수 있다.** (의사소통 : 말하기 – 자신의 느낌, 생각, 경험을 적절한 낱말과 문장으로 말한다)	
도 입	• **사전활동인 "니모를 찾아서" 영화를 감상한 내용을 회상한다.** – 어제 본 '니모를 찾아서'에 나오는 등장인물은 누구누구가 있었니? – 니모를 찾아서는 어떤 이야기였니?	• 핵심내용 사전활동에 대해 충분히 회상할 수 있도록 교사와 유아가 상호작용한다.
전 개	• **유아들이 활동할 활동목표에 대해 이야기를 나눈다.** – 오늘은 '니모를 찾아서'에 나왔던 친구들에게 너희들이 만든 기호로 편지를 써보는 활동을 할 꺼야. • **'니모를 찾아서'에 나오는 인물들의 사진을 보고 등장인물의 특징에 대해 이야기 나눈다.** – 선생님이 준비한 '니모를 찾아서'의 등장인물들을 보아요. – 니모는 어떤 성격을 가졌니? – 말린은 어떤 아빠였니? – '니모를 찾아서'에 나오는 친구들 중 누가 되어 보고 싶니? – 이번에는 여기 있는 친구들 중 누구에게 편지를 써 보고 싶니? • **(준비한 PPT를 보여주며) 기호에 대해 이야기 나눈다.** – 어떤 기호들이 있니? – 선생님이 준비한 기호들을 살펴보자. – 이 기호는 무엇을 의미하는 것 같니?	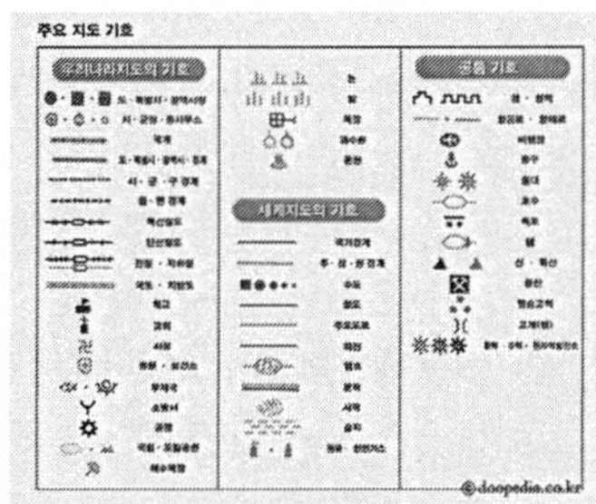

	• 자신의 기호를 창의적으로 만들어 본다. – 어떤 내용을 전달하고 싶니? 어떤 기호를 만들고 싶니? – 너희들의 생각을 전달할 수 있는 기호를 창의적으로 만들어 보자. **• 자신이 만든 기호로 '니모를 찾아서'의 등장인물이 되어 친구들에게 편지를 써본다.** – 네가 만약 말린이라면 니모에게 어떤 내용의 편지를 썼을까? – 네가 만든 기호를 이용하여 친구들에게 편지를 써보자. – 나만의 기호로 편지를 써보아요. **• 내가 만든 기호로 '니모를 찾아서'의 등장인물에게 쓴 편지를 발표한다.** – 누구에게 편지를 썼니? – ○○는 이 편지를 받고 어떤 생각을 했을까? – 어떤 기호를 이용하여 편지를 써보았니? – 기호편지를 써보고 어떤 것을 느꼈니?	• 핵심내용 • 교사는 유아가 여러 가지의 기호들의 의미를 알고 관찰할 수 있도록 하고 자신만의 기호를 만들 수 있도록 충분한 시간과 풍부한 자료를 제공한다. • 교사는 유아가 영화 속의 등장인물이 되어 등장인물들에게 편지를 써봄으로써 감정이입을 할 수 있도록 상호작용한다. 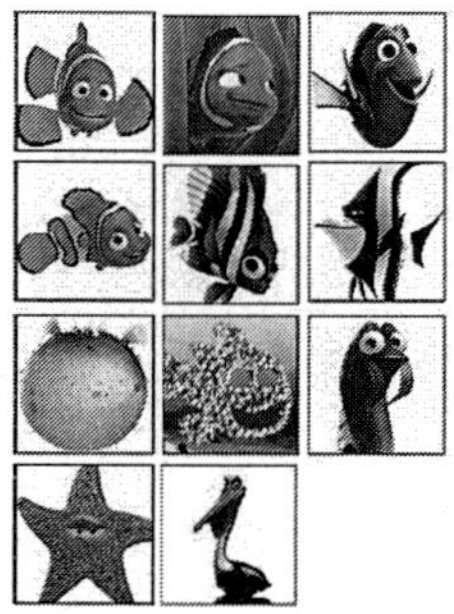
마무리	**• 자신이 만든 기호를 일상생활 속에서 어떻게 활용할수 있는지 이야기 나눈다.** – 너희들이 만든 기호로 누구에게 편지를 써보고 싶니? – 너희들이 만든 기호를 또 어디에 사용할 수 있을까? **• 활동목표에 도달하였는지 이야기를 나눈다.** – 오늘 등장인물들에게 어떤 방법으로 편지를 써보았니? – 어떤 기호들을 만들어 보았니? – 니모를 찾아서의 등장인물 중 누가 되어 누구에게 편지를 써보았니? – 말린이 되어 니모에게 편지를 써본 후 어떤 생각을 했니?	• 핵심내용 • 교사는 유아에게 나만의 기호를 일상생활에 활용할 수 있음을 알고 상호작용한다.

	– 니모가 되어 말린에게 편지를 써본 후 어떤 생각을 했니? – 글자로 편지를 쓸때와 기호로 쓸 때 어떤 점이 다르니? • **다음에 할 확장활동을 안내한다.** – 다음 시간에는 「니모와 말린을 위한 축하공연을 열어줘요」 음악활동을 할 거야.	
활동 평가	• **(나만의 기호로 편지를 써보아요) 언어활동을 통해 수를 셀 수 있었는지 언어적 상호작용을 통해 평가한다.** • **(나만의 기호로 편지를 써보아요) 언어활동을 통해 궁금한 점을 함께 해결할 수 있었는지 활동지를 통해 평가한다.**	• **평가방법** – 도달하였는지에 대한 도착점 행동을 평가할 수 있는 방법은 다음과 같다(도입 – 전개 – 마무리 단계에서). • 이야기 나누기를 한 경우 – 언어적 상호작용을 통해 • 직접 활동을 한 경우 – 관찰을 통해 • 표상지에 표현한 경우 – 활동지 분석을 통해 • 표상활동을 한 경우 – 작품분석을 통해
확장 활동	**【음악 – 니모와 말린을 위한 축하공연을 열어줘요】** • **니모와 말린을 위한 축하공연을 열어주는 음악활동을 통해 축하노래를 개사해 봄으로써 자신의 생각과 느낌을 창의적으로 표현할 수 있다.** (예술경험 : 예술적 표현하기 – 음악으로 표현하기 노래로 자신의 생각과 느낌을 표현한다) • **니모와 말린을 위한 축하공연을 열어주기 위해 개사한 노래에 맞는 춤으로 자신의 생각과 느낌을 창의적으로 표현할 수 있다.** (예술경험 : 예술적 표현하기 – 움직임과 춤으로 표현하기 – 움직임과 춤으로 자신의 생각과 느낌을 표현한다)	• **핵심내용** 니모와 말린이 마지막에 재회하는 장면을 보고 니모와 말린이 다시 만나게 된 것을 축하해 주는 공연을 열기 위해 축하노래를 개사하고 율동을 만들어 봄으로써 자신의 생각과 느낌을 창의적으로 표현하는 활동이다.

Ⅲ. 애니메이션 기반 활동을 통한 유아 창의 · 인성 활동의 실제

활동 1

니모를 찾아서 : 우리 가족이 물고기가 되었어요

– 가족을 물고기로 표상하기

❖ 준비물 : 도화지, 색종이, 사인펜, 색연필, 가위, 풀, 잡지 등

❖ 활동방법

1. 니모를 찾아서의 물고기 가족에게 어떤 일이 일어났는지 이야기 나눈다.
2. 니모의 가족 사랑을 느끼고 자신의 가족에 대해 이야기 나눈다.
3. 우리 가족을 물고기로 그림으로 그려본다.
4. 물고기 가족에게 어떤 일이 일어났는지, 어떤 상황인지 이야기 나눈다.

창의성 증진을 위한 발문하기

Tip 창의성

1 .민감성 : 엄마, 아빠하면 어떤 느낌이 드나요?
2. 정교성 : 물고기 가족에게 어떤 일이 일어났는지 자세히 표현해 보자.
3. 독창성 : 우리 가족의 특징을 살려 물고기로 표현해 볼까요?

인성 함양을 위한 발문하기

Tip 인성

1. 존중 : 각 가족의 특징을 살려 물고기 가족을 그려볼까?
2. 효 : 물고기 아빠와 엄마는 어떤 생각을 할지 이야기해 보자.

❖ 활동결과물

활동 2

니모를 찾아서 : 나만의 기호로 편지를 써보아요

– 암호를 만들어 편지쓰기

❖ 준비물 : 기호 PPT, 필기구 등

❖ 활동방법

1. 니모를 찾아서에 나오는 등장인물의 특징에 대해 이야기 나눈다.
2. 다양한 기호에 대해 이야기 나눈다.
3. 자신의 기호를 창의적으로 만들어 본다.
4. 자신이 만든 기호로 니모를 찾아서의 등장인물 친구들에게 편지를 써본다.
5. 기호로 쓴 편지를 친구들에게 발표한다.

창의성 증진을 위한 발문하기

Tip 창의성

1. 유창성 : 이 기호는 어떤 단어일까요? 생각나는 대로 말해보자.
2. 개방성 : 이 단어를 기호로 만든다면 어떤 기호가 좋을까? 네가 생각하는 어떤 것이라도 괜찮아.
3. 독창성 : 너희들의 생각을 전달할 수 있는 기호를 창의적으로 만들어 보자.

인성 함양을 위한 발문하기

Tip 인성

1. 존중 : 친구들을 위해 어떤 단어의 기호를 만들고 싶나요?
2. 배려 : 네가 만약 말린이라면 니모에게 어떤 내용의 편지를 썼을까요? ○○는 이 편지를 받고 어떤 생각을 했을까요?

❖ 활동결과물

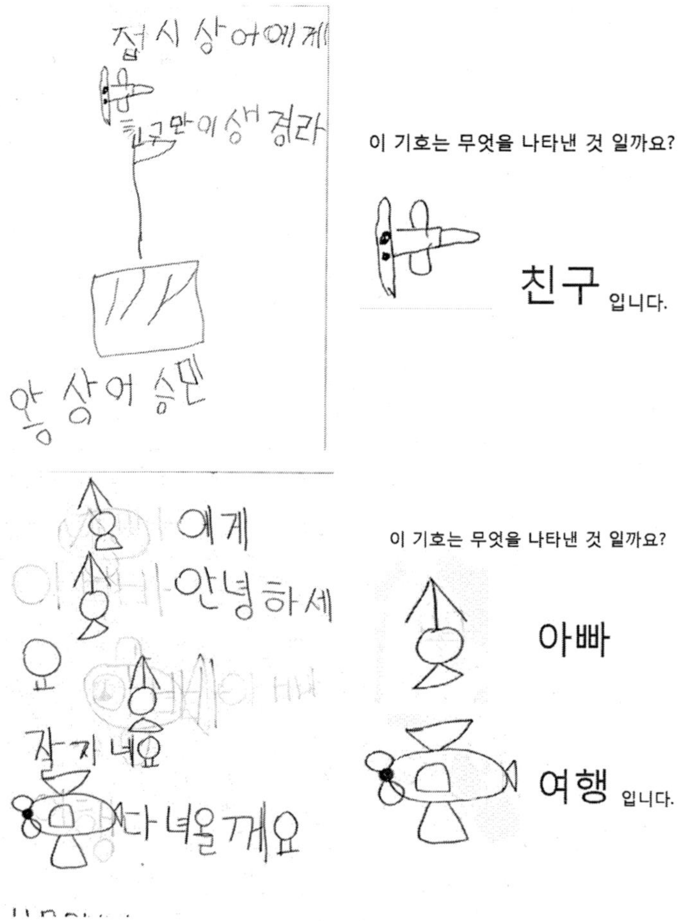

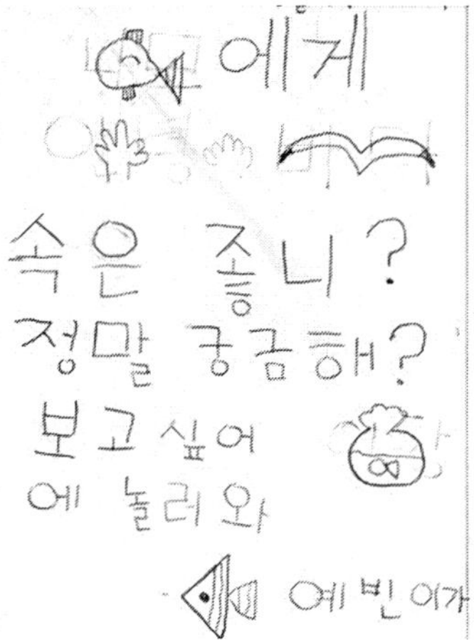
에게
속은 좋니?
정말 궁금해?
보고싶어
에 놀러와
예빈이가

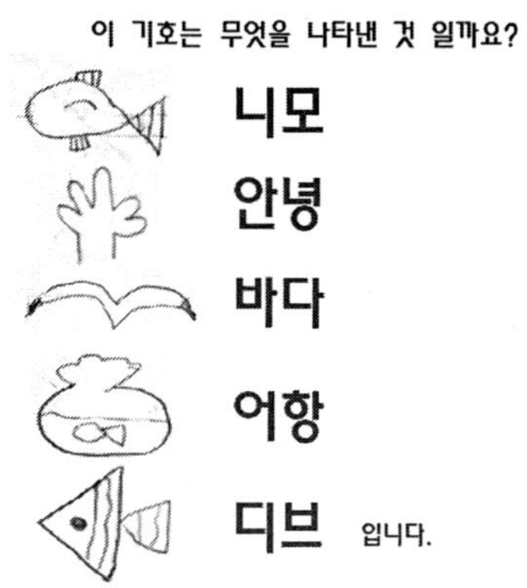
이 기호는 무엇을 나타낸 것 일까요?
니모
안녕
바다
어항
디브 입니다.

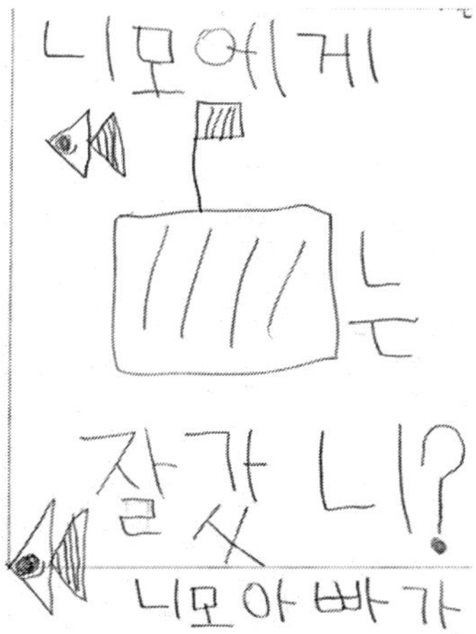
니모에게
는
잘갔니?
니모아빠가

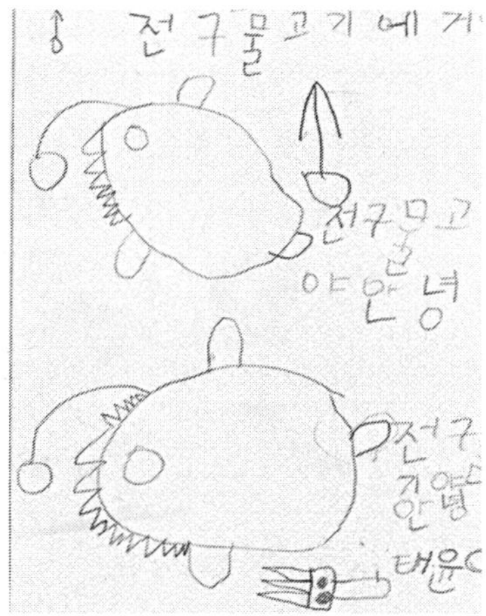
전구물고기에게
전구물고
안녕

활동 3

하늘에서 음식이 내린다면? : 음식으로 날씨를 표현해 보아요

– 음식 날씨를 그림으로 표상하기

❖ 준비물 : 도화지, 색종이, 사인펜, 색연필, 가위, 풀, 잡지 등

❖ 활동방법

1. 어떤 음식으로 비오는 날, 맑은 날의 날씨를 표현하고 싶은지 이야기 나눈다.
2. 다양한 방법으로 음식 날씨를 그림으로 표현한다.
3. 그림을 완성한 후 친구들에게 음식 날씨 그림을 소개한다.
4. 다른 친구들의 그림을 보고 느낀 점에 대해 이야기 나눈다.

창의성 증진을 위한 발문하기

Tip 창의성

1. 유창성 : 더운 날에 떠오르는 음식에는 어떤 것들이 있나요?
2. 정교성 : 비오는 날의 특징을 잘 살리려면 어떤 음식이 들어가면 좋을까?
3. 독창성 : 다양한 방법으로 음식 날씨를 창의적으로 그려보자.

인성 함양을 위한 발문하기

Tip 인성

1. 존중 : 친구들은 어떤 음식으로 날씨를 표현했는지 살펴보자.
   친구들이 그린 음식 날씨 그림을 보고 이야기 나누어 볼까요?

❖ 활동결과물

꿈틀이 지렁이 젤리를 비가 내리는
장면으로 표현한 그림

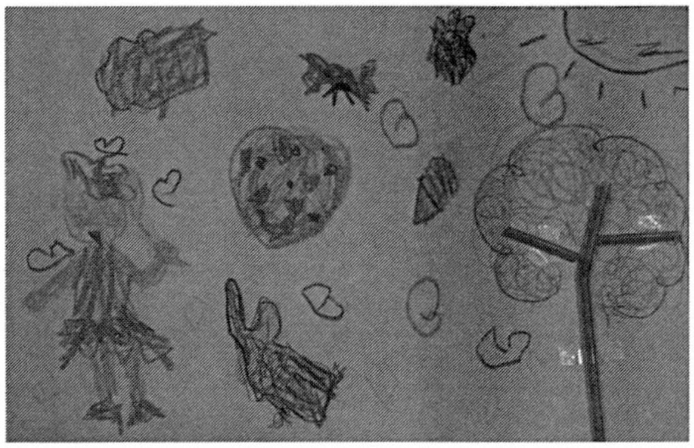

쿠키 아이스크림이 내리는 모습으로
맑은 날씨를 표현한 그림

참고문헌

강은진 · 현은자(2001). 유아교사의 애니메이션 활용실태 및 인식 : 디즈니 애니메이션을 중심으로. **유아교육연구**, 21(2), 299-317.

고민영(2010).애니메이션 비디오 감상을 활용한 스캠퍼 기법이 유아의 창의성에 미치는 영향. 한국교원대학교 교육대학원 석사학위논문.

교육과학기술부(2010). 유아의 창의 · 인성 함양을 위한 영상매체 활용 프로그램. 서울 : 교육과학기술부.

김종대(1994). 국민학생의 만화영화 시청에 관한 연구. 전남대학교 대학원 석사학위논문.

김택환(1997). 국제커뮤니케이션 연구의 4 패러다임 : 근대화, 종속, 기술경제, 해체 패러다임을 중심으로. **연세커뮤니케이션즈**, 6, 23-30.

김 현(2011). 영상매체 프로그램이 유아의 창의성 발달에 미치는 영향. 중부대학교 대학원 석사학위논문.

문정화(2000). **창의성이 보인다 성공이 보인다**. 서울 : 창지사.

박미리(2009). 만화 · 애니메이션 활용 창의성 프로그램이 유아의 창의성과 창의적 문제해결력에 미치는 효과. 숭실대학교 교육대학원 석사학위논문.

박정순(2002). 동화 애니메이션을 이용한 초인지-사칙연산적 사고활동이 유아의 창의성에 미치는 영향. 동아대학교 대학원 석사학위논문.

손기환 · 조정래(2005). **애니메이션의 감상과 이해**. 서울 : 보고사.

신재욱 · 정보민 · 홍상희 (2012). 유아를 대상으로 제작된 애니메이션이 유아교육에 미치는 영향. **디자인지식저널**, 24, 377-386.

신진식(1989). **컴퓨터 애니메이션**. 서울 : 한국문연.

심재승(2010). 중등학교 창의적 재량활동 만화 · 애니메이션 수업교재 발전방안 연구, **애니메이션연구**, 6(4), 38-57.

윤태호 · 문성환(2014). 기타 초등교육 : 초등학생의 창의성 신장을 위한 동화활용 발명교육 프로그램 개발 및 적용. **한국초등교육**, 25(1), 335-350.

이상림(2015). 애니메이션 활용 교육에 대한 유아교사의 인식. 숭실대학교 교육대학원 석사학위논문.

이 영(1997). 교육환경으로서의 만화와 애니메이션 산업에 대한 토론. 한국아동학회 춘계학술대회. 아동관련 산업의 현재와 미래, 14-18.

이정민(2009). 새로운 문화적 패러다임과 창의성 교육을 위한 만화와 애니메이션의 역할. **모드니 예술**, 2, 111-120.

조희숙(1980). 유치원에서의 동화지도에 관한 연구. 중앙대학교 대학원 석사학위논문.

정소영(2003). 애니메이션에 의한 아동미술 표현능력의 증진방안에 관한 연구. 대구카톨릭대학교 교육대학원 석사학위논문.

한창완(2001). **저패니메이션과 디즈니메이션의 영상전략**. 서울 : 도서출판 한울.

Raines, S., & Isbell, R.(1994). *Stories : Children's literature in early education*. Albany, New York : Delmar Publisher Inc.

찾 아 보 기